本书受西安外国语大学学术著作出版基金资助

葛兰西
语言与霸权

LANGUAGE AND HEGEMONY IN GRAMSCI

〔加〕彼得·艾夫斯 ／ 著
（Peter Ives）
李永虎　王宗军 ／ 译

社会科学文献出版社
SOCIAL SCIENCES ACADEMIC PRESS (CHINA)

First published by Pluto Press, London. www. plutobooks. com

本书根据冥王星图书有限公司 2004 年版译出

译　序

一　理论背景及简介

英国左派史学家霍布斯鲍姆（Eric Hobsbawm）在其2012年出版的最后一本著作《如何改变世界》中这样评价葛兰西的历史地位："葛兰西已经成为我们思想世界的一部分。他作为原创性马克思主义思想家的地位——在我看来是1917年以来西方最具原创性的思想家——已经得到相当普遍的承认。"[①] 自20世纪70年代以来，人们除了继续发掘葛兰西政治哲学、文化批判理论与现代、后现代思潮的关联外，他的语言观也开始受到人们的关注。与之相关的背景，在西方哲学"语言转向"之后一个关于马克思主义同当代语言学关系的根本问题：是否有马克思主义语言学？雷蒙德·威廉斯认为："马克思主义在关于语言本身的理论上贡献甚微。"[②] 而在西方马克思主义早期发展阶段，其奠基者卢卡奇也只是在《历史与阶级意识》的脚注中暗示："从历史唯物主义的观点出发进行语言学研究可能得到很有趣的成果。"[③] 那么，如果我们今天能够提"马克思主义语言学"这个概念的话，又是在什么意义上提的呢？

因此，开展对葛兰西语言学思想的研究就显得别具理论意义：与同时

---

① 〔英〕埃里克·霍布斯鲍姆：《如何改变世界》，吕增奎译，中央编译出版社，2014，第296页。

② 〔英〕雷蒙德·威廉斯：《马克思主义与文学》，王尔勃、周莉译，河南大学出版社，2008，第19页。

③ 〔匈〕卢卡奇：《历史与阶级意识》，杜章智等译，商务印书馆，1992，第155页。

期其他无产阶级理论家相比，葛兰西不仅有自始至终研究语言学的高度理论自觉；在马克思主义发展史上，他还开了用语言学方法研究社会政治理论的先河，由此在无形之中将20世纪初马克思主义和现代语言学在世界范围内的双重兴起汇聚于一身，并最终向世人表明：在对人类语言问题的解释上，存在马克思主义的独特研究方法，因此存在马克思主义的语言学理论。而葛兰西自身的语言学思想则构成续写这一理论传统的关键一环。

本译著选取的加拿大学者彼得·艾夫斯（Peter Ives）于英国伦敦冥王星出版社（Pluto Press）出版的《葛兰西：语言与霸权》（2004年）一书，就是一部具有高度原创性的研究葛兰西语言思想的专著。

彼得·艾夫斯，出生、成长于美国科罗拉多州博尔德市。1991年获波特兰里德学院学士学位，后在加拿大约克大学获硕士（1993年）和博士（1998年）学位。毕业后，先后任教于加拿大西门菲沙大学和曼尼托巴大学，现为温尼伯大学政治学专业副教授。艾夫斯的主要研究兴趣包括政治与民主理论中的语言作用、马克思主义、批判理论和女权主义，并在包括《历史唯物主义》《反思马克思主义》《社会和政治哲学评论》《政治研究》《教育哲学和理论》等期刊以及詹姆斯·马丁编辑的《安东尼奥·葛兰西：批判性评价》等葛兰西研究论集上发表了诸多研究论文。其研究成果还被翻译成西班牙语、葡萄牙语、意大利语和德语，并在国际学界引起了较大的反响。

除《葛兰西：语言与霸权》之外，艾夫斯在葛兰西语言思想研究上还出版过本译著的姊妹篇《葛兰西的语言政治学》（多伦多大学出版社，2004年，该书曾获加拿大2004~2005年度人文社会科学学术著作类雷蒙德·克莱班斯基奖），以及2010年与他人共同编写的《葛兰西，语言与翻译》（莱克星顿出版社，2010年）。综合来看，以《葛兰西：语言与霸权》一书为代表，艾夫斯注意到了葛兰西研究中长期以来为学界所忽视的一个重要维度，即语言学的维度。因此，本书的主旨就是从“语言转向”的视角来讨论葛兰西霸权思想的由来及其语言学表现，而其落脚点则在于揭示葛兰西在“后马克思主义”“后现代”与“全球化”语境下的时代意义。

具体而言，本书主体加“前言”部分共六章。

第一章概述了语言在当代社会理论中的发展，涵盖对索绪尔所代表的结构主义语言学、维特根斯坦所代表的语言分析哲学和马克思主义语言观的介绍。

第二章追溯了葛兰西语言学发轫的时代、个人求学背景。意大利在1861年政治统一之后，没有成为一个有着文化或社会凝聚力的国家。其主要障碍之一就是“语言问题”——新意大利公民几乎没有一致的意大利标准语。葛兰西发现，法西斯主义正是利用了“语言问题”所造成的意大利区域和阶级隔阂而成功上台的。此外，本章还考证了意大利语言学家阿斯科利、巴托利的语言观对葛兰西后来思想发展的影响，特别是葛兰西霸权理论的提出，其源头与其青少年时期所接受的语言学训练背景密切相关。

在第三章和第四章中，艾夫斯重点阐释了葛兰西的核心概念，如霸权、有机知识分子、消极革命、阵地战的语言学向度。例如，在第三章中，艾夫斯通过探究葛兰西对自发语法和规范语法的划分，说明统治阶级正是利用规范语法的霸权不断吸收自发语法的词汇、规则，并抑制自发语法的发展，最终从语言文化层面实现了国民意志的统一。在此基础上，艾夫斯对葛兰西的“常识”概念及其理论做出了非常具有新颖性的梳理、归纳，并提出葛兰西对民众常识的意识形态批判是以语言分析为理论基底的。第四章在第三章的基础上，进一步探析了葛兰西的语言学思想与其消极革命、游击战、阵地战、市民社会、国家、民族集体意志和历史集团等概念的内在关联。其核心问题是：葛兰西是怎样通过语言来思考强制与认同之间关系的。艾夫斯在第四章中特别指出，语言既是已经存在的语言结构，也是世界观与霸权的显现方式。而葛兰西对语言与权力关系的讨论为我们深入理解权力的日常生活化的运作策略提供了一种极富洞察力的理解。

第五章将葛兰西思想中语言与霸权的讨论与当代社会理论、文化批评理论相结合。本章通过强调在后现代主义、新社会运动和全球化的争论中，语言所具有的重要地位，揭示了葛兰西的影响力并没有随着时间流逝而减弱。在本章中，艾夫斯逐一讨论了后现代主义者福柯、德里达、拉克劳、墨菲等人与葛兰西在后现代立场上的同异。艾夫斯的新颖之处还在于，他通过将葛兰西与后马克思主义者拉克劳、墨菲的比较研究，证明他们正是借助于葛兰西才成功实现了从正统马克思主义向后马克思主义的转向。以这种方式，葛兰西的语言政治学成为拉克劳、墨菲激进民主、“多元决定”理论的前提。通过使用语言和话语的后结构理论的比较，艾夫斯提出，葛兰西提供了一种克服现代性危机、重新思考唯物主义与唯心主义二元对立的可行弥合路径。此外，本章还讨论了符号学、解构理论中的主题，揭示了在语言日益商品化的后现代社会中，葛兰西的思想有可能成为解决后殖民主义、新全球霸权意识形态侵略的重要思想资源。

总体来看，彼得·艾夫斯的这本书视角新颖，著述翔实，说理透彻。在同时涉及的“语言学”和“葛兰西”这两个专题上，该书将西方现代、后现代各流派的语言学理论，与近年来英美学界翻译、研究葛兰西思想的最新研究成果有机地融合起来，帮助我们从语言学这样一个新异角度重新读懂葛兰西的霸权思想。为帮助读者较快地摄取本书思想精华、了解葛兰西语言观与其霸权思想的关系，译者结合自身对本译著的学习体会及对葛兰西思想的研究成果，围绕“葛兰西语言学思想的缘起”“葛兰西的历史唯物主义语言观”“葛兰西思想中的语言与霸权”这样几个问题在下文中谈谈自己的理解，以供读者参考。①

二　葛兰西语言学思想的缘起

在葛兰西的理论著述中，语言问题始终占据着显著的位置。论及他对语言学研究的志趣，艾夫斯曾在他另一本研究葛兰西思想的专著中做出了这样的总结：“贯穿葛兰西的一生——一个撒丁岛人、一个都灵大学语言学的学生、一个政治家、一个狱中作家、一个理论家——以及在他所发展并被其称为‘活的语言学’的实践哲学之中，都涉及语言。”② 那么，主要身份是意大利政治家、马克思主义理论家而非语言学家的葛兰西为何会如此

① 参见李永虎《语言、历史与霸权：葛兰西对马克思主义语言学的建构》，《海南大学学报》（人文社会科学版）2017 年第 3 期，第 8～13 页。

② Peter Ives, *Gramsci's Politics of Language: Engaging the Bakhtin Circle and the Frankfurt School*, London: University of Toronto Press, 2004, p. 4.

重视语言问题呢？除了葛兰西独特而可贵的品质——从不回避马克思主义理论中没有现成答案的问题，而尝试通过对语言和霸权关系的思考，以努力探索打开马克思主义当代视域的可能方式之外，他在1929年2月8日列于“笔记本1”中两个有关语言研究的题目——“新语法学派和新语言学派（‘这个圆桌是方的’）”和“意大利的语言问题（曼佐尼和阿斯科里）”，为我们寻找其自身语言学思想的缘起提供了原初的线索。具体而言，前者指向葛兰西求学时期所接受的语言学学术训练背景，而后者则与当时意大利知识分子普遍关注的语言统一问题相关。

首先，就葛兰西的早期求学经历来看，他在1911年冬进入都灵大学文学系现代语言学专业学习时，遇到了意大利当时著名的新语言学派代表人物巴托利（M. Bartoli）教授。巴托利不仅启发了人们对葛兰西语言学的研究兴趣，而且对他历史唯物主义语言观的形成产生了重要影响。巴托利在驳斥新语法学派“语言孤立、自发发展”的机械实证主义观点的过程中，受早期语言学家阿斯科里（G. Ascoli）和吉列隆（J. Gilliéron）“语言地理学”研究成果的启发，对语词相互竞争的现象进行了分析：两个分属不同文化的语言单位，如两个近义词或短语，当它们汇集到一个语言系统中时，因相互竞争关系会导致一个词语被保留而另一个词语将不再被人们使用。那么，是什么因素导致其中一个语言单位能胜过另一个语言单位呢？在巴托利给出的五种影响因素中，他着重强调了文化对语言的影响——两种语言发生接触后总会产生冲突，正如它们作为文化的一部分，两种文化会发生冲突一样。到底哪一种语言单位能够胜出，最终取决于它所负载的文化影响力的作用。巴托利的此种“文化冲突论”对葛兰西的影响是显见的。例如，“语言习得就是学习特定人群的文化表达方式”，“语言不存在单性繁殖，语言生产着其他语言。创新产生于不同文化的碰撞”，这些不时出现在葛兰西早年著述中的词句，说明他在青年时期已形成“语言是文化和社会历史概念”的判定。

不过，我们不能就此认为葛兰西一直都是新语言学派的忠实拥趸，相反，就像马克思扬弃黑格尔的唯心主义体系一样，新语言学派之于葛兰西只是他建立历史唯物主义语言观的导引。在汲取了新语言学派合理的历史主义方法和分析语言变化的社会学视角之后，这位被巴托利盛赞为“被派来一举剿灭新语法学家的天使”，还是离开了语言学家之间的这种学术攻讦——以革命事业为己任的葛兰西从来无意成为一名学院派的语言学家，而在对意大利民族语言的研究中，他也从未将语言问题看成一个单纯的学术问题。相反，从研究语言学时起，他就将语言学范式和社会现实联系了起来。正如意大利学者皮帕诺[①]所言：“‘语言’、‘世界语’和‘词汇’等术语的隐喻使用，以解释严格意义上语言领域之外的现象，这是葛兰西智识游历的一种显示。语言本身及其共识功能，既被间接地认为是社会生活基本组成部分，同时也被当作这个广大而复杂社会生活的一个缩影。”[②]

其次，葛兰西语言学思想的发轫还离不开意大利一直存在的“语言问题”。出于历史原因，意大利境内语言状况可谓复杂多样。虽然早在14世纪随着但丁、彼特拉克、薄伽丘等人作品的传播，以托斯卡纳方言为主要书写形式的文学标准语已基本形成，但迟至19世纪中期意大利半岛统一，一个真正通行全国的民族语言对许多意大利人来说仍是不存在的——几乎所有的社会阶层都在使用本地区的特定方言，以至于普通人的交际都成了问题。日益严峻的“南方问题”所导致的南北经济发展不均衡，本已使意大利的现代性畸形发育，而统一民族语言的匮乏则加剧了意大利发展的痛苦——民众迁徙、义务教育、城市化等无一不深受阻滞。作为一个20岁时从南方落后的撒丁岛来到北部工业重镇都灵的知识分子，葛兰西对这种南北方之间、各社会阶级之间由于缺乏沟通而显得毫无凝聚力的现实，无疑是有着切身感受的。他在将其定义为一种“严重的社会分裂”状态的同时，对语言问题有了更深入的思考。

当同时代的正统马克思主义理论家（如布哈林）将阶级对立归结于经济的因素，语言被归之于并不对现实起决定作用的文化、观念上层建筑时，葛兰西则从意大利“语言问题”所加深的分裂现实中看到：阶级差异不仅

---

① 皮帕诺（Franco Lo Piparo，1946年～），意大利语言学家，巴勒莫大学语言哲学教授，他对发掘葛兰西语言学思想有突出的贡献。

② Franco Lo Piparo, *Language, Intellectuals and Hegemony in Gramsci*, Bari: Laterza, 1979, p. 135.

仅源于利益的分化，还有文化的、观念的特别是以不同语言为代表的异质世界观所引发的冲突。“某个只讲方言或者对于标准语言不甚知晓的人，则与之相联系的，比起在世界历史中占统治地位的主要思潮来说，是或多或少狭隘的、地方性的、落后的和不合时宜的。”① 至此，语言批判不仅成为葛兰西理解意大利社会转型矛盾的一个入口，也成为他全部革命事业不可缺少的一个组成部分。早在 1916 年初，葛兰西就在社会党周刊《人民呼声》上发表文章，强调了文化活动和革命之间的必然联系——没有文化，无产阶级永远不能认清自己的历史作用。启蒙运动作为法国大革命的前奏，已很好地说明了革命必须以文化批判为先导。具体到语言来说，统治阶级只是在为自身利益辩护时，才会给予他们的压迫政策以“人民”的语言外壳。因此，祛除资产阶级及其附庸语言学家笼罩在语言上的“迷雾”，必然要求知识分子对语言采取严肃而科学的态度。

三 葛兰西的历史唯物主义语言观

索绪尔在《普通语言学教程》中将语言现象分为共时和历时两种，他虽不否认历时语言学研究的重要性，但他认为“语言状态无异就是历史现实性在某一个时期的投影”，语言学研究的就是这个已成静止的“投影”的逻辑关系，即语言的共时结构。与索绪尔相仿，现代语言学家大多假设了一种静止的、无历史结构的语言。例如，乔姆斯基认为，结构是由理性人的思想构成的，而哈贝马斯主张理性意味着语言能力和一套交往准则。换言之，在现代语言学的理论中，语言结构不仅是可决定的而且已被决定。葛兰西则拒斥这种结构观念，他认为整个语言结构是向未来开放的，不存在一成不变的语言结构。因此，强调语词意义的历史生成性与流变性，成为他历史唯物主义语言观的核心。他也由此反对任何先验的、在先可被把握的“语言本质说”：“‘语言’实质上是一个集合名词，它根本不会预先假

① Antonio Gramsci, *Selections from the Prison Notebooks*, Eds and Trans by Q. Hoare & G. Smith. New York: International Publishers, 1971, p. 325.

定存在于时空之中的某种‘唯一的’东西。”[①] 也就是说，葛兰西对语言基本性质的理解，正如他对巴托利所评价的那样，后者的语言观尽管是唯心主义的，但“他改变了语言学，将语言学从一种狭隘的自然科学转变为了历史科学，它的根源必须‘在时间和空间中’中寻找”。

葛兰西认为，如果对语言现象缺乏批判的历史性概念，就有可能在科学和实践的领域造成许多谬误。比如，他重点批驳了以下三种语言学的谬误。

其一，美学性的谬误。这种谬误以克罗齐“语言学与美学统一说”为代表。克罗齐在《美学原理》中提出：“声音如果不表现什么，那就不是语言。语言是声音为着表现才连贯、限定和组织起来的。”克罗齐认为，语言作为人精神活动的创造物，其美学特征远远超过它的交流功能——语言和艺术一样都是纯粹的表现，都是有关心灵的科学。因此，克罗齐说：“世间并没有一门特别的语言学。人们所孜孜以求的语言的科学，普通语言学，就它的内容可化为哲学而言，其实就是美学。任何人研究普通语言学，或哲学的语言学，也就是研究美学的问题；研究美学的问题，也就是研究普通语言学。语言的哲学就是艺术的哲学。”[②] 而在葛兰西看来，尽管克罗齐高度肯定了人在语言发展史上的创造作用，并从人和动物声音之别的角度，揭示了人类语言的丰富性和审美维度，但克罗齐所说的创造主要是历史上伟大人物对语言的影响，如穆罕默德、但丁和路德等人，分别对阿拉伯语、意大利语和德语的形成所起的奠基作用，至于创造历史的真正主体——人民群众——则是在其视野之外的，从而完全抹杀了人民群众的历史功绩。“语言史是语言创新的历史，但是这些创新不是个体行为（如同艺术的情况）。它们是全社会共同体更新自身文化并历史性地‘发展’的结果。诚然，这些创新成果会化为个体的，但不是艺术家意义的个体，而是作为完

---

① Antonio Gramsci, *Selections from Cultural Writings*, Trans by W. Boelhower. London: Lawrence & Wishart, 1985, p. 174.

② 〔意〕克罗齐：《美学原理》，朱光潜译，上海人民出版社，2007，第 191 页。

成了的、确定的历史文化要素的个体。”[①]

其二，建立普遍理想语言的乌托邦。鉴于困扰意大利民族统一的“语言问题”，著名作家曼佐尼作为官方代表在19世纪60年代提出了一套解决方案：以行政强制、公共教育等方式将托斯卡纳地区的佛罗伦萨方言升格为“国语”，以此来结束意大利方言众多且使用混乱的局面。不过，曼佐尼的此种单一语言规划方案受到了包括阿斯科里、克罗齐在内的意大利知识界的广泛批评。意大利社会党为抵制这一方案，甚至转而主张以柴门霍夫发明的人工语言——世界语——作为意大利的标准语。葛兰西则在1918年以一名“正在尝试将历史唯物主义的批判方法应用到语言史研究中”的大学生的身份，发表了一篇名为《单一语言和世界语》的文章，对这两种语言统一方案同时进行了批驳。在他看来，这两种语言解决方案都犯了一个共同的错误：都试图脱离语言的历史生成性而意图建立一个普世语言的乌托邦。“现在创建单一语言的这些尝试没有超出乌托邦的界域。它们都是法伦斯泰尔和幸福乐园般心态下的产物。”[②] 正如马克思所言：“语言也和意识一样，只是由于需要，由于和他人交往的迫切需要才产生的。”[③] 葛兰西也认为，某种语言的传播是由操此语言的人通过写作、贸易和商业等生产活动促成的。因此，他赞成阿斯科里的观点，一种民族语言或国际语言的形成应建立在既存的政治—文化的现实基础之上，而人造语言方案因其无根性只会招致失败。但是，葛兰西超出阿斯科里之处在于，他将历史唯物主义批判方法贯彻到底，指出语言本身从来不是“与内容无涉的文字语法，而是已有观念和概念之总体”[④]，人工理想语言的本质是“在百科全书派极力鼓吹下妄图形成资产阶级思想一统天下的产物”[⑤]，而其带来的不过是

---

① Antonio Gramsci, *Selections from Cultural Writings*, Trans by W. Boelhower. London: Lawrence & Wishart, 1985, pp. 177 – 178.

② Antonio Gramsci, *Selections from Cultural Writings*, Trans by W. Boelhower. London: Lawrence & Wishart, 1985, p. 30.

③ 《马克思恩格斯文集》第1卷，人民出版社，2009，第533页。

④ Antonio Gramsci, *Selections from the Prison Notebooks*, Eds and Trans by Q. Hoare & G. Smith. New York: International Publishers, 1971, p. 323.

⑤ Antonio Gramsci, *Selections from Cultural Writings*, Trans by W. Boelhower, London: Lawrence & Wishart, 1985, p. 27.

“资产阶级的生活观念——或为生意，或为休闲而四处奔走，而不是稳定创造财富的市民”[①]，从而刺破了语言深层的意识形态维度。

其三，生造新词的武断倾向。这种倾向根源于意大利社会学家帕累托（Pareto）和实用主义者普雷佐里尼（Prezzolini）等人提出的“语言是谬误的渊薮”的命题。他们认为，哲学的混乱是由于语言的误用而引起的，据此他们或致力于创造一种有着数学一般清晰、严密的“词典”，或编出一套抽象的语言形式理论。而在葛兰西看来，这种割裂语言史，意图把语言的比喻义和引申义剔除出去的做法只会把语言变成一堆毫无生机的、僵死的材料。因为按照语言自身的发展规律，语言“是一个连读不断的隐喻过程”。语言隐喻的现象是指一个新概念替换了先前的概念，但先前的词语还继续在使用，只不过是在衍生的意义上使用。或者用结构主义的术语来说，词语符号的能指没有变化，而其所指已改变。在《狱中札记》中，葛兰西以“disaster”一词举例说明了语言发展的这种历史继承性。在词源学上，disaster原是占星术术语，指星宿出现星位异常的现象，意指“天灾”，而现在人们则用它指涉地震、海啸等自然灾害。新旧对比，人们发现，disaster虽已失去了它的原指——没有人会认为它是一个占星术的概念，但它的现在义“自然灾害”显然包含着它原本所指“灾难”这个基本义。也就是说，disaster的现在义是在它古义基础上通过隐喻的方式扩展而来的。不仅这一个词是这样，葛兰西认为，整个语言本身“总是隐喻的。如果或许不能说所有的话语在所涉及事物的物质的和感性的（或抽象概念）方面都是隐喻的，以便不去过分地扩大隐喻的概念的话，那么却可以说，现在的语言，在所用的语词具有先前的文明时期的意义和意识形态内容方面，是隐喻的”[②]。因此，在他看来，生造新词的做法正如寻求一种普遍理想语言一样荒谬。

---

① Antonio Gramsci, *Selections from Cultural Writings*, Trans by W. Boelhower, London: Lawrence & Wishart, 1985, p. 27.

② Antonio Gramsci, *Selections from the Prison Notebooks*, Eds and Trans by Q. Hoare & G. Smith, New York: International Publishers, 1971, p. 450.

四 葛兰西思想中的语言与霸权

目前，国内学界对葛兰西最具代表性的霸权理论探讨繁多，但论者往往忽视了解读其霸权思想的语言之维。以艾夫斯为代表的一批学者认为，研究葛兰西的语言学思想将成为开启他霸权理论的一把密钥："铸就葛兰西霸权哲学原初的铸模不应在马克思、列宁或其他马克思主义者那里寻找，而应在语言科学中找寻。"具体而言，葛兰西对语言的研究涉及民族语言的统一、对唯心主义和机械唯物主义语言观的双重批判、有机知识分子的作用等多个方面，而贯穿其中的一条红线就是如何形成底层阶级的新文化并重新组织霸权的问题："语言问题每一次浮出水面，无论怎样，都意味着一系列相关问题的涌现：统治阶级的形成与扩大，要求在统治集团和民众之间建立更紧密、更稳固的关系，换言之，就是去重组文化霸权。"①

在葛兰西的政治哲学中，霸权主要是指一个阶级团结和凝聚广大群众的能力。在此概念发展上，他最为突出的贡献是考察了在资本主义社会中强制与共识之间的复杂关系。而其核心问题是：资产阶级是怎样以一种难以察觉的权力使用方式去影响和组织共识的？换言之，资产阶级霸权不仅表现为一般意义上的政治统治，还表现为资产阶级在日常生活和话语实践等领域，以获取下层集团同意的方式来实现其统治。具体来说，透过市民社会领域，资产阶级将自身的哲学、道德等渗透到普通人的日常经验和实践，并最终使他们"保存了统治集团的心态、意识形态和目标"，上层集团的统治与压迫由此被转化为对普通人的常识进行塑造的话语实践和策略。因此，我们可以看到，葛兰西正是以语言为突破口来分析整个社会的思想体系是如何被收拢并保持统一的。艾夫斯认为，尽管葛兰西并未明确说明语言和霸权的关系，但从其研究笔记，特别是"笔记本 29"中关于语言问题的解析，可以推论语言在葛兰西那里是对霸权的一种隐喻。

---

① Antonio Gramsci, *Selections from Cultural Writings*, Trans by W. Boelhower. London: Lawrence & Wishart, 1985, pp. 183 - 184.

首先，语言是促成共识形成的文化工具。当索绪尔提出语言学的任务是“寻求在一切语言中永恒地普遍地起作用的力量，整理出能够概括一切历史特殊现象的一般规律”时，现代结构主义语言学者是不关心语言现象背后所折射的诸如社会权力结构等政治问题的，而在葛兰西看来，语言问题应该用“历史语言科学”来看待——语言不能与社会、文化、政治等因素相分离。正如克罗齐以合乎语法但不合逻辑的命题“这张圆桌是方的”来否定语法存在的意义时，他不知道该命题在被放置到一个宽泛的社会语境中时具有指涉疯人癫语的表现意义。同理，葛兰西认为，不同语言系统，如方言和民族文学语言之间的关系是随着文化、政治、伦理的变化而变化的。并且，不同的文化、政治和经济条件构成了一种语言对另一种语言的霸权，而其霸权地位又与一个社会阶级和智识阶层的霸权是密切关联的。换言之，社会关系变化是促成语言系统与语言规范变革的动因，反过来语言规范经常成为收拢并统一不同阶层语言用法、形成共识的文化工具。“语言是通过新阶级带来的文化，并以一种民族语言对其他语言行使霸权的方式等，随着整个文明的变化而变化。”①

其次，自发语法与规范语法的辩证关系构成了霸权的动力学基础。葛兰西在《能有多少种形式的语法》一文中区分了两种语法类型：自发语法和规范语法。自发语法是“人们依据语法言说而不自知”的语法，并且它的“数量不可胜数，理论上说，我们可以说每个人都有他自身的语法”。而规范语法指人们有意识遵循的、使言说无误的语言规则。二者的关系是：一方面，自发语法虽名为自发，但不真的是个体的创造，相反个体在日常生活中受到宗教、阶级、种族等因素的影响，不断受到某些规范语法的影响。就像在乡村，人们试着模仿城里人的言谈；底层阶级尝试像统治阶级和知识分子那样说话。上层阶级的规范语法对民众如何组织语言和思想施加了很大影响并留下了无数痕迹，但人们通常日用而不自知。另一方面，规范语法并非像一些语言学家所说的那样，源于自然或逻辑的法则，相反，

---

① Antonio Gramsci, *Selections from the Prison Notebooks*, Eds and Trans by Q. Hoare & G. Smith, New York: International Publishers, 1971, p. 451.

它本身源于自发语法，正如现代意大利语本质上是托斯卡纳地区的方言一样。

因此，自发语法和规范语法的区别不在内容上，而在其形成方式上——较之自发语法，规范语法的形成并不总是由语言本身的因素所决定，而更多的是政治意志的产物："规范书面语法因此总是一种文化方向的'选择'，它是统治阶级统一集体意志的一种方式，意图将社会中自发的和散乱的意志统一起来。"① 不过，如果我们仅从葛兰西对这两种语法类型的辨析出发做出推论："规范性"是强制的隐喻，而其反题"自发性"应是共识的隐喻，实则是一种误解。相反，葛兰西从对语言史的考察中看到：作为下层集团历史特征的"自发性"暴露出的只是"他们最边缘化的社会地位；他们没有达致任何'自为'的阶级意识，他们的历史也因而从未对其自身产生过任何可能的重要性，或留下任何文本痕迹来表明他们的一些价值"②。北方工业资本家联合南方地主正是利用下层集团常识领域的此种"自发性"，在他们中间，特别是在农民和无产阶级中制造矛盾而能始终维持着反动的霸权。

至此，我们也就理解了葛兰西为何既反对曼佐尼的语言政策，又赞成创建统一的民族共同语这样一个看似矛盾的立场。实际上，他们两人真正的分歧并不在民族语言统一本身，而在于霸权的争夺上。就像葛兰西批判意大利资产阶级的"消极革命"不能激起意大利人民的团结一样，曼佐尼激进的"语言雅各宾主义"带来的仍只是资产阶级霸权的维系，而那种真正能唤醒民众、创造进步文化霸权的民族语言创建路径应该"来自国家或政治社会与'市民社会'之间的有机联系"，通过自下而上的、"一整套复杂的分子化合（聚合）的过程"产生。这就要求无产阶级政党和有机知识分子在充分尊重民众创造性的前提下，以"有机干预"的方式去引导、催化这个分子反应的过程。也就是说，有机知识分子应借助报纸、流行刊物、

① Antonio Gramsci, *Selections from Cultural Writings*, Trans by W. Boelhower, London: Lawrence & Wishart, 1985, p. 183.

② Antonio Gramsci, *Selections from the Prison Notebooks*, Eds and Trans by Q. Hoare & G. Smith, New York: International Publishers, 1971, p. 196.

电影、电台、聚会等，在与广大民众真实的语言、文化需求的交互对话中，推动某种可能成为标准语的民族语言的形成和传播。

总之，民族语言形成的现实路径问题促成了葛兰西将历史唯物主义的批判方法进一步应用于语言学的研究。其成果，一方面是将当时意大利统治阶级弄颠倒的语言—民族间的关系重新正立了过来，另一方面则是建立了一种与其文化霸权理论相互支援的“语言政治学”。在这种“语言政治学”中，葛兰西将经典马克思主义的政治意识形态批判扩展至对政治权力运作的微观分析，在揭示“语言是促进阶级共识达成的工具”的同时，也为西方马克思主义后来发展过程中出现的“符号学转向”，特别是为后马克思主义的代表拉克劳、墨菲将其霸权理论发展为话语理论埋下了伏笔。

五　译校说明

（1）本书所涉及的专业术语翻译尽量采用国内通用译法，并尽可能做到前后文译名的一致性，但不排除根据具体语境所做的调整。例如，“Subaltern Group”，本书一般译为“臣属集团”，但有时也译为“底层集团”“底层民众”等。

（2）较生僻的外国人名、地名及专有名词等第一次出现时，一般都附有英文原名及简短注释。

（3）本书在译校原英文著作的引文时，一般以自译为主，但会参考现有已出版的中文著作。译校过程中经常参考的著作已列于本书末尾的“译校参考文献”部分，在此向其著者一并致谢。

（4）在处理原文注释方面，对原文脚注和尾注中所涉及作者、文献名称、出版机构、版次、页码等资料性引文，为保证准确起见，本书一般做原文摘录处理，并不译出。对其他说明性文字注释，本书予以翻译。除标注“译者注”的注释外，未标注者皆为原著注释。

李永虎

中文版序言

在本书行近完稿时，我简要提到了葛兰西对“翻译”重要性的强调。如果我在写作本书时会知道将来有一天它会被译成土耳其语（2011 年）和现在的汉语，那我就会把葛兰西著作中关于翻译的思想置于中心性的地位。与葛兰西和本雅明相似，我也认为，翻译远不是一种为获取更广泛的读者而对一本书做简单机械加工的过程。葛兰西在狱中时，除了创作政治、文化和哲学著作之外，还进行了翻译的实践。他的笔记本中有大量的对德国著名的《格林童话》的翻译，还有对歌德、马克思，以及其他俄文、法文作品的意大利语译文。正如圣卢西亚·贝佳斯（Lucia Borghese）所强调的那样，作为一名译者的葛兰西所力行的翻译实践和他对妻子朱莉娅成为一名译者的鼓励，都与他对“翻译”和“可译性”概念的哲学化发展密不可分。葛兰西将翻译概念发展为一种跨文化分析的方法和一种反对资本主义革命的隐喻。就像法比奥·费罗西尼（Fabio Frosini）所指出的那样，葛兰西的全部工作可以视为不断地把将哲学转译为政治。与本雅明相仿，葛兰西没有把翻译仅视为一种消极的活动，而是同时视为对“目标语言”和“源语言”，即对翻译语言和原文语言做理想改造的活动。葛兰西认为，翻译是对所涉语言之间的关系——在本书中就是中文和英语——的一种干预。今天我们生活在一个普通话和英语之间有着复杂关联并且这种关联没有脱离全球资本主义的世界。随着中国在世界经济中的重要性日渐提高，英语国家学习普通话的风尚也日渐浓厚。但是，这种中文学习与英语教学在中国学校的普及度相比，是不可同日而语的——后者不论是专门花在英语学习的时间上，还是“从娃娃抓起”的起步时间上，都使前者显得相形见绌。不过，世界各地的媒体、书籍和机场所普遍展现出的现在“每个人”都在说英语，显然又是一种极度的夸张。它模糊了诸多关于英语使用方面的政治考量因素，这包括日益增多的被不同使用者用于不同用途的英语变体，其中绝大多数人是非英语母语人士。

虽然不要把葛兰西与其自身的历史和生活的地理背景割裂开来是很重要的，但是他的思想却在他去世后才出现的诸多研究新现象的研究领域变得卓有影响。与越来越多学者的看法相似，我同样认为葛兰西的思想可以帮助我们理解21世纪全球资本主义的复杂性和语言在其中所扮演的角色。有些人通过援引葛兰西的霸权概念并将其与“语言的”“文化的”帝国主义等同起来后，对20世纪中期以来英语在全球的传播现象进行了分析；而另一些人则希望借助于葛兰西来对全球语言政治的复杂性做出更深入的理解。但是，最近人们越来越意识到语言在葛兰西思想中的中心地位。自本书英文版2004年出版以来，意大利语和英语学界都已对葛兰西的语言著述是怎样占有着其全部理论的核心地位进行了重点研究。其中包括亚历山德罗·卡尔杜齐（Alessandro Carlucci）、詹卡洛·希尔鲁（Giancarlo Schirru）等人的作品。

本书通过探讨葛兰西一生在语言和语言学方面的研究与兴趣，旨在介绍他的著作及其思想。以此方式，我希望能够提供一种可行路径，用以说明葛兰西仍然是与21世纪相关的。

最后，我要感谢我的中文译者李永虎博士所做的一切工作和付出的努力。与他的每一次意见交流和思想探讨都是令人愉快的。他对翻译质量的不懈追求、对学术问题给出的创造性解释，都给我留下了极其深刻的印象。我的著作能有这样一位高水平的学者来翻译，我感到十分高兴。

彼得·艾夫斯

2018年1月

目录

阅读葛兰西…… 1

致　谢…… 1

文献缩略语…… 1

前　言…… 1

一　葛兰西的语言与霸权…… 1

二　无所不在的葛兰西的霸权…… 2

三　走近语言和霸权…… 5

四　概览…… 7

第一章　语言与社会理论：诸种语言转向…… 1

一　20 世纪中的语言、生产和政治…… 2

二　诸多的“语言转向”…… 5

三　索绪尔的结构主义语言学方法…… 6

四　语言中的结构主义转向…… 11

五　哲学的“语言转向”…… 15

六　其他诸多“语言转向”…… 19

七　马克思主义与语言…… 20

八　小结…… 22

第二章　葛兰西所在意大利的语言学和政治 …… 23
一　葛兰西的家乡——撒丁岛 …… 23
二　南方问题和意大利复兴运动 …… 25
三　语言问题 …… 26
四　葛兰西的青年时代 …… 29
五　“越过宽广的海域” …… 31
六　葛兰西的语言学 …… 34
七　意大利的语言学家 …… 35
八　巴托利与新语法学派的论战 …… 38
九　唯心主义语言学和克罗齐 …… 44
十　葛兰西与世界语 …… 46
十一　小结 …… 52

第三章　《狱中札记》中的语言和霸权 …… 54
一　走近《狱中札记》 …… 55
二　对霸权的非语言学的理解 …… 58
三　霸权中的两大主题 …… 61
四　葛兰西的扩大化了的“政治” …… 63
五　语言、哲学和知识分子 …… 63
六　臣属性与碎片化的“常识” …… 68
七　语言、民族、大众集体意志 …… 73
八　语言与隐喻 …… 75
九　语言结构 …… 80
十　霸权的两种语法 …… 81
十一　自发语法 …… 81
十二　规范语法 …… 83
十三　自发语法的规范化历史 …… 87
十四　规范语法和进步的霸权 …… 89
十五　小结 …… 91

第四章 语言学视角下对葛兰西核心概念的扩展解读 …… 93
一 消极革命和无效的民族语言 …… 93
二 运动战和阵地战 …… 98
三 作为消极革命的阵地战 …… 100
四 民族—大众的集体意志 …… 101
五 阵地战和新社会运动联盟 …… 103
六 作为民族—大众集体意志范型的语言 …… 104
七 霸权、政治联盟和反法西斯统一战线 …… 105
八 国家与市民社会 …… 106
九 国家与市民社会的历史 …… 108
十 国家 …… 110
十一 小结 …… 116

第五章 后现代主义、新社会运动与全球化：对社会与政治理论的启示 …… 117
一 后现代主义、语言和相对主义：整个世界是一个文本吗？ …… 119
二 尼采、索绪尔和德里达论语言 …… 122
三 葛兰西：语言和相对主义 …… 125
四 福柯：语言与权力 …… 128
五 葛兰西与福柯论权力 …… 132
六 新社会运动与话语：拉克劳与墨菲 …… 134
七 拉克劳和墨菲语言学背景的“霸权” …… 143
八 全球化 …… 149

注 释 …… 154

参考文献 …… 181

常用译校参考文献 …… 189

索 引 …… 190

译后记 …… 200

阅读葛兰西

总编：约瑟夫 A. 布蒂吉格（Joseph A. Buttigieg）

安东尼奥·葛兰西（Antonio Gramsci，1891~1937 年）去世时，在共产主义者圈子之外很少有人知道他是谁，而现在他却成为 20 世纪最常被引证和被广泛引介的政治理论家和文化批评家之一。随着葛兰西狱中著作在意大利的出版——首先是 1947 年发表的书信，其后出版了六卷本的主题版笔记册，并于 1951 年出版完成最后一卷——引发了人们对葛兰西的第一波关注。在短短几年内，围绕着葛兰西的霸权观、他关于意大利统一史的修正观、他反经济主义和反教条论的马克思主义哲学观、他的国家和市民社会理论、他的反克罗齐文学批评、他研究大众文化的新方法、他对知识分子在社会中作用的深刻见解以及他思想的其他方面，数百篇文章和专著对此一一展开了阐释、分析和争论。虽然葛兰西已逝去多年，但他并没有被学界遗忘。相反，围绕其著述展开的热议和由其遗产引发的持续激烈争论，已经且还将持续对战后意大利的政治文化和文化政治产生深远的影响。

在 20 世纪 60 年代末和 70 年代，葛兰西的名字和思想开始在欧洲、拉丁美洲和北美洲（在较小程度上也在其他地方）日益频繁地传播开来。与欧洲共产主义相联系的各种思潮和伴随“西方马克思主义”的崛起而与其声气相通的“新左派”，对这一时期葛兰西所产生的广泛影响力做出了巨大的贡献。在英语世界，受惠于霍尔（Quintin Hoare）和史密斯（Geoffrey Nowell Smith）在 1971 年精心编辑出版的《狱中札记》，使学者们从对葛兰西空泛的引述转向对其著述的严谨研究与分析成为可能。而由多种语言组成的狱前作品的各种编纂本——其中包含了引人关注的论及“南方问题”

的重要文章，和在意大利发表的由瓦伦提诺·杰拉塔纳（Valentino Gerratana）编辑的《〈狱中札记〉（1975 年）·完整评注本》都进一步促进了对葛兰西的研究。[①]

20 世纪 80 年代，随着文化研究的深入，对“权力”问题兴趣的日益增长，不同学科的学者越来越多地关注到了文化、社会和政治之间的关系，葛兰西的影响由此越发显著。而苏联解体、东欧剧变之后对马克思主义思想关注的快速减退并未对葛兰西的“时运”产生什么影响。正如斯图亚特·霍尔（Stuart Hall）[②] 最先指出的那样，在那个时候，葛兰西已经“从根本上取代了马克思主义在文化研究中的某些遗产”。事实上，葛兰西的思想在政治左派的后马克思主义理论和策略中占有非常特殊的地位。此外，过去 15 年来对市民社会概念的普遍关注重新激起了人们对葛兰西关于此主题思考的兴趣。与此相仿，许多目前被广大学术界知识分子所关注的问题和话题，如臣属性研究、后殖民主义和南北关系、现代性和后现代性、理论与实践之间的关系、法西斯主义系谱学、大众文化的社会政治维度、霸权和制造共识等，都激发了人们去阅读和重读葛兰西文本的热情。

在葛兰西首次成为研究“对象”之后的 50 年中，他的理论和概念几乎在人文和社会科学的各个领域都留下了印记。他的著述一再被阐释、挪用，甚至在许多迥异的和经常相互冲突的使用中被工具化了。现在围绕其作品出版的材料数量——由约翰·卡梅特（John Cammett）更新的《葛兰西参考书目》（*Bibliografia gramsciana*）收入了由 30 种语言组成的超过 10000 种的

---

① 自 20 世纪 50 年代以来，英语世界的葛兰西研究陆续出版的有较大影响力的代表性著作除了 1971 年由霍尔和史密斯翻译出版的《狱中札记选编》以外，70 年代还出版了《政治论著选：1910～1920 年》和《政治论著选：1921～1926 年》。1985 年，剑桥大学出版社出版了《文化论著选》。1995 年，波斯曼编译出版了《狱中札记补集》。1992 年，哥伦比亚大学出版社开始出版《狱中札记》的全部文献。关于国内外葛兰西著作的出版情况及其思想研究的总体情况，可进一步参见仰海峰《葛兰西研究七十年：回顾与反思》，《河北学刊》2009 年第 3 期。——译者注

② 斯图亚特·霍尔（Stuart Hall，1932～2014 年），英国文化理论家与社会学家。他曾在 20 世纪 50 年代担任《新左派评论》编辑，1964 年加入伯明翰大学的现代文化研究中心。主要论著有：《电视讨论中的编码和译码》（1973 年）、《文化研究：两种范式》（1980 年）、《“意识形态”的再发现：媒介研究中被压抑者的回归》（1982 年）、《意识形态与传播理论》（1989 年）。——译者注

条目——数目已庞大到让即使是受过专业训练的学者也不堪重负，而让外行的读者感到的是无力应对或者彻底困顿。不过，葛兰西参考书目的庞大规模又成为葛兰西遗产的丰富性、其思想的持续相关性以及他对当代思想所做重大贡献的一个重要标志。在许多领域，葛兰西已成为需要被阅读的“经典”。然而，阅读葛兰西并不是一件易事。他最重要的著作是开放式的、零散的、多向探索性的、反思的和草就的。他的狱中笔记具有杂乱的、看似无序的知识实验室的特征。不要说第一次阅读的读者，即使是训练有素的学者，也将对能指出葛兰西著述显著特点并能帮助我们揭示出隐藏于其巨量作品不同部分的表面复杂性之下的基本意图，所提供的专业指导是持欢迎态度的。同样，对现存最重要的葛兰西的著述做出批判性阐释，以及对他在人文和社会科学中关于某种流行的研究路线的洞见做出有益处的讨论，都将使葛兰西的读者更好地理解为什么说其思想（并以怎样的方式）是与我们这个时代的一些最为迫切的社会、文化和政治议题的探讨关联着的。

面对葛兰西著作的多面性以及受其启发的批判理论成果的丰富多样性，如待之以一种单一的、综合性的研究将是无效的。本系列的专著——每一个都对涉及其作品的一个特定方面（但也认识到了连接其作品各个部分的诸多线索），对正在寻求更好地了解葛兰西遗产的读者来说，都将成为一个非常有用的指南。“阅读葛兰西”系列的各卷本，都致力于解读在葛兰西著述中或在受其思想强烈影响的研究领域中特别突出的一个主题。

致 谢

我要感谢约瑟夫·布蒂吉格（Joseph Buttigieg）的鼎力支持和帮助。尤其在我写作书稿的早期，他对本书提出了建议且多有裨益。在我确定此项目的时候，罗杰·冯·茨万伯格（Roger van Zwanenberg）和冥王星出版社编辑委员会提供了宝贵的意见。朱莉·斯托尔（Julie Stoll）和出版社的其他人都很有耐心，与他们的合作也令人愉悦。詹姆斯·马丁（James Martin）毫无怨言地审阅了我的一些最粗略的章节草稿，并提出了有用的建议。像这样一部著作是建立在对葛兰西的大量研究和从事此项研究的学者共同体之上的。更多我未能提及名字的学者给我提供了灵感和确信这个项目是有价值的信念。具体到个人而言，包括德里克·布斯曼（Derek Boothman）、雷娜特·贺拉勃（Renate Holub）、大卫·麦克纳利（David McNally）、芭芭拉·戈达尔德（Barbara Godard）和马库斯·格林（Marcus Green）。我亦要感谢我在西蒙·弗雷泽大学和温尼伯大学的学生，他们成了本书一些观点的最初检阅者（也帮助我认识到一些其他观点并不值得纳入）。我在温尼伯大学政治系的同事们，尤其是拜伦·谢尔德里克（Byron Sheldrick）、琼·格雷斯（Joan Grace）和吉姆·西尔弗（Jim Silver）等给予了友情和支持。我最感谢的是阿黛尔·佩里（Adele Perry）和内尔·艾夫斯·佩里（Nell Ives Perry），感谢他们的耐心、陪伴和活力。我把这本书献给尚未学习语言的西奥·艾夫斯·佩里（Theo Ives Perry），我希望他、内尔和他们这一代人能在一个比我们现在更为公正的世界里长大。

* * *

劳伦斯 & 维沙特出版社（Lawrence & Wishart）许可本书大量引用安东尼奥· 葛兰西的以下著作：《狱中札记》，杰弗里·诺维尔·史密斯

(Geoffrey Nowell Smith) 与昆廷·霍尔 (Quintin Hoare) 编译，1971 年版；《〈狱中札记〉增选》，德里克·布斯曼 (Derek Boothman) 编译，1995 年版。乔治·博尔查特 (Georges Borchardt) 授予许可引用《狱中书简》，琳恩·劳纳 (Lynne Lawner) 编译，1973 年版。

对《尼采简明读本》[沃尔特·考夫曼 (Walter Kaufmann) 编译，维京出版社，1954 年版；维京出版有限公司，1982 年修订版] 的使用已获企鹅集团 (美国) 支公司维京企鹅的许可。温尼伯大学董事会为格雷厄姆·M. 史密斯 (Graham M. Smith) 编撰索引提供了资金支持。

文献缩略语

安东尼奥· 葛兰西:《〈狱中札记〉增选》

(Antonio Gramsci, *Further Selections from the Prison Notebooks*) ········· FSPN

拉克劳和墨菲:《领导权与社会主义的策略》

(Ernesto Laclau and Chantal Mouffe, *Hegemony and Socialist Strategy*) ······ HSS

安东尼奥· 葛兰西:《狱中札记》

(Antonio Gramsci, *Quaderni del carcere*) ··· QC

安东尼奥· 葛兰西:《文化著作选》

(Antonio Gramsci, *Selections from Cultural Writings*) ························ SCW

安东尼奥· 葛兰西:《狱中札记》

(Antonio Gramsci, *Selections from the Prison Notebooks*) ····················· SPN

安东尼奥· 葛兰西:《政治著作选(1910~1920年)》

〔Antonio Gramsci, *Selections from Political Writings* (1910-1920)〕 ········· SPWI

安东尼奥· 葛兰西:《政治著作选(1921~1926年)》

〔Antonio Gramsci, *Selections from Political Writings* (1921-1926)〕 ······ SPWII

前　言

一　葛兰西的语言与霸权

本书跨学科性地介绍了安东尼奥·葛兰西的思想及其著述。葛兰西生于1891年，是一名出生在撒丁岛的意大利马克思主义者，于1937年从法西斯监狱获释后不久即辞世。本书可供兴趣各异的读者群体阅读，涵盖马克思主义、批判理论、文化研究、后现代主义、多元文化主义、民族主义、殖民主义、后殖民主义、新社会运动、协商民主和全球化。

我将语言作为解析葛兰西从其狱中笔记发展出的政治和文化理论的切入点，是基于两个方面的原因。第一个原因是，自他逝世以来，语言日益成为政治、社会和文化理论的一个核心主题。在20世纪，一个主导人文和社会科学的发展趋势一直被称为"语言转向"，或者说诸多学科都以某种方式聚焦于语言、话语和协商上。第二个原因是，基于我自身对葛兰西著作稍显独特的理解，即我认为他对语言政治的关注对其全部思想产生了某种决定性的影响。尽管此第二点，并不会为所有的学者同意[1]，不过像任何一种"前言"那样，在这里我将介绍一下自己的观点。虽然我的目标部分在于使读者信服我解读葛兰西方式的第二个观点，但我的主要目的还是想以一种使他的思想与当前社会、文化和政治理论产生联系的方式，将他介绍给有着广泛的跨学科背景的读者。

在20世纪，一些最具影响力的社会政治理论家一直在关注着语言，如路德维希·维特根斯坦、费尔迪南·德·索绪尔、马丁·海德格尔、雅克·德里达、米歇尔·福柯、尤尔根·哈贝马斯和诺姆·乔姆斯基。除了从精神分析到后结构主义和协商民主的学术思潮外，20 世纪许多社会和艺术运动都对语言给予了极大的关注。这包括了达达主义、女权主义、反种族主义、后殖民主义、多元文化主义以及身份政治。一些重要学术团体也将语言现象与民族主义的复兴联系起来。[2] 在这种背景下，葛兰西本人所发展的“霸权”概念——他在研究语言学时所熟知的第一个概念——已经变得卓有影响。实际上，正如我们在第五章中将要看到的那样，即使那些非常明确地提出“超越”马克思主义及其范畴的人仍然对霸权概念予以了保留。葛兰西的霸权概念已为诸多学科接受，并延伸到非学术的一些主流探讨之中。

我当然不会认为葛兰西对语言的研究是他唯一的重要贡献，但也不会认为那些研究葛兰西著作的人已对他的语言学方法做出了透彻的阐释。恰恰相反，大多数关于葛兰西研究的非意大利文献都忽视了他关于语言的著述，且并未正确地评价他早期语言学的研究成果。我则提出：通过聚焦于语言，我们能以一种强调葛兰西思想的持续相关性和重要性的方式来认识其思想。这种方法为我们了解葛兰西在以下领域——文化政治学、民主政体权力体系及运作、资本主义的必然要求与维护民选政府的认同和合法性之间的相互作用——所做出的诸多洞见提供了理论框架。

二　无所不在的葛兰西的霸权

在葛兰西之前，“霸权”一词或多或少地限于指一个国家对他国的统治地位，这尤其体现于相对友好的同盟国家之中。葛兰西著作的显著意义就在于，“霸权”现在被用来描述从文学、教育、电影、文化研究到政治学、历史和国际关系等许多不同领域的复杂权力关系。简言之，葛兰西将霸权重新界定为认同的形成和组织化。但是正如我们将在下文所见，这并不是一种对葛兰西的“霸权”概念的充分理解。这个概念还蕴含着一种更为丰富和更为复杂的认同理论及其与强制的关系。

葛兰西的影响为何被传播得如此广泛呢？为什么在人文与社会科学的各个领域，会有 33 种不同语言的、超过 14500 种的关于葛兰西的出版物呢？

为什么一个意大利共产主义者相对晦涩的狱中笔记，能一举越出马克思主义者的圈子之外呢？

对这些问题的回答显然是多种多样的。葛兰西被墨索里尼囚禁并由此成为一名为理想而死的殉道者，一位与斯大林主义路向不同的革命的马克思主义者。作为早期的马克思主义者之一，他摒弃了他那个时代许多马克思主义者信奉的经济还原论。因此，与其他忽视文化和社会非经济方面重要性的马克思主义者不同，葛兰西描绘出了一幅关于现代社会更为广泛的社会和文化图景。他帮助创建了意大利共产党，其后该党成为最成功的西方共产主义政党之一。① 以上诸方面都在一定程度上解释了葛兰西过往的影响。但是随着苏联的垮台、意大利共产党的消亡以及 21 世纪新的历史环境，葛兰西的名字会黯淡于历史长河之中吗？

如果将近年来有关葛兰西出版物的数量和普及度视为预告未来的晴雨表的话，那么，他的思想遗产还远未结束。[3] 正如本书所揭示的那样，葛兰西的持久重要性主要源自他对工业化民主资本主义国家文化政治学与权力运作的深刻而广泛的分析。因此，这也提出了如下一个关键问题：在所谓的“西方世界”和后工业化的发展过程中出现的工业化停滞现象，是否意味着葛兰西的著作已过时？或者说，像本书希望揭示出的那样，计算机时代的出现、被称为“全球化”的各种潮流以及“以信息为基础的新经济”是否在促使我们更进一步地去审视葛兰西？——审视他即使是在可行社会替代方案看起来遥不可及时，依然坚信文化对维系民主资本主义的重要性。

葛兰西最广为人知的是他对文化和社会制度的政治维度重要性的分析。对他来说，政治不能从狭隘的国家和政府层面来理解，而是必须包含一般

---

① 意大利共产党（意大利语：Partito Comunista Italiano，PCI，简称意共），意大利历史上的一个共产主义政党，曾是西欧人数最多的共产党。1921 年 1 月 21 日由葛兰西带领帕尔米罗·陶里亚蒂、路易吉·隆哥等人与以阿马迪奥·波尔迪加为首的社会党左派联合组建成立。1922 年 5 月，葛兰西作为意共代表在莫斯科当选为共产国际执委会书记处书记。1924 年 8 月被共产国际任命为意共总书记，他取道维也纳回国，召开里昂会议，在罗马创办《团结报》，反对墨索里尼的国家法西斯党。1926 年 10 月墨索里尼宣布取缔意共。1943 年墨索里尼政府垮台，流亡莫斯科的原意共领导人重建该党。1991 年，意共宣布放弃共产主义意识形态，并改名为意大利左翼民主党。——译者注

被视为非政治的广泛的人类活动，如我们的日常信仰和行为——从我们阅读的书籍、喜欢的电影到我们的宗教感受以及世界观，都属此列。葛兰西作为一名文化政治理论家，不仅受到左派进步活动家、学者们的关注，甚至不太可能关注他的右派也受到他的影响。比如，极右翼美国访谈节目主持人拉什·林博（Rush Limbaugh），曾就葛兰西与20世纪90年代在美国被称为“文化战争”的关系展开过讨论。他甚至认为，右派必须向葛兰西好好学学。[4]

葛兰西对文化事务政治意义的坚守引导他写下了如下一些思考：意大利农民为何更常阅读的是法国小说而不是意大利小说？他在给报纸写的文章里探讨了都灵剧院的消失与更广泛的经济和文化因素有关，而不仅仅是电影技术的进步导致的。对葛兰西来说，一个人要想弄清楚复杂的社会问题，就应在普通民众政治信仰及其活动的内核中寻求答案。因此，人们应该思考一下我们日常生活的世界和日常生活经验被组织的方式。我们所上的学校、所属的组织以及我们度过闲暇时间的方式，都有着核心的政治重要性。葛兰西的思想在清理这些谜题方面是大有助益的。

但是，这还不足以解答这样一个问题：我们为什么应该关注葛兰西对20世纪初期意大利农民、默默无闻的政客和知识分子的阅读习惯所展开的论述呢？我们为什么要阅读葛兰西的著作？尤其是在人所皆知他的大多数著作是零碎化的，且在严苛的监禁条件下写就，这些未完成的笔记对大部分读者而言也难以卒读的情况下，我们为何还要去阅读呢？我们不能放弃试图解读其粗略笔记——他从未有机会为出版而能做些修改——这样一个艰难的历程吗？为什么我们不能直接聚焦于他简洁的观点“文化之于政治和社会分析非常重要”上呢？贯穿20世纪，为什么他的著作能在如此众多的、不同的学科中引起共鸣呢？它们又蕴含着对21世纪怎样的洞见呢？

这本书提出了这些问题众多答案中的一种：他的语言方法。[5]其他人的答案则提供的是其他不同的回答，如突出葛兰西思想的历史背景、其著述的哲学传统或者阐释其著作过程中出现的学术的、政治的争论。对语言的关注——一个自其去世之后成为社会、政治思潮主旨的主题——揭示了葛兰西与贯穿知识学科群的现当代理论与分析的相关性。正如葛兰西自身的著作不局限于单一领域、他的影响范围非常广泛一样，他对语言主题的研究也是从跨学科的视角来考察的。本书通过总结结构主义语言学、哲学、政治学和文化研究中的核心观点，在强调了这种跨学科性的同时，试图为那些不怎么熟悉这些具体学科的读者提供帮助。这在许多读者试图理解葛兰西及其遗产时，有助于他们克服面临的学科障碍。

三　走近语言和霸权

葛兰西能够以一种独特的方式将两种语言方法结合起来。这种方式即：与西方社会的广泛趋势和各种更为具体的语言问题及其使用展开对话。他非常重视作为政治问题的语言，如政府的语言政策、教育中的语言课程以及日常语言实践。他把这样的问题与语言概念丰富的隐喻力量结合起来，并以此作为分析政治形势的辅助工具，这尤其体现于文化对塑造人们的信仰、行为甚至是投票模式作用的分析上。第一章和第五章总结了20世纪其他知名思想家使用相似语言的隐喻与概念的某些方式。这两章也提到了葛兰西语言方法与其他语言方法的区别。第二章、第三章和第四章探讨了葛兰西非常独特的对意大利语标准化的真实进程及其政治隐喻的关注。从这样的角度来看，葛兰西对语言隐喻的使用，没有像许多同样意识到语言概念隐喻力量并促成所谓“语言转向”的其他社会理论家那样，将其弄得抽象和晦涩。这是因为他最终关心的还是政治问题，如法西斯主义是怎样掌权的？为什么他自己领导的反霸权运动失败了？由此他将狭窄的语言学概念扩展为对社会和政治分析大有用处的概念。

第三章概述了霸权这一概念的复杂内涵，其中包括围绕对它的理解所出现的一些争论。本章也阐释了葛兰西的方法至少在部分程度上揭示了他为何从没有给“霸权”概念一个清晰的定义。在所有对这一概念给出的各种可能解释中，一个共同之点是该概念揭示了大部分人民为何会不断屈从、接受，有时还积极支持不断损害他们自身利益的政府以及整个社会和政治体制。[6]换句话说，如果一个政府或国家不使用公然的压制和武力统治其国民，我们能说这个社会是不存在统治的吗？葛兰西的回答是：不能。而霸权则是分析这种统治的一个核心概念。

在第四章和第五章中，我们将就马克思主义的“阶级”概念以及关于阶级还原论争论中葛兰西的立场做进一步探讨。简单地说，他主要关注的是阶级关系。他同意马克思的观点，认为一个人的阶级立场是受到他的经济地位所制约的。你是在他人所有的工厂里工作并挣一份工资吗？你种着别人的土地吗？还是你有自己的土地或工厂呢？换句话说，在 20 世纪 20 ~ 30 年代的意大利，葛兰西最关心的问题是占少数的资产阶级、资本家，是怎样统治占多数的农民和工人阶级的？变化了的经济环境，马克思主义政治运动的失败，以及来自女权主义者、生态主义者、后现代主义者等，对马克思主义者、阶级分析所做的批判——出于包括上述的种种原因，阶级问题（阶级的定义及其与意识、身份的关系）成为对葛兰西的遗产及其持续影响至关重要的问题。第五章则对拉克劳和墨菲的著作进行了讨论。这两位“后马克思主义者”对“阶级”概念做出了批判，并认为葛兰西因固着于此概念而成为其缺陷所在。拉克劳和墨菲的重要性在于他们集中体现了远离经济分析而走向语言学或话语分析的更广泛趋势。正如他们对自身超越葛兰西的方面所描述的那样，他们借鉴了维特根斯坦和索绪尔所开创的语言思想。通过检视葛兰西自身的语言著述，读者将能更好地对拉克劳和墨菲及其他“新社会运动”理论家的观点做出评价。

意大利语言学家弗朗哥·皮帕诺指出，语言的作用及其在不同人群中的传播，是葛兰西用来解释相似政治动态的一个重要隐喻。语言的传播不是主要靠政府、国家强制、军队或警察的行动来推进时，而是因为言说者接受了新的语言、短语或术语的影响力和实用性。[7] 然而，如果认为我们有绝对的自由来选择我们使用的语言和我们说话的用词，这一观点则存在明显的误导性。人们通过估量词语的受众来选择用词，同时使用他们所希望的能最有效传达自身信息或达到预期效果的语言风格和习语。有时这意味着对听者的尊重、理解和友善，但是这也可能意味着对我们所谈论之人的忽视或者说缺乏一定的尊重。即使我们和别人谈到其他人时是无意的，这种情况也司空见惯。用一个当代的术语来说就是将人“他者化”，也就是说把对“我们”和“他们”之间差异的强调变得泛化了。例如，通过抱怨

"移民",言说者可以在自己和正交谈的人之间建立共同点(假设他们不认为自己是"移民",即使他们实际上就是移入的),以及将一批有诸多差异但碰巧都是移民过来的人都描述为"他者",这两者是不同的。即使一些短语、术语、态度甚至语言会让我们尴尬,我们仍可能会采用,因为我们相信它们会产生积极的效果。正如我们所见的那样,这些政治动态是葛兰西霸权概念的核心。他提出了一系列概念来研究它们,如他的"常识""有机知识分子""臣属性""规范的与自发的语法"等概念。

决定我们怎样说话显然受到以下体制资源的影响,这包括了语法书和词典(它们通常是由政府资助的),还有政府资助的教师培训以及影响语言使用的很多其他政策。与葛兰西同时做研究的语言学家也曾对这些问题进行过考察。在描述语言变化的起源和辐射所源自的地理及社会中心时,他们使用了"霸权"(意大利语:*egemonia*)、"吸引力"(意大利语:*fascino*)和"威信"(意大利语:*prestigio*)。这些理论对葛兰西的思想产生了深远的影响。[8]

葛兰西视语言为一种隐喻的用法,让他发展出了霸权概念的丰富内涵,而此概念解决了阐释马克思时的一个关键而又复杂的张力:我们自身被限定在自己的历史条件下和我们作为可被动员、可被组织起来的人的能动因素去改变世界之间的张力。用当代社会理论的术语来表达,此种张力就是:葛兰西对语言的研究帮助我们认识到人的主体性是怎样被外部力量构造而成的,但同时作为主体的我们所做出的种种选择又怎样共同地左右了我们的生活。

四 概览

第一章介绍了语言在当代社会理论中的作用,其中涵盖了对索绪尔、结构主义、维特根斯坦及马克思关于语言论述的总结。第二章对葛兰西的一些重要生平背景做了介绍,特别提到了他对语言问题的关注。本章聚焦了这样两个具体的背景:第一个是在意大利被称为"语言问题"的背景。尽管意大利在1861年就取得了政治上的统一,但它还远非一个具有文化和社会凝聚力的民族。其中的一个主要阻碍是对新意大利公民来说缺少一种统一的通用语。虽然评论家对在 19 世纪 40 年代的法国大约只有 40% 的人说法语的事实已觉震惊，但在意大利这种情况更为严重。历史语言学家估测，只有一小部分的意大利人说标准语言（有人认为大约只有 2.5%，有些则认为大约有 12%），这种状况使整个何为“标准意大利语”的问题成为引起重大政治和社会分歧的问题。事实上，贯穿 19 世纪末，关于怎样最好地规范语言并将其传播至全国就已争论得非常激烈。语言问题与影响民族团结的其他问题以及如何调整、减少并调和意大利地区、社会阶层之间的各种分歧是密切关联的。这也成为葛兰西所发现的下述事实内在原因的部分历史背景，即法西斯是怎样利用了地区和阶级利益冲突来谋求权力并成功上台的。

第二章探讨的第二个具体背景也是和语言问题相关的。此即在 1910 年左右当葛兰西还是都灵大学的学生时，意大利和欧洲语言学的普遍状况。我将概述语言学家是怎样使用霸权概念及其同义词的，并且我们将在本书后面的章节中看到，这些概念成为葛兰西发展出政治和文化分析方向术语的关键所在。我们在思考这个时期意大利的语言状况时，我们还需考虑另外两个因素。首先，意大利语言学家，尤其是对葛兰西产生了重要影响的阿斯科利，参与到了“语言问题”的争论之中。其次，葛兰西的语言学教授巴托利与新语法学派展开了激烈的论战，而后者直接影响了索绪尔的早期研究。因此，第一章所讨论的是由索绪尔创立的结构主义语言学所引发的问题，与葛兰西在学生时代和稍后成为政治思想家的时期所关注的问题非常接近。如果我们想问葛兰西的研究与深受结构主义影响的学科有着怎样的关联的话，那么，对双方所处的社会环境和形成的争论做一番详细的考察将是很有意义的。这将为本书在剩余章节，尤其是在第五章所阐明的结构决定论和人的能动性问题打下基础。

本书的第三章和第四章解释了葛兰西的主要政治概念，如霸权、有机知识分子、运动战、消极革命和臣属性等。这两章阐述了葛兰西的政治和文化理论，增补并丰富了第一章和第二章所提供的语言背景。具体而言，第三章通过对葛兰西的作为不同霸权构成种类模式的语法、语言的探讨，对与霸权相关的最为核心的概念做出了阐释。本章也阐明了葛兰西是怎样从语言学中汲取多种重要思想的，并解释了他的“常识”这一重要概念以及他的马克思主义的、历史唯物主义的知识观和历史观。第四章建立在第三章内容的基础上，围绕以下概念展开了论述，即“消极革命”“运动战/阵地战”“市民社会”“国家”“民族—大众集体意志”“历史集团”等。而此章的中心问题是葛兰西如何理解强制与认同之间的关系？

葛兰西运用语言来思考人类能动性是怎样与结构相关的。我们会认识到语言结构是怎样用来理解马克思所说的，人们自己创造自己的历史，但是他们并不是随心所欲地创造，并不是在他们自己选定的条件下创造，而是在直接碰到的、既定的、从过去承继下来的条件下创造。[9]换句话说，我们不能在完全空白的或没有限制的条件下创造历史。就像一个言说者可以造出新的、能让人理解的话语，即使这些话语在此之前还没有被听说过，因此，个人和集体是能造出新现实的。但是，言说者并没有完全的自由能让他们按照自己任何意愿的方式那样去说话。如果我们根本不遵循别人的言说方式，不遵循已有的语言结构，那么，我们就完全不会被理解。或者说，我们的基本观点可能会被传递出去，但与之相随的是一大堆我们并非想要交流的其他意义和想法。例如，如果我使用种族主义者的语言，用“男孩”指代一个黑人，你很可能会明白我指的是谁，但你也会知道我有着一个偏执的世界观。或者，我不能合乎语法地表达我的观点，我要表达的意思可能会被人理解，但是也会暴露我缺乏教育和我的社会阶层。

葛兰西对语法的讨论为这种动态变化以及怎样隐喻性地使用语法来理解强制与认同的运作方式——这是葛兰西霸权理论的核心，提供了细微的见解。第五章是本书的最后一章，主要关涉当代社会理论和文化批评。本章通过强调语言特征在关于后现代主义、新社会运动和全球化等当前争论中的重要性，进一步阐明了葛兰西理论的持续影响。具有讽刺意味的是，那些认为葛兰西已经过时的人给出了相反的理由。有些人认为，葛兰西不可避免地当属正统马列主义序列；而另一些人，以拉克劳和墨菲为例，则将葛兰西视为通向后马克思主义的一个关键桥梁。以此方式，拉克劳和墨非使葛兰西成为他们激进民主理论的先驱，而该理论本身还受到后结构主义的米歇尔·福柯和雅克·德里达的深刻影响。

拉克劳和墨菲的研究成果已变得非常重要，并在政治和社会理论中产生了深远的影响。但是，他们对葛兰西狭隘的解读和在我看来对他片面的批评，都让葛兰西已无缘于参与此种争论的可能。从拉克劳和墨菲的角度来看，后马克思主义已经超越了葛兰西的见地，也克服了在他们看来葛兰西虽然批判但却无力超越的经济主义。通过比较后结构主义的语言和话语理论，本章认为，葛兰西为重新思考物质和语言、唯物主义和唯心主义之间的二元对立——这正是马克思主义，尤其是葛兰西力图克服的问题，提供了一种卓有创见的方法。

本章除了对拉克劳和墨菲的后马克思主义进行广泛讨论以外，还论述了在符号学、后结构主义和解构理论中的一些更广泛的议题，以此揭示出葛兰西的观点仍是富有见地的——尤其是在这样一个被称为“信息时代”的后现代环境下，劳动越来越多地涉及语言活动，而语言也在不断地被商品化。在新的全球霸权形成及可能遭遇个别抵抗的情况下，葛兰西的语言观将为解决由新殖民主义与后殖民主义引发的语言政治、意识和文化问题提供帮助。

本书的编写提供了充分的灵活性，以满足不同层次读者的需要。我尝试把每章内容都写出来，这样读者就可以无须按序阅读或者说可自行安排阅读顺序。一个例外是，第四章应在第三章之后阅读。这两章主要是为那些对葛兰西和当代社会理论知之甚少的读者创作的，这两章的顺序也适合于那些对葛兰西有一定的了解但不熟悉后现代主义或后结构主义的读者。想直接了解葛兰西思想的读者可以略过第一章的内容，如有需要再返回阅读。熟知索绪尔和维特根斯坦思想的读者，或对葛兰西和后结构主义之间的关系感兴趣的读者，建议从第五章开始阅读，然后再读第二至第四章的内容。而对那些有一定当代社会理论知识但对葛兰西不甚了了的读者来说，可以先从第三章和第四章开始，然后再阅读第二章和第五章。

第一章　语言与社会理论：诸种语言转向

本章概述了近百年来在社会、政治和文化理论中一些广为人知的最有影响力的语言方法。对所讨论的任何特定的思想家或运动如果一一做出详尽论述，都足以自成一书。本章的目的是为葛兰西的语言思想提供理论背景和文本语境。这个框架将为我们思考以下问题，即葛兰西是怎样将语言运用到他的政治分析中，尤其是在发展霸权概念时如何创建出一个可供比较的基础的。在简述语言在社会中角色的变化后，本章总结了创立结构主义语言学的瑞士语言学家费尔迪南·德·索绪尔（Ferdinand de Saussure，1857～1913年）的一些主要观点。索绪尔的思想在被人类学和其他社会科学采纳后，通常被称为“语言转向”。如下所述，虽然这个标签捕捉到了重要的发展趋势，但它也可能使这样一个问题变得模糊不清：“结构主义的转向”（也即一种特定的语言方法）的影响，在多大程度上还是对语言本身的转向呢？在指出索绪尔的结构主义是怎样在社会科学中被采用之后，本章还探究了哲学中的“语言转向”[①]，特别是路德维希·维特根斯坦（Ludwig Wittgenstein，1889～1953年）的影响。本章最后对马克思主义与语言之间的难解关系做了简要的考察。

---

① “语言转向”（linguistic turn）这一术语最早由维也纳学派的古斯塔夫·伯格曼（Gustav Bergman）在《逻辑与实在》（*Logic and Reality*，1964年）一书中提出。他认为，所有的语言论哲学家，都通过叙事确切的语言来叙述世界。而后，理查德·罗蒂所著的《语言转向——哲学方法论文集》（*The Linguistic Turn*：*Essays in Philosophical Method*，1967年）一书的出版，使这个概念得到真正广泛流传和认同。哲学上一般用“语言转向”来标识西方20世纪哲学与西方传统哲学的一种区别与转换，即集中关注语言是20世纪西方哲学的一个显著特征，语言不再是传统哲学讨论中涉及的一个工具性的问题，而是成为哲学反思自身传统的一个起点和基础。——译者注

一　20 世纪中的语言、生产和政治

为什么关于语言的思想会成为对 20 世纪的社会理论和哲学来说至关重要的大问题？这是一个我们在这里只能窥其一斑的令人着迷的问题。将思想史的这个方面内容放入它所处的社会的、经济的和历史语境中来加以考察，是非常重要的。卡尔·马克思在 19 世纪中叶对德国哲学展开了批判，因其陷入的是一个词句和观念的世界而忽视了工厂里进行物质生产的真实世界。① 马克思指出，哲学往往被抽象的思想所支配，对重大的社会经济条件和工业革命中发生的急遽变化却没有给予充分重视。但是，20 世纪见证了经济生产过程和产品的发展趋势已经侵蚀到了下述显著对立的任何一方：一方面是观念、词句和语言的世界，另一方面则是体力劳动、物质生产和商品的世界。马克思曾希望，这种侵蚀不会继续出现，因为无产阶级的斗争将有助于克服脑力劳动与体力劳动之间的异化。可是，一些重要商品的性质已经出现了重大的改变，尤其是借助于计算机技术、世界范围交通运输量的巨大增加和众多市场的全球化，所有商品的生产过程都已发生了改变（正如马克思所说，这种变化是可以预见的，因为资本主义要求生产过程不断转型）。这种生产过程的变化包括（但不限于）：以电子与电算化为代表的技术创新模糊了体力劳动与脑力劳动之间的差别；[1]20 世纪末出现了“血汗工厂”般的企业，这些“离岸”企业中的工人将输入计算机系统中的数据制造成产品。随着技术的更新，许多工作岗位已被淘汰掉了。[2]例如，被餐馆雇来制作食物的人是拿最低工资的、非技术型的底层劳动者，由他们取代了

---

① 原文为：“青年黑格尔派的意识形态家们尽管满口讲的都是所谓‘震撼世界的’词句，却是最大的保守派。如果说，他们之中最年轻的人宣称只为反对‘词句’而斗争，那就确切地表达了他们的活动。不过他们忘记了：他们只是用词句来反对这些词句；既然他们仅仅反对这个世界的词句，那么他们就绝对不是反对现实的现存世界。这种哲学批判所能达到的唯一结果，是从宗教史上对基督教作一些说明，而且还是片面的说明。至于他们的全部其他论断，只不过是进一步修饰他们的要求：想用这样一些微不足道的说明作出具有世界历史意义的发现。这些哲学家没有一个想到要提出关于德国哲学和德国现实之间的联系问题，关于他们所作的批判和他们自身的物质环境之间的联系问题。”《马克思恩格斯文集》第 1 卷，人民出版社，2009，第 516 页。——译者注

厨艺精湛的厨师。快餐店的劳动过程已经在流水线上被模块化，流水线技术被广泛用于控制劳动力以提高效率。[3]

举一个非常特别的例子。同一家工厂里生产的两双运动鞋，如果一双有“Nike swoosh”标识，而另一双没有，那么它们的价格可能会相差5倍。那个“Nike swoosh”标识本身是广告公司无数工人制造的产品。但是，我们购买的并不仅仅是耐克符号的物理特性，而是它的象征效应、它的意义。而许多制造出这种意义的工人，包括秘书和邮递员工，与马克思所称的产业工人阶级或无产阶级在被剥削的方式上并不是完全不一样。这些工人通常不能主导他们的工作方式，并听任给他们发工资的雇主的摆布。虽然不是全部符合，但他们也具备马克思所描述的那种无产阶级——那些并不拥有生产资料，因此不得不靠出卖劳动力为生的人——的几个重要方面。由于出现了所谓的“女性化”的文书工作和许多其他涉及语言技能的职业，如教学，人们将工厂体力劳动看成艰苦的、剥削性的，而将办公室格子间、教室进行的工作，看成天生脑力型的、轻松愉悦的和非剥削性的精神活动，这种简单的划分是站不住脚的。

除了在生产过程中出现了语言使用和体力劳动之间的关系变得复杂化这种变化之外，民主社会发展中的意识形态问题也将语言放置到了中心地位。特别是在葛兰西发展霸权观念的过程中，他直面的是大众民主时代的到来，这包含了在他那个时代出现的仍属比较稚嫩的群众性政党。自他去世以来，选举权的扩大和以民众政治为基础来建构国家权力合法性的民主现象一直在延续。在见证了阿道夫·希特勒和贝尼托·墨索里尼上台的世纪里，这两个人都获得了曾是民主社会的大力支持，因此，意识形态问题变得至关重要。由于许多民主政府现在至少在形式上对它们的全体公民（达到一定年龄）是开放的，而控制大部分经济和政治权力的精英圈子却仍坚守封闭，这成为一个亟须解决的、有时看起来又难以理解的事实。葛兰西的思想对许多尝试分析权力在这些民主社会中是如何运作的人来说，是颇有裨益的。他的霸权思想不但解释了意识形态概念所描述的一些现象，而且还将意识形态考察的重点引入了制度和日常实践以及思想观念体系上。

如果没有考虑到欧洲民族国家直至19世纪才真正出现，人们难以想到

20世纪的民主进程是与语言及意识形态关联着的。在19世纪，意大利和德国实现了真正的政治统一。以前就保持统一的民族国家像法国、英国和美国，开始实施了大规模的、旨在从社会和经济上统一其民众的大规模项目，这包括推行“标准化”语言、建立国家教育系统、运输和通信网络。这些举措效果有大有小，但都促成了政治国家与文化民族的融合。虽然用语言为标志来区分出不同民族国家的简单做法鲜有成功，但通过施用语言政策以建立国家却成为19世纪欧洲的一个印记。

人们在20世纪目睹了以欧洲为样板的民族国家在全球范围内急遽出现，同时也看到建立民族国家所依恃的种种假设的瓦解。而现在，我们所面临的许多问题经常是在“全球化”的标签下来讨论的。面对跨国公司、全球股市，以及生产、消费的国际化趋势，民族国家是否仍旧能够对其公民的生活产生重要影响呢？对那些没有成立国家的民族，如北爱尔兰、苏格兰、魁北克或者如巴斯克人、因纽特人、克里人、莫霍克人、毛利人和拉普人①，该如何看待其地位呢？随着美国的“唯英语运动”② 的开展，全球精英越来越多地使用英语，一个民族国家与一种语言的等式已普遍失效，那么，民族语言或公共语言在民主社会中的角色又该是什么呢？今天我们所面对的这些问题在很大程度上正是在1911～1937年的意大利，葛兰西所要解决的促进语言和共同体发展的问题。有鉴于此，为了解葛兰西关于霸权的著述，并能够

---

① 巴斯克人（Basques）是一个居住于西班牙中北部以及法国西南部的民族，有自身民族语言巴斯克语。因纽特人（Inuit），是美洲原住民之一，分布于北极圈周围，包括加拿大魁北克、西北地区、育空地区等地，说因纽特语。克里人（Cree），北美原有民族之一，总人口约为20万人。加拿大克里人主要分布于苏必利尔湖以西与以北地区，美国克里人主要分布于蒙大拿州，语言为克里语。莫霍克人（Mohawk），是易洛魁联盟中位于最东侧的北美原住民部族，历史上莫霍克人曾占据包括从魁北克南部至安大略东部的地区，现在主要聚居于安大略湖和圣劳伦斯河一带。毛利人（Maori），是新西兰境内的原住民，属于南岛语族波利尼西亚人。毛利语是新西兰官方语言之一，其民族语言原本没有文字，1840年开始以拉丁字母作为民族语言之文字。——译者注

② “唯英语运动”（English only' movement），又称“英语官方化运动”“独尊英语运动”，是指美国政府自19世纪中叶起，倡导、支持英语作为唯一官方语言的政治运动。其典型代表美国总统西奥多·罗斯福说：“在这个国家只有一种语言，那就是英语，我们打算见到，在经受严峻的考验后，我们的人民将作为美国人，有美国国籍，而不是作为一个多语种宿舍的居民。”——译者注

用它们来帮助我们分析并用于今世，聚焦于葛兰西的语言理论就成为一种不错的选择。在此过程中，第一步所要做的工作就是简要回顾一下在不同时期，被贴上“语言转向”标签的各种各样的思潮。

二　诸多的“语言转向”

如果认为如前所述的政治和技术变革直接导致被打上“语言转向”标签的各个学科就此实现了范式的转换，则显得过于简单化并具有还原论的色彩。虽然达达主义的“声音诗歌”（sound poems）① 明确质疑了在祛魅的世界中现代生活是否仍具有意义，但是推动学术方法改变的动力却变得更加难以辨识。大量女性在进入劳动力队伍后对我们语言的使用产生了直接的影响，比如“主席”（chairman）和“消防员”（fireman）的书写形式变为“chairperson”“firefighter”，这一点很容易理解。但是，为了实现提升女性劳动工资这个目的，并不是学术性女权主义者研究男性化语言结构和男性霸权复杂内涵的唯一原因。[4]我们很难将政治的、社会的、经济的变化直接与发生在各个学科领域的不同“语言转向”相挂钩。

再有，如果将英美分析哲学、社会科学、历史和文学研究中所称的“语言转向”，全部归结为属于同一种运动或思潮，也显得过于简单化。[5]不过，这些发生在社会、政治和经济背景下的范式转变，它们之间无疑具有一定的相似性。这些共同点包括：①强调被考察现象之间的关联性；②认为知识较少来自对对象或元素本身个别特质的认识，而源于被考察对象之间的关系；③强调语言本身不是对现实或我们自身生活的一种被动表征，相反语言塑造了我们的生活方式，影响了我们的抉择。

---

① 达达主义（Dadaism）是一场兴起于第一次世界大战时期的苏黎世，涉及视觉艺术、文学（主要是诗歌）、戏剧和美术设计等领域的文艺运动。由于反战和对民族主义、唯物主义思潮的指责，达达主义者提出要通过非正统的技术、表演等方式冲击社会习俗。例如，达达的主要创始人之一德国演员、剧作家胡戈·巴尔（Hugo Ball，1886～1927 年）曾盛装打扮，朗诵一些由无意义的字所写成的“声音诗歌”。他认为只能用这些捏造的文字来表达，因为一般正常的字已经腐朽而毫无意义。该流派是 20 世纪初反理性主义思潮的典型代表。——译者注

三　索绪尔的结构主义语言学方法

在社会科学中，“语言转向”之所以能形成一种范式性影响，应首推语言学家索绪尔的贡献。索绪尔在其晚年，打破了他所受训练并影响其大半职业生涯的语言学传统。在 1907～1911 年（此时葛兰西已进入大学并开始学习语言学）举行的一系列讲座中，索绪尔提出了语言科学的一个全新的基础。但是，他所提出的这些观点还没有来得及发表，其本人即于 1913 年 2 月去世。而在其去世后编纂出版的《普通语言学教程》一书，大部分材料选自其学生的课堂笔记以及他的一些讲稿。这本书已成为一部重要文献，并对语言学和整个社会科学产生了巨大的影响。

在索绪尔去世时，欧洲语言学大多集中于追踪词形演变史，并希求确定这些变化的模式。这种研究被称为历时性演化研究。举一个非常简单的例子，历时或历史语言学家指出，在英语和德语中出现的“f”发音大多转换自拉丁语中“p”的发音（如拉丁语中表示“父亲”的 *pater*，其中的“p”的发音变成了英语“father”中的“f”）。简言之，语言学是一门历史性的科学，旨在弄明白词形变化是如何产生的，以及它们在跨过不同的语言和跨越时间之后，彼此之间还有着怎样的联系。

索绪尔在演讲中认为，这样的方法绝不是真正科学的方法，因为语言从来都不可能被孤立地作为一个有特殊意义的研究对象。有着自身特性的个体话语、言语行为和能让人们生产出意义的真实的语言模式性质之间，并没有十分清晰的界域。与此相对，索绪尔提出了如下一种明确区分：一方面是某种特定语言的历史发展，另一方面是影响语言系统运作的真实结构。他认为，由于我们可以在对语言发展历史一无所知的情况下使用语言，因此，语言的科学研究，其首要的工作是考察语言在任何一个特定的时期是怎样运转的，而不是研究语言的历史。他将这种语言思想称为符号系统的共时性维度，从而将其与历时性或历史性维度区分开来。[6]

索绪尔引起语言学的另一个主要争议是，他提出，为了使语言成为一门科学，语言分析的对象不应是语言的个体话语（individual utterances），即言语（他称之为 *parole*），而应是语言系统（他称之为 *langue*）[7]。虽然索绪尔认识到言语是语言本身（甚至是作为共时系统意义上的语言）所固有的内容之一，但他认为，要想把语言学与其他科学，如心理学、人类学和语言学（philology）[8]区分开来，就必须把语言的系统要素作为主要的研究重心。换句话说，必须对实际被使用的语言（即言语）及其结构——各元素是怎样相互关联的（即语言），做出一种分析性的区分（历史的一个略显讽刺之处在于，以这种“研究对象”的划分为基础的结构主义语言学，却被并不以语言研究为主要领域的人类学和其他社会科学所吸收）。

索绪尔对作为一种系统的语言的分析包含将系统分解为符号，每个符号又是由“声音模式”（“sound pattern”）和“概念”（“the concept”）两个部分组成。声音模式或他所说的“能指”（signifier），是听到的实际的声音。[9]概念或他所说的“所指”（signified）是该能指表达的意思，或者说是该声音模式所指示的观念。一个符号是能指与所指的结合。

索绪尔最重要也最具争议的观点之一是，他认为能指与所指之间没有任何必然的或自然的联系。相反，能指只是约定俗成的或任意的与所指相关。英语中的“dog”（狗）这个词，在德语中为 *Hund*，在法语中则为 *chien*，这些不同的能指却具有相同（或类似）[10]的所指。他认为，“狗”的概念本身与我们为什么要称这个东西为“dog”、*Hund* 或者 *chien* 并没有什么关联。即使是拟声词的例子，也并不违反索绪尔的“任意性原理”。英语中能表示狗吠的能指可以是“bow-wow”或“arf-arf”，而在法语中则是“*ouâ-ouâ*”，德语中是“*vau-vau*”。索绪尔并不否认，有许多词语或者符号在特定的语言系统中具有非任意性。用语言学的术语来说就是，一些符号被有意或者被偏好性地设定成（即非任意的）与其他词、符号关联在一起。例如，美式英语中“手电筒”（“flashlight”）一词在与“闪光”（“flash”）、“灯光”（“light”）两个词相关的意义上，就不是完全任意的。虽然像在英国用“torch”（火炬、手电筒）一词就能很容易满足地对“手电筒”指示的需要，但是出于准确表意的动机和原因，“flashlight”必定要在某种方式上能与非电力驱动的“发光的东西”（“torch”）区分开来。德语中表示手电的“*Taschen-lampe*”一词，更接近于这种动机：“*Tasche*”意为口袋，而

“*Lampe*”意为电灯。总之，许多能指会因考虑到要与其他能指产生联系而设定，但不会是因要考虑同一个符号中的能指和所指之间的关系来设定。[11]

索绪尔没有明确地讨论符号与常被称为指称物（referent）的东西，或与“真实”世界中对应的被指客体是怎样相关的。对于索绪尔来说，重要的是认识到，“dog”所指的是概念、观念或“dog”的含义，而不是指一只真实存在的狗。因此他明确拒斥这样一种观念，即一个符号或词和一个对象、观念或指称物呈简单对应关系。也就是说，索绪尔对语言就是一种命名系统——语言是代表事物（客体）的词（主要是名词）的集合——观点的明确拒斥意味着他并不认为以下理论是正确的，即认为“dog”概念和在符号体系之外该概念所指示的客体之间存在关联。他对不同客体，如个别的狗或说是不同品种的狗和作为一般范畴的“狗”之间的关系，并没有给出一种哲学化的阐释。如果考虑到他试图把语言学建设成为一门科学，以与哲学区分开来，这种遗漏就变得可以理解了。不过，围绕着他所开创的结构主义所带来的哲学的与政治的意蕴，许多纷争就此被引发出来。

索绪尔考察的重点是符号，即能指—所指的结合体，是怎样相互关联的。也就是说，能指与其他能指之间，所指与其他所指之间是怎样联结起来的呢？以能指的情形为例，不管是书面的还是口头表示出的能指，其重要特征就是它们都具有可辨识性。例如，每个人说话的方式都略有不同，对同一个词，一个人可能有着与其他言说者显著不同的重音强调方式。排除我们把这个词与另一个词弄混淆的情况，这通常并不会妨碍我们对该词的理解。当我说“boy”这个词时，重要的方面是你不会把它与“toy”“joy”“bay”或者“pay”混为一谈。也就是说，由于“b”与“t”或“j”不同，“o”与“a”不同，所以，你能明白我的意思。因此，即使我们在一种语言、一种符号系统中的讨论可能没有提到“toy's”或者“bay's”的所指，我们也能产生出对“boy”的理解。因为，在此语言、符号系统中，“boy”的位置或意义是由它与其他能指的结构关系——并与其他能指相区别——所决定的。

所指的情况也是如此，它在哲学上或许有着更深刻的意义。对索绪尔而言，语言学不是用来考察所指是怎样表征语言之外的某个世界的。也就是说，不是考察一个概念怎样代表一件事物，而是思考所指之间是怎样相互关联和彼此界定的。换句话说，他认为，根本的问题是：在一个符号结构内，一个既有的所指含义是怎样形成的呢？例如，虽然我们可以分别用法语的 *rivière* 和 *fleuve* 来翻译英语中的“river”（河流）和“stream”（小溪），但实际上它们在各自语言中的意思是不同的。英语中的“river”和“stream”之间的区别严格地与大小相关（可能会相对于不同人所处地理环境而有所不同；干旱气候中的一条河流，在有更多河流的湿润地区可能只称得上一条小溪）。而在法语中，*rivière* 指流向海洋的河，这就使它能与 *fleuve*——可能流入 *rivière*，也可能流入另一个 *fleuve*——区分开来。[12] 因此，我们看到所指涉的概念在语言系统中是通过相互之间的关系而被界定的。而概念领域正是通过这种所指之间的关系才被建立起来。

从这些命题中，索绪尔得出这样一个结论：“整体语言机制以同一性和差异性为转移。”[13] 语言是一种结构，这样一个事实意味着：这个结构的元素不是由它们自身内在的性质、特点而被界定的，相反是取决于它们在系统中的位置。他用象棋和火车这两个比喻对此做了说明。如果我们在下棋的时候丢失了黑方的王，那么我们可以用其他不是黑色的东西，也根本不像王形状的东西来代替它。除了要适合棋盘方格大小以外，这个用以替代的东西最重要的特点就是，我们应能把它与其他棋子区分开来。也就是说，我们不能用“兵”这个棋子来代替“王”。如果这样做的话，我们就会把它跟其他不是“王”的“兵”弄混。与此类似，我们经常把每天五点离开车站的火车，说成是“五点钟的火车”，而不必为每天实际上开来的都是不同的火车这样的事实所烦扰。①

索绪尔的语言学是把语言的各种元素关联在一起，而不是对语言之外的某个领域来进行语言分析，这种做法引发了数不胜数的争议。这些争议大多数集中在索绪尔或者结构主义在总体上是怎样来描述被考察的结构与其他现

---

① 在这里，本书作者引用了索绪尔的“象棋”“火车”的比喻来阐明“语言是一个其中各项相区别的关系系统”的原理。象棋棋子“王”丢失了，随便用一个能当“王”用的东西代替即可，至于说这个代替的东西是否像“王”，是大是小、是圆是方，只要不与其他棋子相混，其个体特质无关紧要。同样，在整个列车系统中，每天五点钟离站的这趟车在与其他列车的关系对比中，人们确定了它的车次信息，至于它今天是否进行了硬件升级、换了乘务员等，并不会改变这趟车的旅行线路。——译者注

象之间的关系上。具体而言，这个问题引发了索绪尔或结构主义是不是相对论的质疑。也就是说，对结构主义者而言不存在这样一个“真正的”或非语言的世界——在那里“真理”“现实”是超越语言而存在的。有些人就此认为，鉴于语言对于建构我们对世界的感知如此重要，那种在语言之外去谈论一个“真实世界”“真理”的行为已变得毫无意义。而另一些人则认为，我们可以把语言视为一种理解的中介，而无须否认还有其他方式来接近“现实”，并且语言之外的“现实”结构仍然有着无与伦比的重要性。这个问题也是马克思主义的核心议题之一，因为马克思主义所主张的“唯物主义理论”，重在研究我们是怎样生产那些让我们赖以生存的东西的。[①] 马克思和马克思主义者批判其他的理论是“唯心主义”的，原因就在于这些理论没有建立在日常生活的物质现实基础上。更确切地说，马克思主义者认为，满是抽象观念的唯心主义理论往往只会为少数富人所吹捧（正是因为他们奢华到足以让他们无视其身体的需要是如何被满足的）。另外，马克思也非常重视人类历史的进程和人类在创造历史过程中的作用。就如我们在第四章中将看到的那样，葛兰西在这些问题上有着自身独特的见解。

尽管围绕索绪尔的著作还引发了许多其他问题，但他的基本范式——社会科学应该侧重于研究结构和元素的共时性关系的思想——对各种不同学科，特别是对人类学、社会学和社会理论产生了深远的影响。结构主义拒斥以往那种试图确定不同现象中的内涵、本质的传统。与此相对，结构主义者揭示出诸元素之间的关系是如何使这些元素本身被界定并赋予它们重要的特质。从这个意义来看，哲学和文学上的“语言转向”有了重要的相似之处。此外，索绪尔的结构主义也包含这样一种思想：在现象的现实表现形式之下

① 马克思、恩格斯的原文可参见《德意志意识形态》：“人们用以生产自己的生活资料的方式，首先取决于他们已有的和需要再生产的生活资料本身的特性。这种生产方式不应当只从它是个人肉体存在的再生产这方面加以考察。更确切地说，它是这些个人的一定的活动方式，是他们表现自己生命的一定方式、他们的一定的生活方式。个人怎样表现自己的生命，他们自己就是怎样。因此，他们是什么样的，这同他们的生产是一致的——既和他们生产什么一致，又和他们怎样生产一致。因而，个人是什么样的，这取决于他们进行生产的物质条件。”《马克思恩格斯文集》第1卷，人民出版社，2009，第519~520页。——译者注

存在一个“被遮蔽起来”的结构。由于索绪尔将个人话语视为附属于语言系统的，并且也是由语言系统产生的（这个系统显然不是外显的），个体的行为也仅被视为表面的事件，而对它们真正的理解则来自对隐藏结构的“解蔽”。

四　语言中的结构主义转向

考虑到索绪尔是一名语言学家，因此将他的著作看成“语言转向”中的一个组成部分，即视为对语言的转向时，就变得古怪起来。只有将索绪尔的思想引入其他学科，探讨“语言转向”才是有意义的。即便如此，重要的是应认识到，与此标签探讨相关的内容不是指一种泛泛的语言转向，而是转向对语言的具体理解和研究语言的方法。因此，在社会科学中，所谓的“语言转向”应被更恰当地理解为对语言的共时和结构主义理论的转向。“语言转向”标签的一个不幸的后果是，在这个所谓的转向之前，它很可能将语言在社会科学中的作用变得隐晦不明。这个标签误导性地暗示了在转向语言之前，语言在社会科学中是缺席的。

克劳德·列维－施特劳斯（Claude Lévi-Strauss）① 是将索绪尔的思想引入文化和社会研究领域的一位重要人类学家。列维－施特劳斯的研究不是对任何特定文化的历史做出描述，而是将该文化与其他文化进行比较，或者把它与社会之外的某种终极的、普遍的意义联系起来。他将文化体系中的元素视为符号，由这些符号创造出了能生产出意义的某种结构。不论人类学家关注的是神话、身份，还是仪式，结构主义人类学考察的是各种元素是怎样构成了这样一个系统的：在其中每个元素通过与其他元素的关系，特别是通过元素之间的区别而被界定。列维－施特劳斯强调了这些因素关联方式的二元

① 克劳德·列维－施特劳斯（Claude Lévi-Strauss，1908～2009 年），著名法国人类学家，有“现代人类学之父”之称。他所建构的结构主义与神话学不但深深影响了人类学，对社会学、哲学和语言学等学科也都产生了深远影响。列维－施特劳斯受索绪尔结构主义影响较大，一直尝试将结构主义语言学运用到人类学之中。著有《亲属关系的基本结构》（1949 年）、《结构人类学》（1958 年）、《神话学 I－IV》（1954～1971 年）、《结构人类学之二》（1973 年）等作品。——译者注

趋势，如热的/冷的、生的/熟的、神圣的/世俗的、家族性的/非家族性的。他还详细介绍了各种文化是怎样围绕着这种底层结构关系被组织成形的。

通过列维－施特劳斯和其他学者的引介，索绪尔关于语言的研究与爱米尔·涂尔干（Emile Durkheim）[①] 创建的研究“社会事实”（“social facts”）的社会学被结合了起来，从而普遍赋予了社会学和人类学以结构主义的特征。涂尔干区分了存在于自然界的物理事实以及在人类心灵和行为之外可能无法被感知到的社会事实，这一点与索绪尔的观点相吻合。涂尔干强调了“社会事实”的“真实性”，因而可以被客观、科学地加以研究。索绪尔的语言概念，是一个能用语言学予以科学分离并研究的对象，它是非物质性的。虽然它的结构并不是以一种物理实体的形式真实存在的，却是现实的个体言说者所不能离开的。与此类似，涂尔干还认为，虽然像“失范”（“anomie”）这样的存在并不是一种物质的或有形的实体，但它作为一种客观“事实”，对解释像自杀率这样的社会现象却是必要的。

这些结构的和共时性系统的思想也对特别流行于美国的结构功能主义（structural-functionalism）[②] 和行为主义（behaviourism）产生了重要影响。虽然我们没有必要对结构主义的影响做过度泛化的解读，在此也不准备探讨这些方法之间的复杂联系和区别。但是，应注意到的是塔尔科特·帕森斯（Talcott Parsons）和其他社会系统论理论家都强调了共时较之历时维度的优先性，并且重点研究的不应是社会和文化中孤立元素的特点，而应侧重于研

---

① 爱米尔·涂尔干（Emile Durkheim，1858～1917年），又译迪尔凯姆、杜尔凯姆等，是法国犹太裔社会学家、人类学家，与卡尔·马克思及马克斯·韦伯并列为社会学的三大奠基人，《社会学年鉴》创刊人，法国首位社会学教授。涂尔干的主要思想集中于四部巨著：《社会分工论》（1893年）、《社会学方法的规则》（1895年）、《自杀论》（1897年）、《宗教生活的基本形式》（1912年）。这些目前都被视为社会学这门学科的基础著作。作为现代社会学的开拓者，涂尔干一生出版了大量关于教育、宗教、自杀、法律和犯罪的论文和专著，为社会学的科学化奠定了坚实基础，对确立社会学为一门独立学科做出了巨大贡献。——译者注

② 结构功能主义（Structural-functionalism），通常被简称为功能主义（Functionalism）、功能学派，是一个社会学流派。它把社会看成一个具有一定结构和组织化手段的系统，各社会组织有序的关联系统，并对社会整体发挥有效功能。强调整合的作用，忽视冲突。代表人物有美国社会学家塔尔科特·帕森斯（Talcott Parsons）、罗伯特·金·默顿（Robert King Merton）。——译者注

究它们之间的关系。

精神分析学家雅克·拉康（Jacques Lacan）① 在一个完全不同的领域同样从索绪尔的结构主义那里汲取了很大的创造动力。他宣称，无意识的结构就像语言，因此，语言学的研究为精神分析提供了重要的工具。[14]但是，不同于索绪尔将语言视为一种系统的观点，拉康的意识结构是不稳定的，因为构成无意识的元素②、能指不再是符号的意识话语（conscious discourse）的一个组成部分。相反，这些能指主要是想象中的漂浮的元素。拉康认为，人的主体性和性快感不是由一种积极的认同或一种简单的快乐构成的。就像伊丽莎白·格罗兹（Elizabeth Grosz）③ 总结道："性是标记着缺失（lack）的快乐，这种缺失不是被给予的，而是意义的作用。正是出于这个原因，性、欲望的特征就是寻找特定的意义。"[15]我们将在第五章中看到，拉克劳和墨菲将这种分析延伸到社会认同形成的领域，并认为政治意识是围绕着"缺失"，或"空洞能指"来建构的。在拉康的著述中，他利用索绪尔对能指的理解着重描述了以下一种区别："菲勒斯"（"phallus"，一种结构元素）不同于"阴茎"（"penis"，一种身体器官），前者对人的主体性、欲望和权力的结构而言显得重要得多。拉康在 20 世纪 50 年代于巴黎发起的研讨会影响巨大，广大的法国知识分子圈都悉数参加，这包括萨特（Jean-Paul Sartre）、波伏娃（Simone de Beauvoir）、梅洛－庞蒂（Maurice Merleau-Ponty）、罗兰·巴尔特（Roland Barthes）、阿尔都塞（Louis Althusser）、路思·伊瑞葛来（Luce Irigaray）和茱莉亚·克莉斯蒂娃（Julia Kristeva）等。

法国结构主义深受索绪尔和后来的符号学家，如本维尼斯特（Emile Benveniste）和叶尔姆斯列夫（Louis Hjelmslev）的影响，在此背景下，阿尔都塞发展出了结构马克思主义。当阿尔都塞研究马克思的文本，特别是

---

① 雅克·拉康（Jaques Lacan，1901～1981 年），法国精神分析学大师，亦被认为是一名结构主义者。拉康从语言学出发来重新解释弗洛伊德的学说，他提出的镜像阶段论（mirror phase）等学说对当代理论有重大影响。——译者注

② 如希望、欲求、意象。——译者注

③ 伊丽莎白·格罗兹（Elizabeth Grosz），美国当代学者，特别关注政治理论与认识论的基本问题，探索跨学科研究的可能性。代表著作有《时间的秘境》（2004 年）和《时间的旅行》（2005 年）等。——译者注

从共时分析角度来看《资本论》怎样对资本主义系统发挥作用的时候，他的理论与非马克思主义的结构主义有了许多共通之处。他认为，马克思的重要性首要地表现为他的价值理论——该理论揭示了价值不是存在于物体或商品身上，而是存在于它们与其他商品和货币的关系之中。借助于索绪尔的语言学研究，阿尔都塞强调，马克思的价值理论是共时性的而非历时性的，只有在将其视为一种系统的情况下，它才是有效的。也就是说，它的结构应该成为阐释的重心。如前述的索绪尔一样，阿尔都塞强调了马克思试图揭示的是资本主义结构的隐蔽性质。阿尔都塞还强调了意识形态和制度对维系资本主义所起的关键作用，即它们使资本主义的秘密结构得以暗藏不显。而阿尔都塞的“科学的马克思主义”的说法就旨在剥离掉使资本主义结构得以隐藏的意识形态，这包括那些他称之为“意识形态国家机器”（“ideological state apparatuses”）的制度，如学校、宗教机构、法律结构及至家庭。[16]

阿尔都塞与许多知识分子都受到索绪尔如下观点的影响：人类并不是社会进程和行为的创造者或主体，而只能说他们是社会形态的结构和关系的“结果”和组成元素。正是在这个意义上，阿尔都塞对人本主义[17]持批判态度。他本人也因否认马克思强调了人的能动性作用而备受批评，而这种批评往往也是针对任何以索绪尔的语言观为模范的社会理论的。正如我们在第四章和第五章中将要看到的那样，葛兰西的一大优点和魅力就在于他对创造政治变革人类组织能动性和潜力的强调——即使这需要花费很长时间和做许多基础工作。不过，葛兰西与索绪尔的语言研究方法尽管不是全部相似，但还是有一些共同点的。

米歇尔·福柯因其对人的主体性的质疑和他对语言，特别是对话语的强调，而对社会科学也有着很大影响。他坚决拒绝给自己贴上“结构主义”和“后结构主义”的标签，也不接受索绪尔的理论，还对马克思主义持激烈批判的态度。不过，他的著作通常被视为历史和社会科学领域中“语言转向”的一个重要组成部分。福柯虽然对方法论本身著述不多，但其著作却一再被模仿，并对历史和社会科学产生了巨大影响。通过对“话语”的研究，他试图寻找出统治性的陈述、实践和分类图式的规则，以及在一般意义上，客体分析所共享的一套话语规则。福柯的影响远远超出了社会科学和历史学，而延伸到文献研究领域。本书第五章将在与葛兰西的语言和语法观的比较中，对福柯的话语观做出较为全面的阐释。

五　哲学的“语言转向”

“语言转向”的标签已被使用到其他与索绪尔关联不大的学术轨迹上。最值得注意的是，在英国和美国有着深厚传统的分析哲学中，其语言哲学——包括所谓的理想语言哲学、日常语言哲学和言语行为理论——的发展趋势，一直被描述为“语言转向”的组成部分。[18] 哲学家如鲁道夫·卡尔纳普（Rudolf Carnap）、阿尔弗雷德·艾耶尔（A. J. Ayer）、古须塔屋·伯格曼（Gustav Bergmann）、吉尔伯特·赖尔（Gilbert Ryle）、约翰·奥斯丁（J. L. Austin）① 等人总的观点认为，哲学问题之所以经常（或总是）成为问题，是由于我们使用语言的方式所造成的误解。对此，既可以通过改变我们的语言及我们描述思想的方式，也可通过更好地理解我们所使用语言的含义，来解决这些问题或者证明这些问题根本就不存在。前一个观点（即改变我们的语言）是伯格曼提出的。他认为，哲学家必须创造出一种足够精确而不至于造成哲学问题的语言。而广为人知的“日常语言哲学”则有着非常不同的观点，它认为常规语言（regular languages）——无论是英语、德语还是印地语——都已经是伯格曼意义上的“理想的”了，也就是说，常规语言本身不会造成哲学问题。相反，是哲学家因为误解了常规语言的用法而导致了哲学问题。

而有着神秘色彩的哲学家路德维希·维特根斯坦则是最早推进这些新异

---

① 鲁道夫·卡尔纳普（Rudolf Carnap，1891～1970 年），20 世纪著名的美国分析哲学家，经验主义和逻辑实证主义代表人物，维也纳学派的领袖之一。A. J. 艾耶尔（A. J. Ayer，1910～1989 年），英国哲学家，逻辑实证主义代表人物之一，因 1936 年出版的《语言、真理与逻辑》而闻名于世。古须塔屋·伯格曼（Gustav Bergmann，1906～1987 年），奥地利犹太裔哲学家，维也纳学派成员之一。吉尔伯特·赖尔（Gilbert Ryle，1900～1976 年），英国哲学家，日常语言哲学牛津学派的创始人之一。J. L. 奥斯丁（J. L. Austin，1911～1960 年），英国哲学家，属于分析哲学学派。——译者注

语言研究方法的人。虽然维特根斯坦有着欧洲哲学史，或所谓的大陆哲学的背景，但作为一名剑桥的学生和教授，他很少谈及哲学思想史或思想家。不过，他的后期作品却显著地表现出他对英美分析哲学和欧陆哲学视角的一种独特的融合。鉴于维特根斯坦对包括拉克劳和墨菲在内的理论家的影响——第五章有述，值得对他做出一些更详尽的讨论。

维特根斯坦在第一次世界大战期间，在战壕里写了他的第一本书《逻辑哲学论》，并于 1921 年出版。该书受到他的老师罗素和数学家、哲学家弗雷格（Gottlob Frege）思想的深刻影响。该书试图揭示每一个有意义的句子都须具有某种逻辑结构，因此，哲学问题或是由那些没有真实含义的，或是由那些逻辑不明的句子造成的。与结构主义相仿，这样的观点产生的是一种力图揭示表面混乱之下的结构的方法。维特根斯坦早期的著作认为，世界主要由事实（facts）——一种由简单对象（objects）形成的链环（concatenation）——构成的。如果语言是有意义的，那么，它应该能够被分解成与这些事实相对应的原子句（“atomic” sentence）。无法用这种方式分析的句子，必定是无意义的。

虽然维特根斯坦的许多读者都陶醉于这种符号逻辑观所具有的启示性意义，但维特根斯坦却给出了一个矛盾的结论：如果你真的理解了《逻辑哲学论》，那么你就应该觉得它毫无意义而丢弃它。这是因为，该书中的众多命题与简单对象链环没有关系，即它们本身不是关于事实的命题。实际上，唯一基于这些有意义陈述的可考察领域似乎只有自然科学中的实证研究才符合。而那些涉及美学的、伦理的和所有那些对人类生活至关重要的句子，在哲学上都已变得毫无意义。因此，也才有了维特根斯坦那句令人费解的结论：“对于不可言说的，必须保持沉默。”[19]

在回到奥地利并成为一名教师后，维特根斯坦进行了一系列广泛的哲学思考，并于 1936 年开始写作其后成为他最为知名的著作——《哲学研究》。在对他早期著作的全面反思和诸多讨论、争议声中，维特根斯坦提出，意义的问题不可能在句子和简单对象之间的关系中被找寻到。相反，正如他所说：“一个词的意义在于它的用法。”[20]这个观点是对他早期的方法及其他持类似方法哲学家的一种激烈的批判。为了描述意义是如何通过语言的使用而被创造的，维特根斯坦提出了“语言游戏”（“language games”）的概念。

在与索绪尔既相似又不同的方法上，维特根斯坦认为，在一个系统或一个游戏，即一套规则与实践中，意义是在一词与其他词的关系之中产生的。但是，维特根斯坦的“语言游戏”本身并不是索绪尔意义上的完整系统。

维特根斯坦以古代城市的比喻进一步阐明了应该怎样将语言问题理解为一个完整的结构或系统：“我们的语言可以被看作一座古老的城市，迷宫般的小街道和广场，新旧房屋以及不同时期新建的房屋，这座古城被新扩展的郊区以及笔直的街道和整齐的房屋包围着。”[21]这个比喻所展示的图景与索绪尔共时结构的语言观完全不同，而且与索绪尔关于语言/言语、抽象系统/真实语言使用的分类也不一致。准确地说，在维特根斯坦看来，意义更多的是与用法相关。

语言游戏的比喻有两个相互关联的要素：一个是像游戏一样，语言是基于规则，而且这些规则因游戏不同（从一种语言到另一种语言）而发生改变。并且，只要玩家同意，即使是同一个游戏，规则也是可以改变的。所以，规则具有一定程度的任意性。然而，对于真正要开始玩的游戏，规则就必须有一定的稳定性。游戏比喻的另一个元素就是，正如“游戏”这样一个词，“语言”这个概念不是用共同的本质来定义的，而是通过那些符合语言“家族相似”（“family resemblances”）特征的东西来界定的。[22]试图在棋盘游戏、牌类游戏、球类游戏、奥林匹克游戏等游戏下面找到某种共同的本质是徒劳的，但如把它们通过相似链归集一处却是成立的。就像在有三个兄弟姐妹的家庭中，其中两个人可能长着相似的鼻子，而明显区别于第三个人，但是第三个人又可能与其中一个长着相像的头发或者眼睛，而与剩下的一个则不相像。这种不做潜在共性还原的范畴思想为许多后结构主义者和后现代理论所推崇。第五章将重新提到“语言游戏”这个概念，这也是拉克劳和墨菲所称的“等价链”（“chains of equivalence”）的主旨所在，它还被用来创建“新社会运动”中关于潜在政治联盟的学说。

根据维特根斯坦的说法，他的语言游戏和游戏概念之间的一个关键区别是，语言游戏规则是在我们使用语言时创建出来的，就像我们玩游戏的情形一样。我们不是坐下来定好规则，然后再应用这些规则就能创造出语言。相反，就像了解一个城市的布局一样，我们是通过学习一种语言，才了解了语言游戏的规则。这些规则会随着新情况的出现而改变，又或言说者改变了规则并且这些变化得到其他言说者的默认，也会使规则改变。对维特根斯坦来说，哲学家（或语言学家和社会科学家）试图确定所有语言都会遵循的某种基本的、自然的或者合乎逻辑的规则将是徒劳的。比如，他会拒斥任何类似乔姆斯基的所有语言共有"深层结构"（"deep structures"）这样的概念。相反，语言游戏是在言谈中，由言说者创建并改进的人类实践活动。

另外，索绪尔并未明确阐明符号与其指称物是怎样关联的。与索绪尔相比，这个问题则成为维特根斯坦的核心主旨之一。尽管对于怎样理解维特根斯坦在此问题上的立场仍然存在很多争议，但大部分问题围绕的是他关于语言与"世界观"（德语，*Weltanschauungen*），或者说与他自己所称的"生活形式"（"forms of life"）的关系来展开的。他说："想象一种语言就意味着想象一种生活形式。"这个观点彻底偏离了《逻辑哲学论》，因为它否认了存在一种单一的、普遍的逻辑语言的可能性。相反，语言既在日常实践和经验之中产生并惯常化，也与日常实践和经验一样多样化。这表明，语言和思想是紧密结合在一起的，而不是说思想先于语言存在，语言只成为言说者思想的外在表达或显现。

正是维特根斯坦关于"生活形式"和语言习得的讨论，使他与葛兰西之间产生了最为紧密的概念上的联系。虽然没有证据表明葛兰西和维特根斯坦之间有任何相互的影响，但是有一本传记将两个人联系了起来。维特根斯坦在《哲学研究》"前言"中指出，他从皮埃罗·斯拉法（Piero Sraffa）① 那里受益良多，是斯拉法启发了"本书最重要的想法"。[23] 斯拉法是意大利经济学家，与凯恩斯（John Maynard Keynes）、弗兰克·拉姆齐（Frank Ramsey）②、

---

① 皮埃罗·斯拉法（Piero Sraffa，1898～1983年），英籍意大利经济学家。斯拉法出生于意大利都灵，后来成为葛兰西的亲密朋友。斯拉法于1924年开始他的学术生涯，在佩鲁贾大学法学院任政治经济学教授，1926年转到撒丁岛的卡利亚里大学任教授。由于法西斯统治的日益强化，他于1927年夏移居英国，接受凯恩斯为他提供的剑桥大学讲师的职位，并成为凯恩斯的得力助手。此后，他一直任剑桥大学三一学院的研究员。代表作有《用商品生产商品：经济理论批判绪论》（1960年）。——译者注

② 弗兰克·拉姆齐（Frank Ramsey，1903～1930年），英国数学家、哲学家、逻辑学家、经济学家。拉姆齐生于剑桥，其父亲是麦格达伦学院的校长。他本人十分推崇维特根斯坦的《逻辑哲学论》。——译者注

维特根斯坦一样，都曾在剑桥工作过。他执教于 1927 ~ 1931 年。在葛兰西入狱之前，他一直是葛兰西的挚友。而在葛兰西被囚禁期间，斯拉法成为继葛兰西妻子的姐姐塔齐亚娜（Tatiana Schucht）之后最重要的通信人之一，这尤其表现在斯拉法曾帮助葛兰西得到他在狱中所需的书籍。除非有人发现维特根斯坦据称在每周与斯拉法会谈后都会写下的记录，我们不大可能知道葛兰西和维特根斯坦之间是否有任何明确的相互影响。[24]不过，无论是从形式上看，还是从所要达成的目标上看，他们的著述都不具有可比性。因为葛兰西首要是一名政治思想家，而维特根斯坦似乎回避了所有类似的思考。尽管如此，他们在对语言的看法上却仍然存在重要的相似之处。鉴于维特根斯坦广泛的影响，第五章将讨论一下维特根斯坦对语言实践界定意义以及意义与“生活形式”关联的强调，是怎样与葛兰西的社会理论相媲美的。

六　其他诸多“语言转向”

这篇概览显然不能穷尽众多学科和分支学科在“语言转向”问题上曾有过的诸多争论。哲学中也曾出现了向“语言现象学”（linguistic phenomenology）的转向——该转向发轫于海德格尔，并在其追随者梅洛 - 庞蒂那里得到加强。以语言和话语分析的方法论为重点的社会历史学家，如盖瑞斯·斯特德曼·琼斯（Gareth Stedman Jones）和帕特里克·乔伊斯（Patrick Joyce）①，也被认为加入了“语言转向”之中。20 世纪的文学理论的特点同样受到强调语言的，如语言学、形式主义、后结构主义和解构主义思潮的影响。雅克·德里达、后结构主义和其他一些人在受到启发后，从结构、图式和机制转向了话语分析和对语言不稳定性的强调。第五章阐释了这些文学理论在社会政治理论中之所以重要的部分原因，并重点说明了德里达对拉克劳和墨菲

---

① 盖瑞斯·斯特德曼·琼斯（Gareth Stedman Jones），伦敦玛丽女王大学历史学教授、剑桥大学历史和经济中心主任。2016 年出版了一部马克思新的传记《卡尔·马克思：伟大与虚幻》（*Karl Marx: Greatness and Illusion*）。帕特里克·乔伊斯（Patrick Joyce），英国曼彻斯特大学历史系教授，主要研究英国近代社会文化史，被认为是英国新社会文化史的代表人物，著有《人民的想象：工业的英国和阶级问题》。——译者注

的影响。语言已成为20世纪广大知识分子一个主要的关切点，我们不需要再对其要点做出一种全面的概述或展现其各式各样的表现方式。而与这种普遍倾向有着最显著差距的当属马克思主义。

七 马克思主义与语言

虽然阿尔都塞和克莉斯蒂娃等理论家都受到索绪尔“语言转向”的影响，并且他们也自称马克思主义者，但大多数马克思主义思想家总体上对“语言转向”是抱有一定敌意的。正如雷蒙德·威廉斯（Raymond Williams）①在1977年写道：“马克思主义对于语言本身的贡献甚微。”[25]其中部分原因是以下这种过分简单化的观点造成的：马克思主义作为唯物主义理论理所当然地会避开发生在思想领域的语言问题。一些马克思主义者甚至认为，任何强调语言的理论本身就是唯心主义的。[26]这些批评中有价值的因素在于：过于关注抽象理论就会导致对世界上物质剥削性一面的忽视。有这种语言学背景的理论能够为任何有志于实际改变世界的人提供一种什么样的帮助，而不至于仅仅是解释这个世界，这一点一直不是很清楚。

不过，也有许多马克思主义者并不排斥语言理论，在此方面最显著的有雷蒙德·威廉斯（Raymond Williams）、沃洛希诺夫（Valentin Vološinov）②、亚当·沙夫（Adam Schaff）③和罗西－兰迪（Ferruccio Rossi-Landi）④等人的研究成果。但是，他们在马克思主义如何看待语言的作用这个问题上还欠

① 雷蒙德·威廉斯（Raymond Williams，1921～1988年），英国著名文化理论家和马克思主义思想家，被认为是20世纪中叶英语世界最重要的马克思主义文化批评家，因提出了著名的“文化唯物主义”理论，而对当代马克思主义和文化研究产生了重要影响。雷蒙·威廉斯著作丰富，有30多部著作，5部长篇小说，4部戏剧，主要有《漫长的革命》（1961年）、《乡村与城市》（1973年）、《电视：科技与文化形式》（1974年）、《关键词》（1976年）、《马克思主义与文学》（1977年）、《写作、文化与政治》（1989年）等。——译者注

② 沃洛希诺夫（Valentin Vološinov，1895～1936年），苏联语言学家、巴赫金小组成员、《马克思主义与语言哲学》（1929年）署名作者。——译者注

③ 亚当·沙夫（Adam Schaff，1913～2006年），东欧新马克思主义流派语言学、符号学思想家，他的《马克思主义、人道主义、语言哲学和认识论》（1975年）、《结构主义与马克思主义》（1978年）等作品在马克思主义领域产生了重要影响。——译者注

④ 罗西－兰迪（Ferruccio Rossi-Landi，1921～1985年），意大利哲学家、符号学家。——译者注

缺一种较大的影响。与此类似，在将马克思主义与结构主义、符号学做各种结合的方面，从斯图亚特·霍尔和伯明翰现代文化研究中心的文化研究到《银幕》（*Screen*）等期刊，都做出了很大贡献。然而，即使是葛兰西的杰出追随者霍尔，也从未发展出一种属于自身的语言理论。[27]许多批判伯明翰学派研究的声音提出了这样的一种张力性的假说：马克思强调的是生产对于阶级政治的重要性，与语言学对文化和解释的偏重是对立的。[28]

正如第五章所考察的那样，当拉克劳和墨菲在 1985 年发起他们的后马克思主义理论时，马克思主义的语言方法问题已变得极为醒目。作为后马克思主义者，拉克劳和墨菲将自身的学说区别于以往的马克思主义的一个方法就是，他们坚称自己所侧重的对语言的研究及对语言学背景的后结构主义的应用，让其超越了马克思主义。虽然葛兰西及其霸权概念在拉克劳、墨菲两人的《霸权与社会主义策略》一书中有着无与伦比的重要性，但他们却忽视了葛兰西关于语言的著述及其早期研究语言学的经历。与此相对，他们从阿尔都塞、拉康和所谓的后现代主义者那里借取了诸如“多元决定”（“overdetermination”）、“接合”（“articulation”）、“话语”（“discourse”）等概念来重新定义“霸权”。他们悖理性地声言葛兰西仍然是一个有着过多经济还原论色彩的理论家。

自从“后现代主义”这个概念和相关文献大量出现后，它与马克思主义的关系就没有平静过，而且它们的这种紧张关系大部分围绕的就是语言问题。弗雷德里克·詹姆逊（Fredric Jameson）在其 1973 年①发表的《语言的牢笼》一书中，描绘了任何基于语言的结构主义，在他看来都必然会陷入政治的陷阱。特里·伊格尔顿（Terry Eagleton）、佩里·安德森（Perry Anderson）②、艾伦·梅克辛斯·伍德（Ellen Meiksins Wood）③ 等许多马克思主义者，与

---

① 《语言的牢笼》是詹姆逊较早的一部专著，应发表于 1972 年，而非原文所称的 1973 年。——译者注

② 佩里·安德森（Perry Anderson，1938 年～），英国马克思主义历史学家，新左派理论家和政论家。自 1962 年起担任《新左派评论》的编辑长达 20 年。代表作有《西方马克思主义探讨》（1976 年）、《当代西方马克思主义》（1984 年）等。——译者注

③ 艾伦·梅克辛斯·伍德（Ellen Meiksins Wood，1942～2016 年），加拿大著名马克思主义学者，曾任教于加拿大约克大学，教授政治学，并长期担任《新左翼评论》《每月评论》编辑。代表作有《新社会主义》《民主反对资本主义：重建历史唯物主义》《资本主义的起源》《资本的帝国》等。——译者注

基于马克思主义和面向语言的社会理论不相容观点的后现代主义、后结构主义、后马克思主义展开了激烈的驳斥。拉克劳和墨菲则阐述了后现代主义的拥趸及其马克思主义的批判者所信奉的“因为语言只存在于思想领域，所以‘唯物主义’与语言是不相容的”是一种妄断。我们将在第五章中更为清楚地考察这些争论。

八　小结

本章试图给出这样一种背景，即需要把葛兰西放置在语言理论——在他去世后的20世纪语言理论已被证明非常具有影响力——的语境之中。各种“语言转向”之间自然有很多差异，重要的是对这些不同的传统和趋势，既不要过分笼统化也不要将其混为一谈。第五章再次回到了这样一个问题，即这些观点是怎样成为后结构主义的核心的，以及在20世纪末，经常被更宽泛地标榜为后现代主义的东西是指什么呢？

有时候，我们倾向于以目前的争论所构成的有限方式来回顾智识的发展。我的一个愿望是，葛兰西能为我们提供另外一种可供选择的方法，从其出发可以帮助我们重新思考索绪尔和维特根斯坦等思想家的观点。我们将在下面的章节中看到，葛兰西同意索绪尔、维特根斯坦两人的如下观点：语言对于人类生活和社会安排来讲是至关重要的（而不仅仅是观念、思想的外在表现或象征），并且语言是通过词与词形之间的关系生产出意义的。有时候，关于后现代主义的争论表明，这种语言观会削弱具体的政治行动主义，并有着严重的实证经济分析的色彩。被放入一系列不同学术和政治论争中的葛兰西，不会认为语言在根本上是无关政治的或者是抽象的。尽管在语言问题上，他与索绪尔、维特根斯坦不乏共识，但他是以对后两人的一些核心思想提出质疑的方式来建立自身语言理论的。并且最重要的是，我们将在下文中看到，他还对索绪尔坚称的抽象的或独立于其他社会行为的语言类型提出了质疑。与维特根斯坦相比，他更多地关注到了语言的制度层面（教育政策、国家语言政策、字典和语法书的编写）以及语言中的权力关系。

第二章 葛兰西所在意大利的语言学和政治

对葛兰西而言，语言不是一个抽象的或者过于哲学化的论题。与其他许多社会理论家不同，葛兰西对于语言的兴趣源于他作为一个撒丁岛人的日常生活实践经验。语言差异和意大利语的“标准化”是有着政治意味的现实问题。本章简要介绍了葛兰西的生平及其一生的语言政治学[1]，并展示了他在大学期间学习语言学的一些细节。我的主要目的是，通过介绍葛兰西的语言方法以及语言学所包含的政治、权力行使等情况，来说明它们是如何影响其政治理论形成的。这一点将在第三章和第四章予以考察。如下文所示，葛兰西陷入了他的母语撒丁语和他的第二语言意大利语之间的复杂张力之中，且其立场较为复杂。他主张在全国范围内使用“标准化”的意大利语，但又不想让言说者放弃他们的方言。尽管他认为本地方言与狭隘的世界观是关联着的，但他并没有简单地把（统一的）意大利民族语言与现代化和进步等同起来。方言与民族语言之间的这种张力与其自身的政治成长是同步的，他从一个因见证和亲身经历不公而愤怒的撒丁岛人成长为一名意大利共产党的领导人，最后沦为法西斯监狱的囚徒。在其监狱著述中，葛兰西追溯了意大利统一史上的法西斯主义的根源，以及对群众，特别是对南方农民（对于他来说，包括撒丁岛农民在内）的整合不足。[2]撒丁岛和意大利的语言史，在总体上与意大利的和葛兰西家乡撒丁岛的社会、政治历史是一体的。

一 葛兰西的家乡——撒丁岛

安东尼奥·葛兰西 1891 年 1 月 22 日出生于撒丁岛的阿莱斯（Ales）。

自 1861 年意大利统一以来，撒丁岛就成为意大利的一部分。从公元前 6 世纪开始，撒丁岛一直是由各种外国势力统治，包括迦太基人、罗马人、拜占庭人，然后是 1297 年（撒丁岛和科西嘉王国）的阿拉贡人。随着阿拉贡的费尔南多二世和卡斯蒂利亚的伊莎贝尔的联合以及西班牙的统一[①]，撒丁岛成为西班牙统治辖地，并以加泰罗尼亚语作为其官方语言。由于西班牙继位之战[②]，奥地利在对其短暂的统治之后，1720 年该岛在萨伏依王朝时期又“重新意大利化”。意大利语于 1764 年成为撒丁岛的“官方”语言。皮埃蒙特的国王一度在拿破仑战争期间逃到这里避难[③]，但所谓的撒丁岛“意大利化”远远没有完成或者成功。[④] 在皮埃蒙特人的统治下，撒丁岛的方言、文化和自我认同仍保存完整。意大利统一并没有大大改善撒丁岛与大陆之间的紧张关系。葛兰西在一个充斥着政治紧张和民众反叛氛围的撒丁岛上长大，这种情形跟以前的统治时期并无差别。但是，遭遇到撒丁岛外部支持的各种联合势力和岛上各色精英集团的勾结，这些斗争和早期一样都失败了。

除了出于不同的政治和战略考虑想统治撒丁岛外，大多数外国统治者盘剥包括本地劳动力在内的各种资源。从罗马统治时期起，这种剥削包括农业，特别是粮食和牲畜。后来是来自苏尔奇斯·伊格莱西恩泰（Sulcis-Iglesiente）矿山的煤矿变得别具吸引力。由于这个多山的岛屿缺乏肥沃的土壤，因此许多撒丁岛的农奴被迫以极其艰苦的劳作来换取土地的出产物。包括葛兰西在内的许多撒丁岛人将意大利大陆，特别是意大利北部地区对撒丁岛的统治，视为外来统治历史的延续。这种看法日益增强的原因还在于，意大利新王国的政治权力和经济权力都集中在意大利北部，在由皮埃蒙特大区

① 指阿拉贡联合王国。1469 年，阿拉贡王国和卡斯蒂利亚王国通过王朝婚姻联合，形成了西班牙。这使得在费利佩二世统治下的西班牙王国得以创建。直到 1716 年，费利佩五世在西班牙继位战争中被击败，新基本法令颁布，阿拉贡联合王国被废除。——译者注

② 西班牙王位继承战争（1701～1714 年）指 18 世纪初，西班牙哈布斯堡王朝绝嗣，法兰西王国的波旁王室与奥地利的哈布斯堡王室为争夺西班牙帝国王位，而引发的一场欧洲大部分君主制国家参与的大战。——译者注

③ 指 1796 年拿破仑占领了意大利北部的皮埃蒙特，其国王卡洛·艾曼努尔四世逃亡避难的地方就是撒丁岛。——译者注

④ 尽管在 1720 年萨伏依王室就成为撒丁王国的国王，但实际上萨伏依王朝 18 世纪和 19 世纪的主要领地依然是萨伏依。——译者注

所发起的 1861 年的统一进程中①，其首府都灵成为意大利的第一个首都。而意大利政府所做出的许多决策被认为并不是为了大部分撒丁岛人的利益，而是为了大陆的利益。

葛兰西后来认识到这种情形并不是撒丁岛所独有的，意大利南方地区和西西里岛也受到过来自北方类似的经济和政治的统治。这种见解主要是通过他所参与的一个名为“南方问题”（“Southern Question” or“Southern Problem”）的争论而提出的——此问题的出现又可追溯到促使意大利半岛政治统一和 1861 年创建意大利民族国家的运动。

二　南方问题和意大利复兴运动

“就领土而言，资产阶级统一了意大利人民。工人阶级担负着总结资产阶级在此方面的成效，并在经济和精神方面使意大利人民统一起来的使命。”[3]

将意大利视为一个实体、一种文化精神或者说某种未来典范的观点已有很悠久的历史了，但在 19 世纪中叶之前，意大利半岛通常因受到外国势力的控制而被分割为不同的政治体系，而外国势力中最为著名的当属法国和奥地利。在字面意义上，“复兴运动”（*Risorgimento*）指苏醒、复兴，它作为盛行于 19 世纪的文化和社会运动，实现了 1861 年的政治统一以及威尼斯、罗马（1870 年）最终的收复。②

在政治统一不久后，马西莫·阿泽利奥（Massimo d'Azeglio）提出了一个有关意大利历史的人尽皆知的口号：“意大利已成为现实，现在我们需要成为意大利人！”这个制造“意大利人”的过程涵盖了意大利的政治、经济、社会、语言和文化等层面，并由此构成了葛兰西政治和文化理论的主要背景。需要指出的是，虽然意大利比其他国家更为激进，但所有的民族国家

---

① 早前，在 1820～1821 年及 1848～1849 年所发起对抗奥地利帝国的战争失败之后，皮埃蒙特成为 1859～1861 年意大利统一运动的发起地区。统一之后，萨伏依王室成为意大利国王王室。——译者注

② 1861 年，第一届全意大利议会召开，宣布成立意大利王国，撒丁国王伊曼纽尔为国王。1866 年普奥战争后，意大利收复了威尼斯；1870 年，普法战争爆发，意大利收复罗马。同年，教皇被剥夺世俗权力，退居梵蒂冈，意大利统一完成。——译者注

都经历着相似的历史进程，即各国公民或多或少地开始产生民族认同——认为自己是意大利人、法国人、中国人、加拿大人或南非人。[4]而在意大利，这种统一的进程及其中的阻碍加剧了“南方问题”，导致南北政治、经济、文化和社会差异扩大。

保守派和反动派的看法是，南方的先天落后源于南方人本身的拙劣——他们经常以一种生物学的和种族主义的口吻来解释。葛兰西则将这种反动派的说辞概括为：“南方是意大利实现社会更快发展的绊脚石。”[5]他和其他人一道加入了关于“南方问题”的争论之中，并提出南方从来都不是一直“落后的”。这个问题的出现及其发展的欠缺，部分是由于支持北方资本主义发展的政策，以及南方精英阶层没有反对这种向北方倾斜的政策所导致。19 世纪 80 年代的关税政策就是一个明显的例子，这些政策在给予北方发展中的工业以保护的同时，却损害了南方的农业出口。[6]第四章在探讨葛兰西用以描述意大利统一进程的“消极革命”概念时，将更详细地研究这些问题。此处的重点在于：葛兰西对意大利南北地区之间的紧张关系与意大利统一问题表示了极大的关切。对他而言，这些问题与语言在政治、文化中的作用是密切相关的。

三　语言问题

除了南方问题，实际缺乏“标准语”也成为 1861 年刚刚统一的意大利面临的主要问题之一。据估计，在 1861 年，只有 2.5% ~12% 的新意大利人说的话可以称为“标准”意大利语。[7]换句话说，是否存在作为日常生活口语的意大利语是值得怀疑的。意大利文学语言主要是精英阶层的书写语言，它并没有被大众所使用。“意大利语”的口语更像是拉丁方言家族的一支，并多多少少受到如前罗马时期的伊特拉斯坎语①、法语、西班牙语和德

① 伊特拉斯坎（Etruscan），也译作伊特鲁利亚、埃特鲁里亚、伊楚利亚，是处于现代意大利中部的古代城邦国家。其位置包括现今托斯卡纳、拉齐奥、翁布里亚的区域。伊特拉斯坎被认为是伊特拉斯坎人的国家，后来被罗马人吞并。伊特拉斯坎语不属于印欧语系，目前对这个语言所知甚微，尚未能破读。——译者注

语的影响。[8]撒丁语与书面意大利语的间隔尤其遥远。除了这种“标准意大利语”的缺乏之外，意大利文盲率还高达75%。而撒丁岛高达90%的文盲率现状则暴露出“语言问题”是与“南方问题”联系在一起的。[9]

缺乏真正的民族语言并不是意大利独有的情形。比如，法国历史学家曾指出，19世纪中期，法语对约一半的法国公民来说是一门外语，此种情况是由政府所极力推行的变革所致。[10]尽管意大利的情况并不显见，却更为极端。许多意大利人将此视为一种缺陷，他们将法国视为一个民族国家的样板，并哀叹他们缺乏像巴黎这样的首都。意大利统一的历史与下述两者的关系紧密相关：从罗马辐射出的天主教会宗教的、社会的权威和政府政治权力之间的关系。但是，在这里，我们只限定于讨论语言问题。

亚历山德罗·曼佐尼（Alessandro Manzoni）① 在意大利语言统一进程中发挥了关键作用。[11]他因其作品《婚约夫妇》而为人所熟知。在这部小说中，他率先使用了这样一种文字来写作、创造，即将隶属于伦巴第语、托斯卡纳语、法语、拉丁语的“生活”方言及其他方言化成意大利文学语言的词语、短语和表述。曼佐尼深受其时兴起的浪漫主义的影响——在德国流行开来的浪漫主义运动赞美生活化的白话、方言，胜过包括希腊文、拉丁文在内的古典文学语言。[12]曼佐尼赞同浪漫主义的立场，认为文学应该用日常生活中的口语来写，而不应一味模仿以往伟大文学的优美和典雅。他在赞美“生活”语言的同时，反对继续使用像拉丁语、希腊语这样的“死的语言”，或者像彼得拉克、薄伽丘和但丁等伟大文学家曾使用的书面语。[13]曼佐尼还反对将罗曼语及其方言视为拉丁语堕落的传统看法，相反，他视这些语言是雄辩和激情的丰富源泉。他在《婚约夫妇》第一版的“序言”中曾做这样的阐释：一位作家应该使用自己最熟悉的语言，并且这种语言也应为读者所熟知——但是，这样的一种语言对于那个时期的整个意大利来说是不存在的。

---

① 亚历山德罗·曼佐尼（Alessandro Manzoni，1785～1873年），意大利作家、诗人、剧作家。他的历史小说《婚约夫妇》是意大利最重要的浪漫主义作品，为意大利历史小说的发展奠定了基础。除小说、剧作外，曼佐尼对文艺理论、历史、语言也有精深的研究，著有《论浪漫主义》《论意大利语言》《1789年法国革命和1859年意大利革命》等。晚年他曾担任意大利王国意大利语言统一委员会主席。——译者注

曼佐尼随后对语言有了新的认识，并认为这是解决意大利缺乏民族语言问题的最好方法。他确信，托斯卡纳方言，特别是佛罗伦萨那些受过教育的人所说的话——这种方言与文学意大利语最为接近——应该成为意大利的民族语言。由此，他把《婚约夫妇》“翻译”成了这种佛罗伦萨方言，并在1840 年出版了一个做了重大修订的版本。[14] 对曼佐尼来说，意大利的统一为作者和读者创造了一种共享同一语言的机遇。他希望这种共同语言不要有其他方言的任何痕迹而完全基于佛罗伦萨的“生活化”语言，同样书面意大利语也应使用佛罗伦萨语。[15]

1868 年，在意大利统一七年之后，曼佐尼被任命为意大利为传播标准语和发音而设立的语言统一委员会的主席。他对缺乏有效民族语言的解决方案是采用佛罗伦萨的方言作为全国的“标准”民族语言。他提议，对采用新标准意大利语的字典和语法书籍进行补贴，意大利全国的教师应尽可能从佛罗伦萨周边地区的托斯卡纳招募。他相信，采取这些方式，佛罗伦萨语能被传播至意大利的全部地区。[16] 虽然曼佐尼的解决方案具有非常大的影响力，但这并没有终止语言问题的争论，相反这个问题还一直持续到 20 世纪。[17] 正如我们将在下文讨论的那样，曼佐尼的主要批评者之一是语言学家阿斯科里（Graziadio Isaia Ascoli）①，他对葛兰西影响很大，并在《狱中札记》中被屡屡提及。[18]

语言问题对处于意大利南方的西西里岛和撒丁岛来说是一个特别严重的问题，这些地区的语言、方言与托斯卡纳地区非常不同。[19] 除此之外，这些地区还有着居高不下的文盲率和落后的教育水平。1911 年，葛兰西从撒丁岛迁往都灵，此时的意大利文盲率已经降至 40%（从 1861 年的 75%）。在都灵所在的皮埃蒙特，这个数据已降至 11%（从 1861 年的 54%）；而在 1911 年的撒丁岛，58% 的人口仍然是文盲（相比之下，1861 年为 90%）。[20] 因此，葛兰西从撒丁岛迁往都灵是从一个由文盲、贫困、农业为

① 阿斯科里（Graziadio Isaia Ascoli，1829～1907 年），意大利语言学家。自 1860 年起任米兰大学教授，对比较印欧语音学有深入研究，是方言调查的先驱之一。重要著作有《罗曼殊方言论文集》（1873 年）、《梵语、希腊语、拉丁语比较语音演讲集》（1870 年）和《语言学书信集》（1886 年）。——译者注

主的社会——在这里即使是对受过教育的人来说，“标准意大利语”也只是第二语言——迁往了一个教育水平不断提高、都市化、工业化、相对富裕并且语言状况较和谐的社会。像葛兰西一样，许多其他地方的南方人和撒丁岛人移民到了都灵。大多数人在新建的工厂，尤其是在菲亚特汽车厂工作。

四　葛兰西的青年时代

葛兰西出生于撒丁岛吉拉尔扎（Ghilarza）的一个相对优越的家庭。他的父亲弗朗西斯·葛兰西（Franceso Gramsci）于1860年出生在罗马和那不勒斯之间的加埃特镇（Gaeta），是一名地产登记员。作为最初来自大陆的国家机关管理人员，他和他的家人享有着小资产阶级地位和与之相随的较富裕的条件。葛兰西的母亲朱塞佩娜·马恰斯（Giuseppina Marcias Gramsci，或称Peppina，佩皮娜），是撒丁岛本地人，出生于拥有土地、小资产阶级的意大利－西班牙裔背景的家庭。尼诺（葛兰西幼名）七岁时，如果他的父亲没有被投入监狱①，葛兰西的家庭或许会在诸多不那么幸运的撒丁岛人中，继续过着相对富足的生活。但是，鉴于弗朗西斯·葛兰西所主持的房产登记工作所普遍会遭遇到的——他受到当地政治争斗的影响，当他的竞争对手赢得本地的选举时，他被对手利用房产登记册中一些相对轻微的不当行为停了职，并被处以五年的监禁。这意味着安东尼奥·葛兰西的早年生活陷入没有预计到的经济困难中，家庭名望也逐渐暗淡。这段经历或许可以解释他的性格为何会内向而孤僻。

导致尼诺内向性格的另一主要原因是他的驼背和不佳的健康状况。家里人把他驼背归咎于他四岁时一次几乎致命的跌伤。[21]这样的健康问题和身体畸形或许只是被视为一种纯粹个人的不幸，但正如有评论家所指出的那样，它们带给葛兰西的影响，应该在欠缺医疗设施的农村贫困地区和有残疾或体弱的人会遭到嘲笑这样恶劣的社会环境中来看待。他的身体状况（作为一个成年人，他身高不足一米六，背部和上胸长着显眼的疙瘩）和生在一个

① 1898年葛兰西的父亲被指在其房产登记工作中存在“侵吞公款、弄虚作假”嫌疑，被逮捕关押，尽管在1900年巡回法庭判决书写明其罪情属“轻微损失，数目不大”，但还是被判处5年8个月22天的监禁。——译者注

不起眼的小资产阶级家庭的社会地位，两者结合在一起，让他感觉到自己是一个受社会排斥的男孩子。

在撒丁岛生活期间，尼诺主要通过他的大哥格纳罗（Gennaro）逐渐了解到有关社会主义的一些思想，并开始阅读格纳罗给他的社会主义刊物《前进报》（*Avanti!*）。① 格纳罗本身是一名社会党的积极分子，也是他将尼诺介绍给了该党领导人。虽然尼诺并没有因产生对社会主义学说的兴趣而马上转变为该党的党员，但他却成为该报的一名狂热读者。他将盖塔诺·萨文米尼（Gaetano Salvemini）② 和克罗齐（Benedetto Croce）所写的文章保存起来，而这两个人后来都成为贯穿其著述尤其是《狱中札记》的主要论述对象。葛兰西深受撒丁岛分离主义的影响，他甚至为有分离主义倾向的报纸《撒丁联合报》（*L'Unione Sarda*）撰写稿件，并试图在该报谋得一个正式职位。这份刊物在撒丁岛发行量是最大的。[22]在迁往意大利大陆后，葛兰西对这种分离关系进行了反思，并在 1919 年对它带给意大利农民（包括撒丁岛的）普遍的影响做了这样的描述："同阶级斗争混杂一道的是抢劫、敲诈、燃烧的树林……这是一种初级的恐怖主义形式，没有长期的或有效的影响。"[23]不过，直到葛兰西搬到都灵的工业中心时，他才开始尝试解决阶级斗争和农民不满之间存在的这些混乱。

发萌于葛兰西早年时期，其后占据他内心一生的一个问题是：工人阶级和资本主义的矛盾与农民的贫穷条件和叛乱之间的关系是什么？正如我们稍后将要讨论的，这是他就南北关系、南方问题和"臣属性"（意思是指屈从和从属的地位）等问题进行卓有影响著述的开始。虽然他后来接受了马克思的观点，认为工业化的工人阶级是领导反对资本主义革命的潜在群体，但他也坚持认为，至少在 20 世纪初期的意大利，如果没有将农民和其他臣属社会群体纳入的话，任何这样的革命都将归于失败。我们将在第五章中看

---

① 《前进报》是意大利社会党中央机关报（日报），1896 年 12 月在罗马创刊。第一次世界大战期间，该报采取不彻底的国际主义立场，没有同改良主义者断绝关系。1926 年该报被墨索里尼的法西斯政府查封，此后在国外不定期地继续出版。1943 年起重新在意大利出版。——译者注

② 盖塔诺·萨文米尼（Gaetano Salvemini，1873～1957 年），意大利社会批评家，著有《在法西斯的斧头下》（1936 年）等。——译者注

到，后现代马克思主义的一些当代版本声称，葛兰西“预设”了工人阶级是革命性的历史主体，因为他不愿放弃一个最终由经济决定革命可能性的“本质主义”观。为了在后文中说清楚这个问题，在这里我们必须确定这个所谓的“预设”的性质。尽管葛兰西早期的确对撒丁岛为数不多的工人阶级，尤其是矿工有过关注，但对1910年处于青年时期的葛兰西来说，他根本没有将工人阶级视为革命的动力。[24]那么，葛兰西为什么会接受马克思的观点，认为无产阶级是最有可能形成进步霸权（包括其他臣属集团）的阶级呢？葛兰西追随马克思，将意大利无产阶级视为领导集团或这种霸权形成的核心，又是什么意思呢？拉克劳和墨菲就认为，葛兰西“预设”了工人阶级的作用，这由此成为他思想的一个严重缺陷。正如第五章将详述的那样，他们认为，为使葛兰西的思想与当代社会——一个与20世纪初意大利的阶级结构有着非常大差异的社会，产生关联，我们就必须拒斥这样的“预设”。在这里只需说一点就足够了，直到葛兰西搬到都灵并加入社会党时，他才获此信念。此外，正如我们所见，他是从对20世纪初意大利所做的历史分析中，才开始确信无产阶级将成为革命性变革的潜在领导者。即使是在这一点上，他也坚持要求工人阶级必须与农民结盟，并将他们纳入政治斗争的核心力量。对我们而言，如下一些关键问题亟待解答：在不同的历史条件下，他的方法、概念和预设在多大程度上可以帮助我们重新估计革命的潜力？在其他历史条件下，需要不同的霸权构成吗？总是需要一个在经济上界定了的集团来领导其他集团吗？这些问题将在第五章中讨论。

五　“越过宽广的海域”①

葛兰西从撒丁岛迁往意大利大陆的主要原因在于教育。当然，这一举措

① 据作者彼得·艾夫斯的说明，原作英文“Beyond the Wide Waters”转用自意大利那个时期的一个常见短语“di là dale grandi acque”（字面义：那里有巨大的水域），用于描述撒丁岛独居海外，远离大陆的地理特征，在这里暗示了葛兰西20岁之前生活在一个文化封闭、经济落后的地方，后才搬到大陆的生活经历。艾夫斯提到，费奥里曾在撰写葛兰西传记时也用过该短语。参见 Giuseppe Fiori discusses it，in *Antonio Gramsci*：*Life of a Revolutionary*. London：Verso，1970，p. 70。——译者注

也成为影响他人生的一个主要因素。他知名的《狱中札记》和他作为共产党人的职业生涯都映射出他的根在撒丁岛，并且此种根源一直与他在意大利北部的生活相互影响。1911 年，葛兰西成为卡罗·阿尔伯托学院（Carlo Alberto College）39 名奖学金获得者之一，每月 70 里拉的奖学金能让撒丁岛的贫困生到都灵大学继续深造。从这项奖学金所要求的一门考试——它要求撰写一篇关于“前复兴运动”（*pre-Risorgimento*）作家对意大利统一所做贡献的文章[25]——可以明显看出，教育制度在意大利统一进程中发挥了积极的作用。葛兰西在榜单中排第九位，排在另一个来自撒丁岛的学生帕尔米罗·陶里亚蒂（Palmiro Togliatti）之后。陶里亚蒂其后成为葛兰西共产主义路途上的一位志同道合者，他比葛兰西活得久一些，直到 1964 年去世前，他一直是意大利共产党的领导人。正像葛兰西在他的家信中所说的那样，他感到在都灵相当冷寂、孤独和寒冷。他惊骇于都市繁忙的交通和喧嚣，而缺钱和健康状况不佳则一直是困扰他的问题。

在入学后的第一年，葛兰西选修了现代语言学课程。葛兰西的语言学教授巴托利（Matteo Bartoli）① 是打破葛兰西孤寂的第一批人物之一。巴托利发表了一篇撒丁语的论文，认为撒丁语在研究拉丁俚语的偏远分支方面有重要的作用。他最初之所以注意到葛兰西，就是因为后者是大学里为数不多的讲撒丁语的学生之一。葛兰西很快给家里写了信，要求家人提供有关撒丁方言发音方面的材料以给巴托利的研究提供帮助。两人由此建立起了相当深厚的友谊。[26]

1913 年时，葛兰西仍与他的同学交往不多，而在大部分时间里与巴托利以及他的文学教授翁贝尔托·科斯莫（Umberto Cosmo）② 在一起。此时，葛兰西开始重新思考他对撒丁岛分离主义和对“民族区域独立”“大陆人滚回去”口号的迷恋。根据葛兰西的朋友、同学和后来的共产主义同志——

---

① 巴托利（Matteo Bartoli，1873～1946 年），意大利语言学家，其语言学理论受迈尔－吕布克、克罗齐和浮士勒的影响。1907 年，巴托利在比萨教授新拉丁语课程，不久后即搬到都灵大学，在文学院教授语言学课程，并在此成为葛兰西的老师。著有《新语言学导论》（1925 年）、《空间语言学论集》（1945 年）。——译者注

② 翁贝尔托·科斯莫（Umberto Cosmo，1868～1944 年）意大利文学评论家。——译者注

安杰洛·塔斯卡（Angelo Tasca）的说法，这种转变最终使得葛兰西成为一名社会主义者。葛兰西目睹了菲亚特工厂的罢工和农民群众前所未有地参与撒丁岛选举中的行动，而许多撒丁岛地主阶级却一改以往支持撒丁人的态度，转变为反社会主义者。正如菲奥里（Fiori）所述，当时仍是一个寂寂无闻的学生、大部分时间是和他的教授科斯莫和巴托利共同度过、经历了罢工和选举的葛兰西，

> 开始清楚地意识到，南方农民、小地主和撒丁岛上的中下阶层的真正压迫者不是北方的工人和工业资本家，而是工业资本家与本土的撒丁岛人或南方统治阶级联合形成的一个整体。邪恶本身来自家乡，而与他在那一年早些时候亲眼见到的在都灵罢工96天的工业无产阶级相隔遥远。[27]

葛兰西在都灵的经历与他的撒丁人背景结合在一起，为其后来分析法西斯主义的成功和共产主义的失败奠定了基础。在这里，也为解释葛兰西的思想对那些关注殖民主义的人来说为何是非常有用的提供了佐证。帝国主义势力为确保自身的统治，常常会指派人士和加强地方精英的权力。大多数殖民方案的历史不能简单地理解为一个国家对另一个主权国家成员的统治，而是涉及有关各方的复杂关系和共谋串通。

葛兰西最初的转变——从原本一个心怀怨念的撒丁岛人转变成为一名意大利革命者，通过他领导的1919～1920年都灵委员会运动，在工人控制菲亚特工厂后被极大地增速了。此外，他在创建和领导意大利共产党的过程中发挥了主要的作用。我不想以任何方式低估葛兰西后来生命岁月的意义，正像常见的对葛兰西的评论所说的那样，他后来的生命经历不应被看作与他早期的关切点有着根本的断裂。

葛兰西一直致力于呼吁包括语法和语言技能教学（下文将详细讨论）在内的教育制度的重要性，他将教育始终视为实现意大利社会和文化统一的最重要方式之一。事实上，如果不考虑意大利统一的影响及其持续的动态发展，我们将无法理解葛兰西成长为一名意大利共产党人领袖的变化。我们不能将他转变为一名意大利人和共产主义政治思想的演进截然分开。[28]

六　葛兰西的语言学

我们现在需要详细了解一下葛兰西在都灵大学所学习的语言学。这不仅是因为语言学为我们提供了了解葛兰西部分知识背景的一些细节，还有以下这样两个重要原因使它成为解读葛兰西著述的重要桥梁。

其一，葛兰西为人所熟知，起因于成熟而有着复杂内涵的“霸权”概念，而此概念则是使用于语言学中的词语。这一点长期以来被许多葛兰西的研究者所忽视，他们往往循规蹈矩般指出霸权的俄国社会民主党人普列汉诺夫、列宁那里的根源，而皮帕诺则充分证实了它的语言学根源。[29]这虽然不会在任何方面有损葛兰西所发展出的“霸权”术语的影响力，但是，如果不了解这个术语的语言学背景，那么葛兰西对马克思主义理论所做出的诸多贡献就会被抹杀。此外，葛兰西早期对语言学的研究，有助于解释他的这个概念为何能够以及是怎样被如此广泛地应用到了这些不同领域的。

其二，葛兰西语言学研究的与他自身的生活关系不大，倒是与我们今天的情境密切相关。自葛兰西逝世后，欧洲和北美的学术界已经渗透了各种各样的对语言的关注。正如第一章所讨论的那样，20 世纪的诸多“语言转向”与生产过程的变化和主导全球经济的商业模式不无关系。这里特别要着重强调的是索绪尔的语言学。索绪尔发展出了一种在人类学和社会学领域卓有影响的共时性的或结构主义的方法，而后以“结构主义”之名扩展至所有的社会科学和人文学科之中。结构主义在 20 世纪的社会理论中占据着这样一种地位：许多当代的理论或是由其发展而出，或者是对其所做的一种反拨，这包括通常被称为后现代主义思潮核心的后结构主义。换句话说，福柯、德里达、哈贝马斯、利奥塔、巴特①、朱迪思·巴特勒②、朱莉娅·克莉斯

① 巴特（Barthes，1915～1980 年），法国文学批评家、文学家、社会学家、哲学家和符号学家。其许多著作对于后现代主义思想发展有很大影响。——译者注

② 朱迪思·巴特勒（Judith Butler，1956 年～），美国后结构主义学者，其研究领域有女性主义、酷儿理论、政治哲学以及伦理学，目前任教于加州大学伯克利分校修辞学与比较文学系。——译者注

蒂娃[①]等人的许多著作基本上是从结构主义的洞见中受到启发。因此，如果我们想知道在被结构主义者（和现在的后结构主义者）的关切点和争论所充斥的环境中，为何有如此多的人会被葛兰西的著述所吸引，我们就需要关注那些仍可谓“悬而未决”的问题。

七　意大利的语言学家

20世纪初的意大利语言学在很大程度上是由“语言问题”和意大利的统一问题所形塑的。深入参与到语言方法争论中的意大利语言学家与当时欧洲主流的语言学派—新语法学派（Neogrammarians）相比，是以完全不同的方式来研究语言的。我们围绕这两种方法之间的争论做出考察，有下述两个意图。

（1）索绪尔从新语法学派那里发展出了他的结构主义理论。葛兰西通过对新语法学派学家的反拨，为解决结构主义和后结构主义所提出的问题，尤其是围绕能动性、结构和政治方面，提供了卓有洞见的葛兰西式方法。

（2）对葛兰西来说，新语法学派学家代表的是他拒斥的语言实证主义方法。葛兰西因拒斥经济学与政治学中的实证主义而广为人知。了解葛兰西在语言学领域对实证主义的批判，将使我们弄明白他是怎样将其语言学理论与其政治理论和经济理论联系起来的。

但是，葛兰西并不是简单地摒弃了新语法学派的成果。相反，他看到了该学派对在意大利和德国流行的另一语言学派——受克罗齐哲学启发的唯心主义学派所做的某些修正。对后一学派的讨论将让我们看到葛兰西是怎样发起了一场双管齐下的批判。他利用唯心主义者的观点驳斥了新语法学派学家的观念，即认为语言只不过是词汇和语言学形式的集合，并且它的发展与使用该语言的实际言说者和写作者没有关系。他同样利用新语法学家历史性分

① 茱莉娅·克莉斯蒂娃（Julia Kristeva，1941年～），法籍保加利亚裔哲学家、文学评论家、精神分析学家、社会学家及女性主义者。1969年克莉斯蒂娃出版了她的首本著作《符号学》后，逐渐在国际批评分析、文化理论与女性主义领域声名鹊起。——译者注

析的解释力来揭示，与克罗齐的观点相反，语言结构对于人们如何使用语言非常重要。

葛兰西的老师巴托利教授继承的是意大利语言学在19世纪后期的主导人物阿斯科里的基本语言学方法。阿斯科里曾凭借其早期对古代印度–伊朗语系和希腊–意大利语系之间的语音演变关系的研究，而在欧洲语言学界博有声名。不过，阿斯科里对意大利语言学和葛兰西思想的最重要的贡献还在于他后来对罗曼语和方言学方面的研究——借此他发展出了“语言学底层说”（the theory of the linguistic substratum）。① 阿斯科里反对德国比较语言学派，特别是德国的施莱歇尔（August Schleicher）的观点。阿斯科里认为，大多数语言的变化可以用历史上先前语言痕迹的影响来解释，这种早先的语言即存在于他所说的“底层”（substratum）之中。对阿斯科里来说，这个底层既包括声音在言说者口中发出时所产生的生理效应，也包括因发音准确或愉悦而带来的心理感受。借此，阿斯科里将语言学视为与民族学、人类学和生物学密切相关的一个研究领域。

阿斯科里从其语言学立场出发，对曼佐尼试图让意大利语“标准化”和普及化的方案提出了批评。正如葛兰西将在十数年后所重申的那样，阿斯科里主要认为，曼佐尼的“解决方案”试图用一种人造语言取代以前时代的语言。[30] 而这些先前的语言将构筑成一个非常强大的语言底层，并将对这种新的、所谓的“标准”语施加持续的渗透力，让它在不同的地区以不同的方式发生变化。因此，从实证主义的语言学角度来看，阿斯科里认为这样一个方案是不会取得成功的。

在对阿斯科里理论的研究上，他的一些学生会更多地强调其理论的生物学和生理学的维度，而巴托利则与此不同，他更看重阿斯科里的理论在文化和历史方面的维度。巴托利从阿斯科里的理论立场出发的同时，拓展了瑞士

---

① 阿斯科里提出了“语言学底层说”。他认为，学语言的人，由于自有其母语，因此第二语言说得不够好，同时第一语言也受到了损害，这就形成了语言演化的条件。例如，不列颠群岛的凯尔特人为盎格鲁·撒克逊人所征服，英语成了胜利的语言，凯尔特语成了底层语言，但是凯尔特语对英语仍有影响。被征服的人虽然采用了新语言，可是保留着原有语言的许多习惯，甚至在使用新语言的词汇时也保留着旧语言的发音方法和重音。——译者注

语言学家吉列隆（Jules Gilliéron）① 的“地理语言学”的研究领域。吉列隆认为，各种语言往往趋于相互冲突。语言的变化、成长与发展被认为是社会文化斗争——无论是激烈的还是比较平和的——的历史结果。巴托利在此理论基础上进一步提出，当两种语言形式（如两个单词、语音或语法结构）之间存在竞争时，它们不可能同时存在。也就是说，它们不可能在同一环境下同时得到发展。故此，其中一种语言形式必定早于另一种语言形式。

换成葛兰西后来在《狱中札记》中的话来说，语言不是自发生成的。或者用葛兰西拣选出的生物学术语来表述，语言不存在“单性繁殖”（“parthenogenetic”）——因自身而产生，而不与其他语言相接触。[31]②这就把语言变化与社会和文化史联结了起来，这一观点与我们将在下文中讨论的新语法学派的观点是相对立的。这些基本原理也将在第五章考察索绪尔和结构主义对社会理论的影响时，变得非常重要。

此外，巴托利认为，两种语言形式之间的竞争最终将导致其中一个胜出而另一个将不再被使用。他对此提出这样一种测定方法：首先确定所讨论的两个词语形式的时间顺序和它们被使用的地理区域。[32]然后他会试着确定这两个词语形式形成“辐射”的中心。以此方式，他将语言的共时性和历时性方法结合起来。如果没有明确的证据表明哪种语言形式更早存在，他将应用多项一般规则。他会看看每种语言形式使用的地理区域相对封闭的情况、区域的面积、两种语言形式各自使用的时间跨度以及它们相互作用的结果，比如哪个词语形式一直在被使用。巴托利对一个词语形式“辐射”性质的讨论很明显是与言说者的文化权力问题相互关联的。这一点从他已使用的当代语言学的概念，如*fascino*（迷恋或吸引力）、*prestigio*（声望）、*egemonia*

---

① 吉列隆（Jules Gilliéron，1854～1926年），瑞士语言学家，著有《法兰西语言地图集》。——译者注

② 原文为：“语言中不存在单性繁殖，语言生产着其他语言。创新产生于不同文化的碰撞，并表现为各不相同的方式：既可以发生于语言要素的整体上，也可以在‘分子层面’上发生（如在整体上，拉丁语影响了高卢人的凯尔特语，同时又通过借出个别语词和表达方式，在‘分子层面’影响日耳曼语）。在一个单一民族中，不同阶层之间也能引发（语言）碰撞和‘分子’影响；一个新统治阶级将带来‘整体’的改变，而不同行业、社会特定领域的术语将在分子化的层面创新。”——译者注

（霸权）就可窥见一斑。[33]因此，葛兰西最初对霸权概念的重要接触是在语言学领域，它原本是被用来描述某个特定人群是怎样采纳了另一群人所使用的特殊语言形式、部分语言或者整个语言。这种采纳的机制不是凭借肉体压迫，而是与文化魅力、经济，政治和社会的因素有关，有时也与军事实力有关。

八　巴托利与新语法学派的论战

巴托利在学术追求中的另一个重要方面是他对新语法学派的论战性的批判。该学派是由德国莱比锡大学为中心的一群语言学家组成的。虽然新语法学派的标签起初是因对他们表示一种微不足道的反对，尤其是考虑到他们都是一群年轻人而命名的，后来则是在他们甚至从未正式组建学派、学会的情况下转而成为他们的一个普遍的标签。其主要成员代表有布鲁格曼（Karl Brugmann）、奥斯托夫（Hermann Osthoff）、莱斯琴（August Leskien）、德尔布吕克（Berthold Delbrück）。他们把历史比较语法的一些基本原理推向了极致。他们之所以能成为一个重要的学派，有以下几个原因。首先，他们代表了一种实证主义的语言学方法——此方法为巴托利和其后的葛兰西所拒斥。对新语法学派实证主义方法的拒斥也成为葛兰西更普遍地批判实证主义，特别是庸俗马克思主义以及他产生对语言学和语言兴趣的一个重要纽带。其次，在开辟结构主义语言学之前，索绪尔曾与新语法学派做过共同研究，也在他们的期刊上发表过文章，还或多或少地受到他们语言研究方法的影响，所以在让索绪尔名扬天下的著作中——他去世后以其讲义为底稿出版的《普通语言学教程》，尽管他已明确表明与新语法学派分道扬镳，但是如果我们想要充分理解该书的深层意蕴的话，就必须知道一些它萌芽时期的知识背景。最后，在新语法学派和索绪尔的方法之间还存在某种重要的延续性。[34]通过总结这些观点，我们可以弄清楚葛兰西对语言的讨论是怎样既包含他对受索绪尔影响的结构主义的含蓄批判，又有着他对这种共时性结构主义分析所含洞见的欣赏。

在某些方面，新语法学派学者只是发展了以往的通常被称为历史比较语法或语言学的思想。[①] 基于欧洲语言学家对梵语的令人振奋的“发现”及其与拉丁语、希腊语和其他欧洲语言的相似之处，比较语法学侧重于追踪这些语言之间的历史联系。这导致他们把语言分为众多语族，并对相互联系的语言之间如何发展和变化情况做了总体描绘。拉斯克（Rasmus Rask，1787～1832年）、葆扑（Franz Bopp，1787～1832年）、格里姆（Jacob Grimm，1785～1863年，他与其兄弟一起因收集童话故事而为人们熟知）和施莱歇尔就专门在印欧语系领域从事此种比较方案的分类研究。他们绝大部分的研究集中于对“语音演变”的阐释上，即考察两种关联的语言，如古英语和旧诺尔斯语或日耳曼语在常规形式和范式上有何差别。在这样的比较中，他

① 历史比较语言学，通过语言亲属关系的比较，研究语言的发展规律，并拟测它们的共同母语。历史比较语言学是在19世纪逐步发展和完善的。

19世纪历史比较语言学在理论和方法上的发展大致可以分为三个阶段。在初始阶段，丹麦的拉斯克（Rasmus Rask）、德国的格里姆（Jacob Grimm）和葆扑（Franz Bopp）被称为历史比较语言学的奠基者。拉斯克在他的《古代北欧语或冰岛语起源研究》一书中第一个对基本语汇中的词进行系统比较，找出其中的语音对应规律，由此确定语言的亲缘关系。格里姆在拉斯克一书的启发下，在他的《日耳曼语语法》里确定了希腊语、峨特语和高地德语之间的语音对应关系，即所谓的“格里姆定律”（Grimm's Law）。格里姆明确指出，语音对应规律是建立印欧语系和其他语系的基础。维尔纳（K. Verner）后来补充解释清楚了“格里姆定律”难以解释的一组例外，世称“维尔纳定律”，这就使音变规律的研究日臻完善，历史比较语言学的发展也就有了扎实的理论基础。19世纪中期，历史比较语言学发展到第二阶段，最有代表性的人物是德国的施莱歇尔（August Schleicher），其代表作是《印度日耳曼语系语言比较语法纲要》。初期的比较语言学者已经认识到历史上有亲属关系的语言的共同原始母语是一种不再存在的语言，到了中期施莱歇尔则开始具体“构拟”这种原始母语的形式，并用“*”来标示构拟的形式。他受到生物学物种分类的启发，为有亲属关系的语言的历史演变过程设计了一种树形谱系图，使语言之间的亲属关系以直观的形式呈现在人们的面前。这是历史比较语言学的一大进展。这一理论的弱点是只考虑语言的分化，而没有考虑语言的统一和语言之间的相互影响，后来他的学生施密特（J. Schmidt）用“波浪说”对此做了修正。19世纪的最后25年是历史比较语言学的“新语法学派”时期。这个学派的代表人物是奥斯特霍夫（H. Osthoff）和布鲁克曼（K. Brugmann），他们在自己创办的刊物《形态学研究》上正式宣布：语音演变规律不允许任何例外。前面提到的“维尔纳定律”也是这一时期的一项重要研究成果。他们在坚持这个原则时，以语言材料为依据，借鉴生理学和心理学的研究成果，强调“类推”在语言演变中的作用。这个学派的代表著作有布鲁克曼和德尔布吕克合著的《印度日耳曼语比较语法纲要》和保罗的《语言史原理》。

19世纪历史比较语言学家为语言学的发展做出了重要贡献。他们收集了丰富的语言材料，进行了广泛深入的调查和比较，不仅提出了人类语言演变过程的假设，画出了世界语言的谱系，还创造出了比较科学的研究方法，提出了有关语言起源、语言本质的新理论，为后来结构主义和描写语言学的产生和发展创造了有利条件。——译者注

们将语言史描述成为一种“语音演变”的序列，如提出“第一次日耳曼音变”（“First Germanic Sound Shift”）的概念。[①] 用第一章中已使用过的例子来说，拉丁语（和重构后的原始印欧语言）中“p”的发音在几乎所有的单词中都已被变更为“f”音［因此，源于拉丁语 *pater*（father）的“paternalism”一词，其“p”的发音已变为现代英语“father”中的“f”声，而德语中表示“paternal”的 *Vater* 或 *väterlich* 亦是同理］。对这种演变一致性的发现引致了一系列用来描述这种发展变化的“规律”。在此阶段，历史语言学家围绕音变产生的原因提出了各种观点，如有人认为是误听、不准确的发音或使用类比的倾向造成，有人认为是让自己变得独特的愿望或提出新见解所必需的。

施莱歇尔尤为重视对被认为是所有印欧语言由其而出的“原始语”（proto-language）的建构。在此种努力中，他设计了一种语言树形谱系图。他还认为，导致大部分语音演变的原因可以在不同人之间的生物学差异中找到，而阿斯科里及其追随者在某种程度上都认可了这一见解。巴托利和葛兰西则对这样一种生物学立场予以鲜明的拒斥，而更倾向于文化的、政治的和社会的解释。

基于这些“声音规律”所取得的诸多成功以及声称能解释以往被视为例外情形的各种新规律，布鲁格曼与奥斯托夫于 1878 年出版了《形态学研究》一书，对新语法学派的方法进行了界定。在其宣称的六个基本点中，最引人注目的是他们声称“语音演变规律不允许任何例外”。不管语言数据怎样不符合现有的语言规律，其原因只不过是可用来解释它们的规律尚未被发现。他们认为，语音规律具有约束力的原因是因为语言变化并不是由语言自身以外的因素，如它们所处于其中的文化、社会或政治环境所造成的。相反，语言变化是因语言自身之中的“机械”法则而导致的，并且语言还与言说者趋向于使言语规范化的心理需要产生相互作用。此外，语音变化对言说者来说是无意识的。但是，葛兰西不同意最后一个观点，正如我们将在第

① 历史比较语言学认为，“第一次日耳曼音变”使日耳曼语族从原始印欧语中分化出来。——译者注

三章所见，这个立场对于他的“常识”概念是很重要的。

对于新语法学派学家来说，“语音规律的无例外”的特点是关乎科学研究语言是否可能的问题。正如莱斯琴所说：“如果一个人承认有任意的、偶然的和不相关的变化，那么这个人基本上可断言，作为一种研究对象的语言，不能以科学认知的方式来看待。”[35]值得注意的是，在《形态学研究》中，布鲁格曼和奥斯托夫实际上已指出，语言学是一种与科学样式对立的历史样式。但是，正如以上通过对莱斯琴的引语所阐明的那样，许多支持者和批评者都忽视了他们方法论宣言中的这个方面。[36]

除了有着更为清晰的方法论理论宣言和对“必须重建原始原型语”拒斥的立场之外，新语法学派学家与较早的历史比较语言学家之间最根本的区别还在于，“语音规律无例外”意味着他们拒绝了其他各种解释语音变化的可考虑因素，尤其是意义问题。对于新语法学派学家来说，对语音变化的解释不能在这些语音所寄居的个别词语的含义中寻找，除非这种语音变化与该词语中的其他音响有关。但是，这个词语的社会的、政治的、文化的背景则要予以摒弃。

根据新语法学派学家的“语音规律无例外”立场来看，它与第一章已讨论过的索绪尔的作为（封闭的）系统的语言概念有很大的相似之处。也就是说，一种语言中的所有语音都必须由语言内部的规律来解释。新语法学派学家认为，其理由就在于语言作为一种音响系统无关于其外部指涉物或意义。但是，这个系统并不是一个受某个特定的语言如英语、法语——就像索绪尔的作为一种系统的语言概念——所限定的共时性系统。相反，对于新语法学派来说，这个系统是随着历史发展变化着的，包括不同的语言及它们的历史之间的相互作用。

但是，这种历时性的语言系统仍然是一个“封闭式”的系统，其中对语音变化的解释是通过两种语音，例如“p”和“f”之间的原有同一性来界说的。这些声音被认为具有“相同”的因子，但是这个因子产生变化的原因并不是声音所存续其中的两个单词 *pater* 和 *father* 具有相同的意义（用索绪尔的术语来说，具有相同的所指），或者是都指涉非语言世界中的同一组对象。新语法学派学家很清楚，如此这般求诸语言“外部”的因素既不科学，也是复杂的，因为意义会随着时间的推移而改变，对于不同的言说者，意义也是不同的。相反，引起“p”和“f”之间同一性变化的解释应归之于它们在所关涉的语言音响系统中扮演着相同的角色。这里的核心思想，即我们不能用音响形象（sound pattern）与其所指意义、或者说不能用能指和所指之间的关系来解释语言是怎样运转的。此思想通常被视为索绪尔的独有理论特质。实际上，这个思想在新语法学派学家的历时性形态的语言观中已经存在，巴托利和葛兰西即针对他们予以了回应。故此，当我们在第三章考察葛兰西在《狱中札记》中对语言和语言学的探讨时，我们将会看到他的“规范性语法”和“自发语法”的概念是对新语法学派学家的明确回应，同时暗含着对索绪尔的回应。事实上，葛兰西的研究预示了后来引发后结构主义思潮的某种对结构主义的批判。但是，当后结构主义将日常生活中实际使用语言变成日益抽象的语言和语言学概念时，葛兰西则坚信结构主义方法的解释力，并通过将语言视为一种根本属人的、历史的机制而纠正了结构主义方法的缺陷，尤其是该方法在解释人的主体作用上的不足。

葛兰西研究成果中在此领域的基本思想，在巴托利对新语法学派学家的批判中即已显露。而这一点在葛兰西自身的著述——包括他从监狱发出的一封最早的信件中得到了最好的说明。在这封经常被引用的信中，他表达了想要做一番 *für ewig*——这里引用了歌德的德语短语，意为不朽、永恒的功业。这是葛兰西第一次对他的狱中研究计划做出的概述。他说，他想要追求的第二个方面是他想做比较语言学的研究：

> 从与新语法学派相对立的新语言学派的这个新角度，（你是否开始为这封信而感到发愁？）我生平莫大的“内疚”之一是我深深地有负恩师都灵大学巴托利教授对我所给予的厚望，他认为我是一举摧毁新语法学派而降生的大天使，至于他本人，作为他们的同代人，在学术上同这个差劲的学派有着千丝万缕的联系，所以在态度上，总得对这门学科的行将寿终正寝的学术著作保持一定的礼仪。[37]

因此，至少在葛兰西看来，巴托利对新语法学派学家（看似）有着相当猛烈的批驳态度，（实则）秉持的是他们双方实际所持立场的缓和版本。的确，在巴托利于1907年加入都灵大学任教职之前，他曾在维也纳和巴黎学习过[38]，并在此期间受到新语法学派的很大影响。

为反对新语法学派学家，巴托利在1910年发明了“新语言学”（“neolinguistics”）一词，用以强调他以下的主要观点，即新语法学派的方法只是将语法的研究视为词汇和声音的集合，而不是真正的对语言本身的研究。巴托利认为，新语法学派学家只将语言视为抽象的材料，而与使用它的人及人们的生活，包括社会的、政治的和文化的冲突脱离了联系。似乎语音以及它们之间的关系有着它们自身的生命。由此，葛兰西所开展的对实证主义和自然主义的一般批判——这一点将在第三章中讨论，也适用于新语法学派学家。巴托利和葛兰西批判了在新语法学派学家方法论中显而易见的将语音和语义相分离的观点。正如我们所见，巴托利的新语言学强调了文化的、社会的和政治的因素与语言的相互作用，并认为是这些因素导致了大部分的语言变化。

巴托利的新语言学与唯心主义者的语言学方法存在某种混淆之处，这尤其表现在别尔多尼（Guilio Bertoni）① 的著作上。这是因为，在1925年，巴托利和别尔多尼共同撰写了一本名为《新语言学简论》的书。在本书中别尔多尼写了第一部分理论篇，巴托里写了第二部分方法论篇。葛兰西对别尔多尼进行了严厉的批判，阐释了别尔多尼与巴托利两人的方法是根本不同的。[39]别尔多尼的理论研究是以克罗齐的哲学为基础的——这一点将在下面讨论。葛兰西指出，巴托利压根儿就不应该在一开始就合著此书。再有，葛兰西认为，别尔多尼的理论甚至不能充分体现克罗齐的语言学思想。[40]

葛兰西和巴托利都认为，别尔多尼和克罗齐对新语法学派学家的批评过于实证化和机械化。葛兰西和巴托利似乎已经准备好并愿意使用唯心主义观点来揭露新语法学派的实证主义缺陷。但是，这并不意味着他们完全接受了一般唯心主义的主要信条，特别是唯心主义语言学的主要思想。恰恰相反，

① 别尔多尼（Guilio Bertoni，1878～1942年），意大利语言学家和文学评论家。——译者注

葛兰西提出的反对唯心主义的一些批评是受到实证主义启发的。正如学界经常指出的那样，在葛兰西的双重批判中——一方面是对克罗齐和唯心主义的批判，另一方面是对实证主义和庸俗马克思主义的批判——他把这两者对立起来，并指出它们虽然看似相反，但却经常引致相同的后果，也即一种不能使人民组织起来以改变他们处境的宿命论。

九 唯心主义语言学和克罗齐

在葛兰西语言学的背景图片中，最后一张是由意大利思想史上杰出的大家克罗齐（Benedetto Croce，1866～1952 年）所提供的。克罗齐是意大利最为知名的哲学家和思想家之一。葛兰西本人曾把自己与克罗齐的关系类比于马克思与黑格尔的关系——马克思深受黑格尔的影响但又对黑格尔进行了一种严厉的批判，在将黑格尔头脚倒置后最终让他用脚站立起来。[41] 葛兰西在多大程度上成功地离开了克罗齐，或者葛兰西从根本上讲是否仍属克罗齐式的——就像许多人认为马克思保留了黑格尔主义一样，一直存在很多争论。在这里我们想要关注的是两者关系的语言方面。具体而言，巴托利和葛兰西对受克罗齐哲学启发的语言学方法持批判态度，特别表现在对浮士勒（Karl Vossler）① 和上文已提及的别尔多尼著述的批判上。克罗齐关于什么是语言以及应如何研究它的具体论述在此也值得一提。

克罗齐认为，语言与美学之间没有差别：

---

① 浮士勒（Karl Vossler，1872～1949 年），德国罗曼语文研究者和语言学家。浮士勒的主要著作是关于罗曼语族各国人民的精神文化的。他研究了意大利、法兰西、西班牙的文学和语言，晚年还研究了葡萄牙和南美洲的文学。在语言学方面，他是唯心主义语言学派“新语言学”的主要代表。与新语法学派学说强调“语音规律不允许有例外”相反，新语言学派强调个人在语言中的创造作用。浮士勒在《语言研究中的实证主义和唯心主义》一书（1904 年）中说，新语法学派所走的是实证主义道路，只看到语言中那些机械的、死板的东西。浮士勒的语言研究主要是从哲学出发，并深受洪堡特和克罗齐的影响，认为语言主要是自我表现，语言的演化源于个人的有意识的审美创造，而不是“盲目的必然性”所驱使。他还说，语言反映民族文化。语言发展与各时代的思想和艺术密切相关，研究语言要注意思想、文化与语言的相互作用，尤其要注意个人的艺术创造，而不应从声音和符号入手。——译者注

世间并没有一门特别的语言学。人们所孜孜以求的语言的科学，普通语言学，就它的内容可化为哲学而言，其实就是美学。任何人研究普通语言学，或哲学的语言学，也就是研究美学的问题；研究美学的问题，也就是研究普通语言学。语言的哲学就是艺术的哲学。[42]

基于他的这种哲学观，语言被理解为纯粹的表现。正是个体言语行为的聚合构成了言说者的每一种审美行为。浮士勒用气候的类比对克罗齐的观点做出了详尽的阐释：正如气候是对通常的天气状况的概括一样，它并不是指实际的气象现象。与此相仿，浮士勒认为，语言仅是一种近似的对真实言语现象的概括。正如气候在某一特定时刻并不真正存在，而只是一种跨时间的抽象一样，浮士勒认为，语言也是一种对从未真正发生状况的抽象。[43]

从这样的角度来看，克罗齐和他的语言学追随者认为，由美学行为构成的语言本身具有不可重复性。言说者的每一次表达，都是一种独一无二的美学行为。反过来说，根据克罗齐的说法，如把表现的内容与言说行为分割开来就是错误的：

语言学肯定了字就是从口里说出的东西，没有两个字真正相同，同时也就发现了审美事实的不可简化的个性。因此同义字或同音异义字都被取消了，真正以某字翻成另一字，从所谓方言翻译成所谓语文，或从所谓国语翻译成所谓外国语，都已证明为不可能了。[44]

这样的立场显然与前述阿斯科里、巴托利和葛兰西的看法不符。同时，它也与新语法学派学家们的观点完全不同。实际上，这是一种对实证主义的强烈批判——实证主义将语言视为某种因自身规律而随着时间的推移起变化的客观结构。因此，人们可以想到为何巴托利、葛兰西会使用唯心主义的一些哲学观点来说明新语法学派学家在语言理解上所产生的问题。

各家语言学方法总结。

（1）新语法学派的立场：语言作为研究的客体，根据自身的规律随时间发生变化；这些规律可以通过比较方法确定，侧重语音变化的研究。

（2）克罗齐和唯心主义语言学的立场：语言不能成为语言学研究的对象，因为其本身是由对个体言语或写作等表现行为总和构成的一种抽象概括。

（3）巴托利和葛兰西的立场如下：其一，语言不能与使用者的文化、社会和历史相分离（不同于新语法学派学家的观点）。其二，语言的变化和发展不是由于其自身内在的规律，或者由其使用者的生理、心理因素而引起，而是由于不同的语言（诸种方言或一种语言的不同发展阶段）相互接触而产生。语言变化是各种语言一经接触后所引致的内在冲突的结果。其三，语言学家仍然可以随着时间的推移来分析语言的变化，因为在个体言说者使用的某种语言之外，还确实存在一般意义的语言。实际上，语言要能被使用就要求它在语音、语法和语义上具有一个相对稳定的结构和连贯性。

下述章节说明了这些语言观对葛兰西在他的狱中著述中发展出他独特的霸权概念有着怎样的重要性。尽管这个概念是他发展在语言和政治领域的兴趣所达到的顶峰，但这两个主题在葛兰西被监禁之前就已被关联在了一起。如下文所示的从葛兰西对世界语的评价就可看出，早在1918年他已注意到了这两者的关联性。世界语（Esperanto，意为“希望者”）[①] 是一种基于主要欧洲语言通用词语的人造语言。它由柴门霍夫（Ludwig Lazarus Zamenhof）医生于1887年在华沙创建。柴门霍夫和世界语的倡导者认为，世界语可以用来促进国际交流，有助于克服民族冲突，并带给全世界人更广泛的合作。

十　葛兰西与世界语

在开始阐释具体的霸权理论之前，葛兰西以上述语言观为纲论述了语言之于政治的重要性。1918年2月16日，葛兰西在《人民呼声》上发表了一篇名为《单一语言和世界语》的文章。正如戴维·福加斯（David Forgacs）和杰弗里·N. 史密斯（Geoffrey Nowell Smith）所指出的那样，葛兰西把世

① 波兰籍犹太人柴门霍夫在1887年发明世界语后，后人根据他公布这种语言方案时所用笔名“Doktoro Esperanto”（意为“希望者博士”），称这种语言为“Esperanto”。——译者注

界语问题当成了“某种程度上明确批判社会党处理文化问题方法之落后性与肤浅性”的手段。[45]

葛兰西的这篇文章是对他和《前进报》（意大利社会党的官方报纸）编辑之间所发生的一场小辩论的概述和总结性评论。作为《人民呼声》的编辑，葛兰西曾在早些时候发表过一封支持意大利社会党推动和研究世界语的信，并附上了一篇批评此信内容的社论。[46]而在前一年，塞萨罗（Cesare Seassaro）向社会党米兰分部提出社会党应全面采用世界语。[47]《前进报》的编辑们对葛兰西观点的态度则是在理论上同意，而在实践中却予以拒绝。他们认为，世界语对社会主义事业来说可能是非常有用的。[48]葛兰西对此以一名大学生的身份写了一封匿名信予以回应。信中写道：“我正在准备撰写语言历史的毕业论文，并尝试将历史唯物主义的批判方法应用到此项研究之中。”[49]葛兰西明确将他对语言学的学术兴趣与他在无产阶级运动中的政治作为联系了起来。

在此信中，葛兰西总结了他在世界语问题上的观点，尤其重要的是表达了对语言问题的见解，并对社会党文化方针提出了全面质疑。其中一段还与当前对全球性语言——英语的讨论有关。葛兰西写道：

> 对一种单一语言的倡导是因忧虑于这样的事实：当世界上许多想要直接彼此交流的人越来越多之时，数不清的不同语言却阻碍了人们交流的能力。这是一种世界主义的，而不是国际主义的担忧，为奔忙经商、寻乐的资产阶级而担忧……[50]

当葛兰西区分出资产阶级的世界主义和无产阶级的国际主义时，他并没有忽视整个语言问题对于政治的重要性。恰恰相反，他在文章开篇即强调了单一语言的问题是与更大范围的文化问题和“所有人的历史活动”密不可分的。更进一步来说，“让人们的头脑习惯于把握住生活诸多面相的统一……”[51]是非常有益的。其后，他通过启蒙运动和19世纪意大利人关于语言问题的争论追溯了该问题的发展，从而给出了语言问题发展的一个简要的历史概览。他还总结了以下两派之间的分歧：一派是古典主义者所代表的要求将14～16世纪的文学作为真正的、优美的意大利语的典范，另一派则是曼佐尼所倡导的佛罗伦萨的日常方言（将其作为意大利标准语）。而后，他将阿斯科里批判曼佐尼的观点拓展至对世界语的批判。他反对世界语和曼佐尼这两者的基本看法是，它们都试图将主观创制的某种语言人为地强加推广，而忽视了语言的言说者和写作者的参与及其活动。[52]他认为，阿斯科里已证明了：

> 即使依靠国家意志，民族语言也不能被人为地创造。由于意大利语在历史上是自然形成的，它在将来也只能是因全国各地频繁和稳定的联系所带来的民族共同生活中形成。一种特定语言的传播是由操此语言的人们通过写作、贸易和商业这些生产活动促成的。[53]

葛兰西接着说，这个过程只能是自发地和自下而上地发生，而不是像世界语和曼佐尼那样由上而下地促成。如果按照曼佐尼的计划强行将佛罗伦萨的“生活化”方言推广至全意大利是不会成功的话，那为什么社会主义者要相信世界语（既无一定的影响力，也无我们所说的文化资本和意大利政府实际的财政和政治支持）可以在国际范围内取得成功？不过，正如葛兰西所明确表明的那样，他的观点不只是想说明世界语或者曼佐尼的计划是否能取得成效这样一个实证的问题。相反，正如他在狱中笔记中以非常详细的笔触所阐述的那样，这还是一个政治问题，即由一小部分精英创建的并强行推广的一种民族语言（或占主导地位的意识形态），夹杂的是他们自身生活经验和世界观，却被施用给另外一群有着非常迥异社会、阶级和地理环境，也即有着不同生活和经历的人。这种做法是一种抑制他们的创造力、生产力、智识，最后抑制他们人性的企图。虽然寄望于这种强加会失败和对它的抵制将是有益的、革命性的和有效的，但危险之处在于，这种抵制一旦陷于无效，就将导致永久的挫败及可能不负责任的破坏与暴力。这一点也成为葛兰西霸权概念的核心要义之一，而这个概念也给翻译者带来了很大的困扰。[54]

葛兰西在这篇文章中的论述有若干要点值得注意，尤其是因为在他的

《狱中札记》中，世界语已成为一个重要的隐喻。正如皮帕诺在谈及这些狱中著述时说道：

> 隐喻性地使用“语言”“世界语”“新造语”“词典”来解释在严格的语言学领域以外所发现的现象，显示出葛兰西的智识路线。在语言中，在它共时性功能和它的历史中，一个缩影隐含性地被识别出来，并成为一个更为广泛和复杂的社会现实的基本组成部分。[55]

葛兰西将其狱前时期对世界语的批判发展成为这样一种完全成熟的隐喻：意指人为的、由精英强加于臣属阶级的规划及其随之而来的失败。与这种对世界语的分析有极其相似之处的，还有他对“南方问题”的分析和对作为“消极革命”复兴运动的批判（参见第四章）。这些议题都具有这样的进程：臣属民众臣服于自上而下强加于自己的特定政策和更普遍的世界观或意识形态，而这些观念是与他们自身的生活、经验和利益相冲突、相抵牾的。它们标识出意大利“民族大众集体意志”的持续匮乏。

在比较了曼佐尼的计划和世界语的推广后，葛兰西对曼佐尼及现代民族语言提出了更为严厉的批判。当曼佐尼强调“日常化”语言的浪漫主义的魅力，如具有表现力，是美妙的、创造性的和丰富的时，葛兰西则认为，实际上，对于大多数言说者而言，这种民族语与“死的”古典文学意大利语或纯粹的人造语言没有什么区别。对佛罗伦萨资产阶级来说是“活的”，但若强行施加于意大利其他地方，特别是南方农民身上，不啻为一种死的语言。

在《狱中札记》中，葛兰西用对世界语的相似分析方式，对戏剧之于意大利民族文化的重要性做了文化分析。他在分析皮兰德娄（Pirandello）①的作品时，认为他的作品有些取得了成功，有些则没有“与公众合拍”，因为文学语言仍然是“一种世界主义的语言，一种‘世界语’，局限于偏狭观

---

① 皮兰德娄（Pirandello，1867～1936年），意大利伟大的戏剧大师和小说家，一生创作了40多部剧本，主要剧作有《诚实的快乐》《是这样，如果你们以为如此》《并非一件严肃的事情》《像从前却胜于从前》《亨利四世》等。——译者注

念和感受的表现”。他以此方式来衡量民族文化的统一性，而这一点正是意大利所缺乏的。[56]

此外，葛兰西还将世界语看作象征科学实证主义和自然主义的一种隐喻，而这些正是他所反对的，主要是因为它们会带来消极的接受性和狭隘的眼界，而不是批判性地去制定全新的和不同的观念。

> 对世界语主义者的哲学和科学来说，那些没有在他们语言中表露出来的东西就成为妄想、偏见和迷信之类的。利用与宗派心理中所发现的某种类似的处理方式，他们只是一种历史的判断转变成了一种道德观念的判断，或者转变成了一种精神病规则的诊疗。[57]

对此，葛兰西使用了这样一组比较：被他称为“原始人”的概念是通过将其自身的社会与人类的通称相比较而得出的，而若与其他社会相比较，则会使用“野蛮人”这样的词，几乎与“愚蠢”或“口吃”同义。

人们可能会质疑他对世界语的如此理解方式。世界语的支持者通常是容易接受许多不同观点的热忱的翻译人员，他们对世界语的支持是基于其在跨文化交际中的有用性。但是，对于葛兰西而言，在人们日常生活之外创制普泛语言的想法，一定会怠慢和忽视人们的经验、感受，特别是忽略他们参与创造语言和意义的作用。因此，正如马克思所说，资本主义的问题不是个别资本家不道德的企图所致，而是无关于主观意图的资本主义体系的结构性质所致。同样，葛兰西认为，尽管世界语倡导者和曼佐尼的方法都有着良好的意愿，但却隐含着对下层民众意识和自由的损害。

出于这些原因，葛兰西用世界语来象征实证主义和自然主义最为抽象和刻板的方面。他毫不留情地批判了他所称的“科学拜物教”（“sciences-as-fetish”），这种“拜物教”将物理学的方法视为最为卓越的“科学”，并将其作为其他探究领域，尤其是社会研究领域的标准。[58]在葛兰西看来，此种“世界语的”方法不仅不准确，而且最为严重的是妨碍了人们从“批判的”和“历史的”视角——这两种视角被葛兰西认为在马克思主义和工人阶级斗争中占据核心地位——看待问题。第三章论述了布哈林（Nikolai Bukharin）

和实证主义的马克思主义与经济主义关系的过分密切，葛兰西对它们展开了批判。而在其中，葛兰西就明确地使用了世界语和“哲学化的世界语主义”的思想作为这一批判的组成部分。[59]

葛兰西在另一篇文章中提到，世界语还有一个积极的方面，或者说是它的吸引力。在一篇于1920年6月14日发表于《前进报》的文章中，葛兰西重申，他一贯的观点是无产阶级革命必须是一场“总体的革命”，而且“与夺取政治和经济权力的问题完全一致，无产阶级也必须面对夺取智识权力的问题……它也必须考虑组织自身的文化”。[60]在此背景下，他再次提及了世界语的话题：

> 世界语的出现，尽管它并没被证明自身有多大的作用，而且与无产阶级国际主义相比，它与资产阶级的世界主义联系更为密切，然而，如下的若干事实显示出世界语还有它的另一面：工人们对它非常感兴趣，并愿意浪费他们的时间去学习它；还有，世界语的出现说明了存在这样一种热望和历史冲动，即要求形成超越民族界限的语言复合体（verbal complexes），并以如下的方式产生与民族语言的联系——当前的民族语言将扮演现在的方言所具有的角色。[61]

在经典的葛兰西式风格中，尽管他会拒斥世界语的整体观念，但他仍然把它看作一种能指示出某些积极潜质的现象。

因此，虽然在1918年葛兰西关于世界语的讨论中霸权概念似乎是缺席的，而在《狱中札记》中，葛兰西将“世界语”和“霸权”概念放置一处，与他的文化和政治分析联系起来，并由此分析了统治阶级是怎样能（或不能）施加他们的世界观、传播并不代表臣属阶级利益的一般意识形态的。世界语的概念还与他对实证主义的哲学和认识论的批判，以及他对科学和哲学方法论、知识生产的研究是相关联的。葛兰西1918年对世界语的批判，为他后来发展出“大众集体意志”的主题及其在霸权中的作用奠定了基石。

十一　小结

本章有五个要点。

第一，包括意大利语的“标准化”在内的意大利统一史是葛兰西整个理论框架的主旨。这是下一章要讨论的，如南方问题、臣属性、消极革命、有机知识分子、市民社会和霸权等一些重要概念的基本历史背景。

第二，葛兰西所熟知的“霸权”概念，曾被语言学家当做“声望”（“prestige”）和“魅力”（“attraction”）的同义词，用来描述某些人群是怎样采用、适应其他社会群体语言形式的。我们将在第三章中看到这些“声望”“魅力”概念的政治含义。它们对于葛兰西怎样以霸权来理解强制和认同的关系是重要的。虽然“认同”有时被定义为“强制”的反义词，但由于罕见纯粹的强制，在权力的实际运作中很少将它们截然二分。马基雅维利①和霍布斯②都指出，一般而言，拥有权力这样的事实意味着你不是必须使用它。维持控制的最有效的方法通常是创造认同，如果你掌握着潜在的武力储备那就更容易了。我们将在第三章中看到，也正是基于这一点，葛兰西将国家定义为“由强制的盔甲保护的霸权”。[62]

第三，葛兰西在大学期间和狱前时期就参与了对语言学领域中实证主义科学的批判，这反映并构成了他知名的对实证主义的普遍批判，这尤其表现在马克思主义领域中和第二国际经济决定论上。

---

① 马基雅维利（Machiavelli，1469～1527年），意大利政治思想家和历史学家。在中世纪后期政治思想家中，他第一个明显地摆脱了神学和伦理学的束缚，为政治学和法学开辟了走向独立学科的道路。他主张国家至上，将国家权力作为法的基础。代表作《君主论》主要论述为君之道、君主应具备哪些条件和本领、应该如何夺取和巩固政权等。他是名副其实的近代政治思想的主要奠基人之一，其思想常被概括为马基雅维利主义。——译者注

② 托马斯·霍布斯（Thomas Hobbes，1588～1679年），英国政治家、哲学家。生于英国威尔特省一个牧师家庭。早年就学于牛津大学，后做过贵族家庭教师，游历欧洲大陆。他创立了机械唯物主义的完整体系，指出宇宙是所有机械地运动着的广延物体的总和。他提出“自然状态”和国家起源说，指出国家是人们为了遵守“自然法”而订立契约所形成的，是一部人造的机器人，反对君权神授，主张君主专制。著有《论政体》《利维坦》《论人》《论社会》。——译者注

第四点是第三点的另一面，葛兰西在展开其狱中著述时就对克罗齐的唯心主义进行了彻底的批判，这一点也可追溯到他在学生时代拒斥唯心主义语言学的语言学根源上。

第五，从葛兰西学习研究语言的方法开始算起，最后一点则是上述要点的发展顶峰。对葛兰西自身来说，他的语言观及其对语言学的研究，成为他发展出他的马克思主义政治理论的一个非常有益的范型。葛兰西从巴托利和阿斯科里那里学到的专业课程对其帮助很大：语言与文化、政治和社会的关系是不可分割的。正如我们看到的那样，他早期对世界语的讨论，解释了他发现语言对于社会和政治分析为何会如此有效的原因。接下来的章节将更详细地考察葛兰西是如何将这些语言概念扩展到他卓有影响的霸权理论的。

葛兰西语言学的背景，也将他与乔姆斯基、哈贝马斯以及许多其他将语言或其结构视为具有某种自主本质或元素的人相区别，后者的观点使语言孤立并与其他社会探究的领域分隔开来。葛兰西从巴托利和阿斯科里那里获得的启示：任何一种语言的历史就是与其他语言发生关系、互相接触、冲突和融合的历史。也就是说，语言本身不会自发地成长和发展。正如我们将看到的那样，这亦成为他对“自发性”（“spontaneity”）讨论的核心思想，并与他对政治范畴中的强制和认同的理解直接相关。

第三章　《狱中札记》中的语言和霸权

“霸权”一词在葛兰西之前就已有悠久的历史。该词起源于 *hegemon*，字面意指引导、领导（leader），希腊词根为 ηγεμονὶα。在传统上，霸权是权力、领导力和统治的合指。[1] 在古希腊，它通常区别于 domination（统治），因为 *hegemon* 只意谓有限的控制或影响，而主体仍保留很大的自主权。因此，在公元前 5 世纪，雅典对于希腊中部的其他城邦享有霸权地位。这些城邦都是自治的，只是在军事、政治和文化方面服从于雅典的领导。hegemon 是对某一个联盟的领导人的描述，而不是指一国的首都或一个帝国统治的国家。霸权（hegemony）概念的确包括了军事优势的一面以及文化优势和领导力，但是霸权并不源于公然强迫式的直接威胁。

军事优势和文化威信这两个特征，在霸权这一概念的绝大部分历史上都是显著存在的。19 世纪 80 年代之后的俄国社会民主分子的圈子对该概念的用法就是其中一例。例如，普列汉诺夫（Georgi Plekhanov）就通过发展“霸权”概念来驳斥经济主义（该观点认为，不以人控制的经济规律决定未来社会和政治的发展）。为应对 19 世纪末俄国的状况——弱小的无产阶级面对的是专制贵族的统治，而非孱弱的资产阶级的胁迫，普列汉诺夫阐释了建立阶级霸权的必要性。正像恩格斯的著作《德国农民战争》① 所清晰描绘的那样，普列汉诺夫认为，俄国现在的革命条件将迫使社会民主党领导人扩

① 恩格斯在 1850 年发表的《德国农民战争》，主要分析了德国 16 世纪农民战争和 1848 年德国革命发生和失败的原因，以及两次革命战争的相同点和不同点。恩格斯从唯物主义历史观出发，认为 15 ~ 16 世纪德国总的经济状况和政治状况所构成的历史条件，促使德国 1525 年农村战争的发生，同时也决定它必然失败。恩格斯运用阶级分析的方法，考察了当时各阶级的状况和政治态度，着重分析建立革命联盟的重要性和可能性。——译者注

大其政治斗争范围，即使这意味着需要接受他们的经济目标不会立即得以实现这样的后果。列宁接续了普列汉诺夫的观点，用霸权与觉悟之间的联系加强了联盟建设问题的更大意义——特别是领导农民的相对弱小的无产阶级，应利用农民对物质利益的不满来促进革命斗争。对于列宁而言，霸权是被用于对如下问题予以理论化的一个概念：无产阶级应如何通过与农民阶级的联合以不仅反对沙皇国家，还要反对自由主义的资产阶级势力，从而获取权力。[2]

我们的问题是，葛兰西对霸权概念所做的贡献是什么？他又是如何将这一概念变成一个在社会、政治和文化理论方面更为重要的概念的呢？当列宁和普列汉诺夫对此概念的使用仍然比较晦涩时，葛兰西的名字为何几乎成为霸权这个概念的代名词呢？"霸权"的领域是怎样从国际关系和革命政治领域扩大到对现代（和后现代）日常生活中的教育、文学、电影、大众文化、意识形态和行政组织的分析的呢？对跨不同政治运动（或"新社会运动"）建立联盟的战略问题，葛兰西的霸权又是怎样超越的？如此宽泛地使用"霸权"一词是否存在局限或不足之处呢？当葛兰西的霸权被称为"组织认同的理论"时，它又是指什么呢？

我们会看到，一个人在理解葛兰西的霸权时将其理解为"组织认同"或许是合适的，但这种理解还不够，也有错误地将反抗压迫和认同分开的危险。葛兰西最大的贡献之一，就是他对民主资本主义社会中强迫与同意之间的复杂关系所做的考察。他持续捕捉思考的是：强迫及其微妙的施用对塑造、组织认同这样的整合有着怎样的可能帮助或者威胁。[3]

一　走近《狱中札记》

直到被投入监狱并开始著述他著名的《狱中札记》时，葛兰西才真正发展出其独树一帜的霸权概念。正如我们在上一章所述，葛兰西已经提出了众多关于语言、文化、政治权力和反抗的观点，这些观点转而成为他霸权概念的基本组成内容。但是，直到在狱中写作时，他才真正把这些观点纳入我们现在所理解的霸权概念之中。实际上，即使是《狱中札记》也没有明确、清晰地表述绝大多数重要概念的定义：霸权、消极革命（passive revolution）、阵地战/运动战（wars of position/manoeuvre）、知识分子（intellectuals）、臣属性（subalternity）、历史集团（historical bloc）和市民社会（civil society）。与定义这些概念相反，《狱中札记》包含的是对这些概念用法的考察。葛兰西没有用一种有着一致性和准确定义的方式告诉我们这些概念的具体指称。相反，他为我们揭示的是如何运用这些概念对各种历史情况进行分析。他的这种做法几乎是就对维特根斯坦的名言——“一个词的意义就是它在语言中的运用”的实践，而不是像某些人所说的那样，定义先于词的使用。[4]

同样，葛兰西很少发明新的术语或概念，相反，其著作使用的都是他的读者可以从其他作者或语境所熟知的先前已有术语，如“知识分子”“霸权”“市民社会”，转化得来的。正如安妮·S. 萨松（Anne Showstack Sassoon）所说：“他用普通的、传统的词语来表示新的东西，并且，他经常是在传统与新异的双重方式上，甚至有时以近乎荒谬的方式上使用一个词语。”[5] 葛兰西通过扩展和变更的方式，用萨松的术语来说，将其许多分析过程变成对已有语言和概念的一种“颠覆”。第四章就说明了他对源于文森佐·库柯（Vincenzo Cuoco）① 的“消极革命”一词做出了怎样的变换，以及他是怎样采纳类似“运动战”这样的军事术语的。本章还讨论他思想内核的另一个军事隐喻术语“subaltern”——该词原指“下级军衔的”。我们还将看到葛兰西对克罗齐“人人都是哲学家”的思想做了怎样的改造。

一方面，葛兰西这种使用语言的方式让他的著述变得很难理解。诸如“运动战”“臣属性”这样的概念可能并不是从你熟悉的术语借取来的。此外，正如萨松所述，有时我们很难弄清楚葛兰西是在通常意义上还是在他自身新的、扩展出的意义上使用这个词。另一方面，这种拒绝创制新术语——葛兰西将其描述为“新语症”（“neolalism”）——的方法是一种很好地契合葛兰西政治观点、有先见之明的策略。正如他不想让农民采用强加给他们的其他地方的语言一样，他也不希望读者采用在这些概念用法之外来界定的一

---

① 文森佐·库柯（Vincenzo Cuoco，1770～1823 年），意大利作家，著有《1799 年那不勒斯革命的历史论集》。——译者注

套新术语。凯特·克里罕（Kate Crehan）指出，葛兰西的著作有着这样的特点："矛盾的是，新的，实际上可能是革命性的思想，必须（如果想要明白易懂的话），至少是在最初，要用现有的语言和概念来表达。"[6]

由此，葛兰西致力于改造、重组这些概念，使得它们变得更富有内涵，或将它们与其他概念进行比较，借用维特根斯坦的术语来说，就是将其运用于其他的"语言游戏"之中。并且这个过程并不是以一种抽象的、哲学推理的方式进行，相反，是诉诸历史的案例和具体的情形来做的。我们的困难在于，其中的许多情形对那些不了解意大利历史的读者来说，就难有"具体"可言了。但是，葛兰西方法的务实性质依然是存在的。

葛兰西运用这样的方式来写作，主要是为了弄清楚他和意大利共产党人为何会遭到失败，法西斯主义者为何能成功地获得并维系权力。因此，想要在《狱中札记》中，寻找我们当前社会所面临问题的明确的和一成不变的答案，将是徒劳的。相反，在阅读葛兰西时，我们应找寻的是怎样进行彻底而有益的分析的例子。

阅读葛兰西《狱中札记》难度很大的另一个原因是，它们都是在非常艰难的法西斯监狱的条件下撰写的。葛兰西从来没有机会去完成或者以出版物的形式来发表它们。在已发表的这些笔记的各种选集中，编辑和译者已做出了此种努力。一些学者认为，葛兰西的理论不可能在其全部的片段中都保持一致性，在根本上是无法融贯一处的。[7]照这样的观点来看，葛兰西也许是政治和社会思想史上的一个重要人物，但他的思想对于了解当前的社会和政治力量与运动既不十分相关，也不是很有用。并且，所有那些曾发现葛兰西的思想和概念是有用的人，都将会因困惑而放弃这种想法。

许多人认为，与其惋惜葛兰西笔记的未完成性，或试图通过修补、润饰来弥补这样的遗憾，不如积极使用这些没有一套固定的、一成不变定义的概念范畴来收获一些东西。这个观点成为《狱中札记》评述版及其翻译的基础。英语评述版编辑兼翻译约瑟夫·布蒂吉格强调"谨慎地参与葛兰西思考的节奏……他进行分析与构思的过程和方法……甚至他付出全部努力的碎片本身"[8]的重要性。另一些人则强调《狱中札记》具备的流畅性和网络化写作风格的优点，这一优点是与"笔记"特别强调的历史案例而非抽象的定义相契合的。[9]

在强调葛兰西此种方法的同时，显然还有必要以某种容易接受的方式介绍一下他的概念和理论。许多评论家已经做过此项工作，其方式是通过将葛兰西论说的各个主题与被视为他最重要的概念——霸权联系在一起。本章也遵循了这样一种方法，不同的是，这里主要是从语言学角度来谈霸权的理解问题。以前一章的文本为背景，本章将葛兰西《狱中札记》中阐释语言、语言学和语法的、零碎的和看似迥异的段落汇集到了一起。其中的许多片段出现在他关于哲学、认识论、意大利历史、文学、文化和教育的讨论中。由于这些片段的不连贯性和葛兰西经常提到但现在看又显得像奥秘一样的争论，它们往往很难理解。然而，一旦将这些涉及语言和语言学的各种观点拼接起来后，它们将会阐明葛兰西如下的核心议题：霸权、知识分子的作用、文化和民间传说的重要性以及他对市民社会的分析。

第五章阐述了这种语言学视角下的霸权，不仅仅使得葛兰西自身的著作得到澄清，它也帮助我们更清楚地看到他的理论与他逝世后所发展出的观点之间的关系，这些观点将语言作为社会分析的核心隐喻，特别是将其用于当前有关后现代主义和全球化商品生产的争论之中。

二 对霸权的非语言学的理解

如上所述，葛兰西在传统的作为领导权的霸权观以及俄国社会民主党人普列汉诺夫、列宁所使用的更特定的方式——用以表示无产阶级将促成与农民联盟的方式这一基础上，增添了诸多维度。正是这样的联盟建设的问题，对当代政治，特别是对左派、妇女运动、同性恋运动、环保主义者、反种族主义斗争、和平与反贫穷活动家之间的关系，有明显的影响。

在葛兰西手中，霸权一词变得更具有分析性质。他将其应用于各种类型的，特别是那些他所批判的领导权和统治之中。它不仅仅是列宁和普列汉诺夫所说的“要做什么”的理论，葛兰西还用它来分析和批判对手的所作所为。此方面也导致了在理解葛兰西所主张的霸权的界限时，产生了某些混乱。他所批判的资产阶级、半封建或法西斯主义霸权与他所倡导的霸权有什么区别？一些人通过引入“反霸权”这一概念来解释这种差别，但这并不是葛兰西所使用的术语。有时我们并不清楚，葛兰西使用“霸权”一词是一种对统治的稍显淡化形式的批判性说法，还是用它对工人阶级或共产主义者应该如何获得权力的一种更积极的描述。

约瑟夫·费米纳（Joseph Femia）对葛兰西所使用的霸权提出了一个有所助益的、包含三种基本方式的类型学：整体的（integral）、堕落的（decadent）和最低的（minimal）。①“整体的霸权”是葛兰西所主张的版本或“理想型”（“ideal type”）。费米纳将其描述为“所有的（或大多数）社会中处于附属地位的民众对统治集团接近于无条件的承诺”的情形。[10]这种附属性与承诺——葛兰西将该承诺称为“民族大众的集体意志”（“national-popular collective will”）——的获得是因统治集团不仅能够满足和超越他们自身的利益，而且能够满足所有主要社会集团的需要和愿望。许多自由主义的、多元论的和后现代的思想家发现，这种最为进步版本的葛兰西霸权的概念甚至与某种极权主义产生了共鸣。因为正如上述引文所表明的那样，被希求的是“无条件的承诺”（“unqualified commitment”）。这种意图成为可疑的目标和理想，因其旨在消除异议，或将对政府的批评解释为系统性权力失衡的迹象。自由多元主义者认为，一个社会中不同社会成员所持有的竞争性价值观是不可调和的。因此，即使是葛兰西最民主、最进步、最受欢迎的整体霸权的目标也将对某些个体价值观形成压制，并减损多元性。我们将看到，葛兰西认为语言结构是霸权的一种范型，它提供了另一种对葛兰西所主张的某种整体霸权和在这种霸权中尊重差异之间所具有张力的不同理解。一个人可以

---

① 费米纳对霸权类型的分类是基于领导集团与被领导集团的关系冲突程度不同而划分的，据此，我们可以称其为“霸权冲突范型”。整体的霸权特征是：统治集团和臣属群体之间的关系表现出强烈的道德和智识的团结，从而形成了良好的互动关系。在这种霸权中，臣属群体表现出对统治集团的认同和尊重，并遵守由统治集团制定的规则，因此它们的关系不会产生冲突。堕落的霸权则表现为统治集团与臣属群体之间关系已相互矛盾，并在走向敌对。在这种霸权中，臣属集团失去对权威的归属感。这种关系易产生一种隐性的冲突，并使政治统一性变得脆弱易变。最小的霸权则指在社会各个阶级中，没有一个阶级愿意相互妥协以互惠互利。强势者会做任何有可能维持其权力的事情，以使弱势群体遵守其规则。也即，最小的霸权主要指强势集团不愿意超出自身的利益，而不能满足社会其他阶级的利益和愿望的情形。——译者注

是一种单一语言的支持者，但他并不必认为每个人都应该说同样的东西或在该语言中持有一样的观点。语言是一个非常精彩的比喻，因为使其构成一种语言的那个结构，决定了不同的意义能在其间能被创造出来。此外，葛兰西还将语言理解为一种应该也将伴随使用而变化的人性机制。

葛兰西试图创建的有关“整体”霸权，其关键点在于领导者和被领导者之间的关系不会是矛盾或对立的，而是“有机的”（“organic”）[11]和连续的，是富有教育意义和互惠关系的。葛兰西以大革命后的法国作为历史的范例，认为当时资产阶级强调经济、政治和文化上的变革，是要满足整个法国的需要，而不仅仅是为了满足中等阶级和职业阶层的团体利益。他也清楚地认识到无产阶级是20世纪初意大利成就这种霸权的潜在领导者。我们将在第五章论述，像拉克劳（Ernesto Laclau）和墨菲（Chantal Mouffe）这样的学者认为，这是一种经济上的“本质主义”的理论，即“假设”——是无理由的预先假定——经济的阶级（资产阶级或无产阶级）是霸权的领导因素。葛兰西对经济和生产的关注似乎是无可否认的，并且正像我们一样，他可能也很难想象出一个能够满足我们的需要和愿望而无关乎生产的世界。因此，他确实认为社会集团，至少在一定程度上，是由于人们在经济中的作用而形成的。但是，如下文所论证的那样，葛兰西的霸权概念并没有很多地将这一点作为以下例子的普遍预设：在20世纪早期的意大利，为何只有工业无产阶级才有最大的（也许是唯一的）潜力来形成包括农民在内的积极的霸权并使社会革命化？当然，被关在监狱中的葛兰西非常清楚地意识到这股潜力还一直没有被实现。在他所有思考法西斯主义兴起原因的努力中，他还从未以任何理由去质疑工人阶级的重要性。在此至关重要的一点是，葛兰西将费米纳所称的“整体的霸权”这样一个概念视为一种在伦理上和政治上合理的目标典范。

费米纳的“堕落的霸权”概念是指失去了自身整体性并变得腐朽的一种过时的领导权形式。也就是说，统治阶级——在葛兰西的历史范例中主要指封建贵族和资产阶级——因为无力进一步维护每个个体的利益，从而失去了民众和大部分人民的积极支持与承诺。这种仍然掌握霸权的阶级之所以还能维持其支配地位，主要是由于还没有有效的替代者能向它发出挑战。

费米纳提出的“最小霸权”是葛兰西主要批判的霸权类型——这种霸

权只适用于部分社会对象，最常见的是精英阶层。他们的统治主要是为了加强他们自身的团体利益，并通过“变形主义”（*trasformismo*，意大利语）①来实现统治，也就是将那些敌对社会团体的领导者通过转化、吸收的方式融入他们的精英网络之中。这样的霸权看起来最像统治，它也要借助于更大的强制来维持其权力。葛兰西在评价意大利的“消极革命”时对这种霸权类型的特点做了最好的归纳，这一点我们将在第四章中来考察。

费米纳的类型学不失为一个有助益的起点，因为它提出了数个霸权的核心问题，如领导者和被领导者之间、压迫和认同之间的关系，以及主动、被动的程度问题。该类型学揭示出，虽然霸权在其整体意义上可以看作基于认同而反对强制的[12]，但另外两种霸权形式——堕落的和最小的——包含很大程度的强制。不过，费米纳的类型学并没有具体地阐明我们的关切所在，特别是关于语言和经济活动之间的关系问题。此外，当我们去考察葛兰西语言著述中的这些不同类型、不同程度霸权的隐喻时，我们将看到一幅更精细、更详尽描绘他所关切的问题的图景——这幅图景业已与21世纪的发展密切相关——业已在第一章做出概述。我们需要从费米纳的三种霸权类型中退出来，并以强调霸权解释力和更适用于与当代经济和阶级分析相关的语言、能动性及权力之争的方式来重构霸权问题。

三 霸权中的两大主题

葛兰西的霸权可以被看作包含两大主题。

其一，是将政治定义从政府活动和国家权力运作，扩展到人们如何理解这个世界的问题。也就是说，葛兰西的霸权观之所以富有意蕴，在很大程度

① “变形主义”（trasformismo）是指意大利统一初期，由时任总理阿戈斯蒂诺·德雷蒂斯（Agostino Depretis）于1883年发起的一项制定灵活的中央政府联盟的方法。德雷蒂斯本身是“左派宪法”的成员，但他后来转向右派，重新组建了包括保守派在内的政府。德雷蒂斯认为一个安全的政府可以确保意大利的平静，他采取这种方法的目的是要确保一个稳定的政府，以避免通过向左或向右的极端转变来削弱政府的运转。在此时期，中产阶级的政治家更关心互相交易，而不是政治哲学和政治原则。因此，这个时期政客们成立了大型联盟，不少成员都是因为被贿赂而加入。——译者注

上是由于它的哲学和认识论因素表明，日常生活中看似私人化、个人化的方面实则是权力运作的重要政治内容。资本主义的霸权包括构建我们的日常生活、感情和思想，这一点已被妇女运动的口号“个人的即政治的”和女性主义研究中关于公私之别的区分完美地捕捉到。在这一背景下，葛兰西对语言的研究为理解我们如何解释世界及创造意义是至关重要的。随着后来的“语言转向”，特别是对大众文化的符号学研究的进展，葛兰西对语言的关注给我们提供了对权力的日常化和分子层面运作的有力洞察。

其二，与前者同样重要的是，葛兰西霸权的另一主题包含了对社会中各阶级和组织的制度与社会分析，从国家的行为到“市民社会”及学校、教会、报纸、图书出版社和娱乐工业等机构领域（这一点将在第五章讨论）。霸权使意识形态的制度化分析成为可能。葛兰西的影响在很大程度上归功于他成功地将这两大主题中的各个因素连接了起来。同样，他在将制度分析与哲学和文化意蕴问题联系在一起后，使其在语言上的见解显示出了十足的力量。

与这两个主题相关，葛兰西还讨论了民主政治理论中最基本的关系：强迫与认同之间的关系。自 17 世纪英国自由主义和 18 世纪法国启蒙运动以来，由于被统治者的认同而建立起的政府统治合法性的理念，一直是政治理论的核心。此外，根据霍布斯和洛克的社会契约论和自然法理论，这种认同被认为是建立在个体基础之上。承认并接受君主的统治不是一个抽象的或泛泛的社会观念。霍布斯关于联邦形成的著名论断是每一个体与每一个体所做的立约。[13]

这种认同是如何形成的呢？它不涉及强迫和暴力吗？[14]这又与马克斯·韦伯所认为的国家拥有在其领土内合法使用强迫、暴力的垄断地位有何关系呢？[15]所有这些对政治和社会理论至关重要的问题，都与葛兰西持续关注的强迫与认同之间的关系问题相关。他对霸权的讨论，对政治领域的扩展以及对社会制度的关注，都阐明了我们应该对这种关系做怎样的理解。而其语言学著述则提供了一个用来描绘他的强迫、认同和霸权概念再合适不过的地带。通过语言，他全部著述中这两大主题的狭义版本——政治的扩大化和组织分析也得到了阐明。

四　葛兰西的扩大化了的“政治”

正如第二章所述的世界语的例子，葛兰西通过用语言作为我们如何构想世界的一种隐喻，从而扩展了政治的定义。该定义对考察知识和意识形态问题至关重要。他还使哲学和认识论问题与政治和权力运作产生了关联。除了将语言作为一个有益的隐喻外，葛兰西还对语言的和不同机构如学校、报纸和通俗小说等原本的作用进行了研究。正如我们在前几章所看到的那样，在19世纪末20世纪初的意大利，语言被普遍理解为一个政治问题。看一下葛兰西关于语言著述的这两大主题，就会发现它们所提供的对强迫和认同复杂理论的清晰图景构成了他对霸权的理解。第四章论述了这种霸权观与他的其他主要概念，如消极革命、运动战/阵地战、国家/市民社会的关系与区别。

五　语言、哲学和知识分子

葛兰西认为，语言与我们如何思考和理解世界有着错综复杂的关系。由此，语言成为政治和霸权的核心。我们在前一章中看到，他反对历史语言学家的传统，尤其反对新语法学派学家的极端形式的理解——他们把语言视为一个随着时间的推移而变化的词语、语音和短语的集合。葛兰西认为，这样的观点太过狭隘，它无法回答语言和不同的言语（language and different languages）[①] 在社会、政治和文化中是怎样运作的这样的重要问题。他同时拒斥了克罗齐和浮士勒的唯心主义的方法——后两人将语言视为个体审美表达的汇集。相反，语言在葛兰西阐释其关于智识活动，“有机知识分子”和“传统知识分子”之间的区别以及他的哲学和常识的概念等一系列颇具影响的观点中起着核心的作用。

---

① 据作者彼得·艾夫斯的解释，前一个“language”主要指人们言说语言的一般能力，而后一个“languages”主要是强调说特定语言、方言的人在社会生活中因受到各语言背后不同权力关系的影响，而使自己使用的语言与其他语言在相互作用中发生变化，如进城的农民因受到城市化的影响而逐渐在改变自己所说的特定方言。——译者注

在《狱中札记》中，葛兰西扩展了他的语言概念，并阐释了它与日常生活、政治、文化和哲学之间的关系。语言成为他重新定义哲学观的必不可少的组成部分。《狱中札记》中的一个长长的片段在此很值得被引用：

> 必须打破一种传播得很广的成见：哲学是一门很难的学问，据说因为这是这样一种智识工作，能从事这种工作的只有一定范围内的学者专家，或者，换句话说，只有经常在这方面工作的职业哲学家。为了打破这种成见，必须先证明所有的人都是“哲学家”，确定这种“全世界的人”都具有的“自发的哲学”的界限和特点。就是这样一种哲学，它包含在：①语言本身里面，这种语言不只是内容空洞的词语、语法的堆积，而是确定的语法的概念和观念的总和；②日常知识和常识里面；③民间宗教里面，因而也就包含在整个一套民间信仰、迷信、观点、生活方式和被总括在一处而称之“民俗”的活动里面。
>
> 所有的人都是哲学家，每个人都无意识地各有一套哲学，因为哪怕是任何一种智识活动的最起码的表现，哪怕是在“语言”中，都包含有一定的世界观。证明了这一点之后，我们就转而考察第二个因素，即批评和自觉的活动这个因素……[16]

这段引文中有诸多要点需要展开来说。

葛兰西抨击了这样一种精英论的观点，即认为哲学或智识活动在某种程度上超出了大多数人的能力。相反，每个人都在进行智识活动、拥有“自发的哲学”和一些原本被指定为只有职业哲学家或“传统知识分子”才能做的事——他们构建观念的思路及对世界认识的方式，这使他们对主流地位的社会群体而言变得有价值。葛兰西解释说：

> 所有人都是知识分子，但并非所有的人在社会中都具有知识分子的职能。当我们区分知识分子和非知识分子时，实际上所指的仅仅是知识分子职业范畴的直接社会功能……能够将各种形式的智识参与排除在外的人类活动是不存在的：作为制造者的人（*homo faber*）不能和作为思

想者的人（*homo sapiens*）分开。[17]

葛兰西摒弃了传统意义上的“哲学家”“知识分子”的观念，即认为他们是善于思考或推理的人，而其他人则不然。对于葛兰西来说，我们不能用“内在性质”来定义“智识活动”，而必须“从关系体系的整体中去寻找。而在其中，这些智识活动（以及由此体现这些活动的知识分子群体）在社会关系的总的复合物中占有着自己的位置”。[18]

职业哲学家或传统知识分子的特征不在于他们从事的智识活动本身，而在于这样的活动在社会中起着怎样的作用，在于他们提出的特定世界观的影响。因此，每个人都隐隐持有一种哲学，这可见于他们的普遍信仰体系、观点以及他们的“常识”（“common sense”）和“健全的识见”（“good sense”）上，即他们日常的实践问题意识。

以上描述的是葛兰西方法的一个经典例子。可以说，他从克罗齐那里借取了“人人都是哲学家”的观点，但完全改变了对它的理解。克罗齐认为，哲学对日常世界的理解、对常识产生了影响。与英语不同，意大利语的“常识”概念（*senso comune*）并不意味着好的、健全的、实践意识，而是意味着普通的、平均的识见。[19]所以，在意大利语中，“健全的识见”（*buon senso*）与“常识”之间的区别大于英语中这两者的区别。① 对于克罗齐来

① 据英语维基百科解释：常识是几乎所有人共同拥有的一种有关认识、理解和判断的基本能力，其内容可以被几乎所有的人合理地预期而不需要辩论。英语“common sense”，源于拉丁语的“sēnsus commūnis”，本意为“共同感”。而据伽达默尔在《真理与方法》对其词源学的考证，“共同感”最早在苏格拉底所代表的古希腊哲学传统中，原指“雄辩”“绝妙的讲话”——通过讲话的艺术引起听众的共鸣，但它“绝不只是一种修辞学的理想，它也意味着讲出正确的东西，即说出真理”。而至亚里士多德提出知识形式有理论智慧和实践智慧的两分后，“共同感”被发展为包含一种“对于理论的生活理想的批判”要素。到了近代，“常识”这个术语经常被用于修辞场合，在做贬义理解时等同于偏见、迷信；而在做褒义理解时又被认为是科学和逻辑所需的、最基本的不言自明之理。而笛卡儿的《方法论》则第一次赋予了“常识”以现代意义，他说每个人都有相似和足够的常识却鲜有人能用好它。到18世纪启蒙运动使“常识”含义趋向更为肯定的用法，它被认为是现代思维的基础，而与形而上学相对。在英语中，“common sense”有时是与“good sense”等义的，意指受教育的、有智慧的。因此，这里艾夫斯会说：“在意大利语中，‘健全的识见’与‘常识’之间的区别大于英语中这两者的区别。”——译者注

说，重要的哲学思想和体系渗透进了大众日常的信仰和观念中。[20]而这正是葛兰西质疑克罗齐的地方："克罗齐像是经常感到某些哲学命题是常识所共有的。但是，这具体是指什么呢？常识是一些毫无联系的概念的杂乱汇集。在常识里，人们能找到自己喜欢的任何东西。"[21]由此，该问题就变成了一种构建、体认和批判。换句话说，哲学家或知识分子的一个群体独特性不在于智识活动的"本质"，而是因为他们有效地构建常识要素的方式。知识分子的作用是界定它们，而不是说他们具有任何获得"真理""理性"的特权。以下是葛兰西对"知性"（intellectuality）这个概念做出的重新界定：

> 在我看来，最普遍的方法上的错误便是在知识分子活动的本质上去寻求区别的标准，而不是从关系体系的整体中去寻找。在这种关系体系中，这些智识活动（以及体现这些活动的知识分子群体）在总的、复合的社会关系中占有着自己的位置。[22]

因此，并不是哲学家和知识分子的行为本身符合或者不符合"智识的"、哲学的标准。他们不一定具有更高的智慧或深刻性，甚至不具备更强的推理能力。相反，职业哲学家和传统知识分子与其他人相比，只是发挥的作用不同。而这并不意味着葛兰西反对合理推理的重要性，或说他认为做那些困难的研究不需要思考、研究和分析。恰恰相反，他非常重视学识和有效的智识能力所需的刻苦研究和训练。[23]他的观点是，知识分子作为社会中的一个角色分工，他们影响了人们组织和传播思想的方式。一个人的思想不是自由漂浮的和完全个人化的，而是植根于一个人在社会中所处的位置。"事实上，一般的哲学并不存在。存在的只是各种各样的哲学或世界观，而人们则总是在它们之间做出选择。"[24]不管我们是否能够意识到，这样的选择与我们在社会中的地位，尤其是与我们的阶级地位有关。

传统知识分子和"有机"知识分子的真正区别在于：一个传统知识分子认为自己是"自主并独立于统治性社会集团"[25]的人，但实际上却扮演着统治性社会集团的知识分子的角色。有时候，他们像神职人员一样，先于社会统治集团存在而后被后者吸收。在其他时候，随着社会统治集团的上升，他们就被“有机地”形成了。工业技术人员、经理人与资本主义企业家“有机地”联系在一起。无论是像天天跟思想打交道的科学家、哲学家和作家这样的专业知识分子，还是像技术人员、公证人、律师、教师甚至政党组织者这样的“工作人员”，职业不同的知识分子的共同特征是，他们都在营造观念、思想，提出足以让他人认同的理解世界的方式。

知识分子的“有机”性质取决于他们与特定社会群体的结合程度。这种结合不仅仅指阶级根源或者说他们在哪里生活和工作的问题，而是指他们所提出的观念（他们所宣扬的世界观）与他们在社会中的地位之间的关系问题。换句话说，智识活动的“有机”性质是与人们如何判定现存社会的组织方式及其在该组织中作用的合理性相关联的。这一点在教会知识分子的身上表现得最明显。他们因发誓尊奉独身主义而无法使自身得到繁衍，大多时候依靠招募农民来补充新人。但是，根据葛兰西的说法，就其宗教世界观来说，农民出身的教士并没有成为“有机的”，因为这种世界观并不是来自农民的生命活动。为了解释这一点，我们需要了解一下葛兰西关于“有机”的用法以及他对思想和行为做出的区分。

葛兰西使用“有机”一词的方式较为复杂。该词具有普遍存在于社会理论中的非机械性和非人为性含义的色彩。我们已经看到葛兰西对“总体”（“ensembles”）和“关系”（“relations”）的强调，这就使“有机”一词与一个有机体、一种器官产生了关联，所有的组成部分一起运作并产生联系。正如他对知识分子及其在社会中的作用的讨论一样明显，组织似乎成了一个关键因素。“有机”的另一个主要特征在于：葛兰西使用该术语反对的是“结合”（“conjunctural”）这个概念。他将“有机”运动和现象看作更根本的、相对而言是永久性的和结构性的；而“结合”的东西则是直接的、短暂的、近乎偶然的、不断变化的组合物。[26]再次强调，发掘出葛兰西词语的语言学根源是有所助益的。语言学术语“有机的”指向的是该词的词根或其词源结构，而不是指向次要的、附带的或偶然的部分——如用动词的变化或词尾表示词格或复数形式。

在某种意义上可以说，所有的知识分子都具有“有机的”特质，除非他们有着完全不一样的特质。在这种情况下，他们将变得缺乏影响力，也不会发挥什么作用。传统知识分子是那些隐藏起自身的有机联系、把自己打扮成独立自主的人。他们的行为看起来就像他们提出的是一个与当时的统治阶级或最有权势的社会集团没有关系的“客观的世界观”。[27]葛兰西认为，这种情形变得几乎非常常见，因为这样的知识分子能够为现状提供合法性支持，也因而巩固了社会统治集团的统治合法性。教皇可以将自己与基督联系在一起，正如职业哲学家们认为自己与亚里士多德和柏拉图是有传承关系的一样。因此，他们宣扬的理念或许不必依赖于社会中的社会性政治力量就能变得具有影响。[28]

传统知识分子通过获取一种看似由“人民群众对社会生活总体方向给予的‘自发的’认同”[29]，而巩固了“社会霸权”，在此他们扮演着调解错综复杂局面的“公务员”的角色。我们在下面将会看到葛兰西为什么会给“自发的”（“spontaneous”）一词打上引号，因为它不是简单的“自发”，而是知识分子的活动产生的结果。

至此，语言成为葛兰西思考知识分子、哲学和常识问题的核心专题。正如他在前述引文中所说：“在‘语言’中包含着某种特定的世界观……”哲学包含于“语言自身之中，语言不只是与内容无涉的语法意义上的字词，它是既定的观念和概念之总体”。葛兰西用语言的隐喻来分析组成“常识”和哲学的各种可能性——常识和哲学既是霸权概念的核心，同时它们也解释了人们为什么会认同统治社会集团的权力。

六　臣属性与碎片化的“常识”

从这些对语言的描述中，我们不仅可以看到葛兰西把语言与文化、哲学和意识形态联系起来，而且在此过程中，他还用语言对其政治理论中一个最重要的方面做出了描述：事实上，哲学不能与政治和权力的运作相分离。[30]他认为，底层社会群体——那些接受了与自身利益相去甚远的统治阶级霸权的人——的思想观念和行为之间存在诸多差异，这一点引发了最显著的政治后果。其他马克思主义者因为无知，缺乏坚毅和智慧而将意识形态理解为一种“虚假的意识”或一种欺骗。葛兰西认为，这种理解也许可以解释为何个体会持有与自身生活经验相矛盾的观点，却不能解释为什么整个一群人都持有这样的观念。

葛兰西认为，臣属社会群体也有着自己的世界观，虽然这些观念可能是胚胎性的，只能通过行动才被表现出来，而不能通过有连贯的、明晰性的思想、语言来表现。这是葛兰西发展出“臣属的”（“subaltern”）这一术语的主要因素之一。① 葛兰西对“臣属性”（“subalternity”）概念的阐释，不是通过发明新的术语，而是借助于对现有语言的思考，将这一概念从一个领域应用到更宽广领域之中的另一个实例。正如马库斯·格林（Marcus Green）所指出的那样，在葛兰西早期的狱中著述中，他使用的是“subaltern”这个术语的字面意思，意指从属于高阶军官的较低级别的军事人员。而后，他对其进行了扩展，一开始指恩格斯追随马克思[31]，最后则用来指各种非主流社会群体——不仅包括工人阶级、农民和奴隶，也包括宗教团体、妇女和各种族群体。[32]让所有这些社会团体处于从属地位的一个核心方面，在于他们都缺乏一种理解和解释世界的统一的哲学或世界观。你也可以说，他们缺乏属于自身的语言。因此，他们以“常识”的方式来工作，而其“常识”则

① subaltern，意指下层的、附属的、次要的。葛兰西用“Subaltern Classes”来指欧洲社会里那些从属的、被排除在主流之外的社会群体，最主要的是指称无产阶级。相关译法有“下层阶级”“底层阶级”“附属/臣属阶级”等。葛兰西使用该词突出强调了底层民众的顺从性、无自身独立性、无批判性思考的特征。葛兰西在《下层阶级的历史：方法论标准》（*History of the Subaltern Classes: Methodological Criteria*）一文中指出：“在定义上，下层阶级是不统一的也无法统一的。”这种认为下层阶级无法统一的特定，与马克思著名的“马铃薯比喻”有异曲同工之妙：“法国国民的广大群众，便是由一些同名数简单相加而形成的，就像一袋马铃薯是由袋中的一个个马铃薯汇集而成的那样。数百万家庭的经济生活条件使他们的生活方式、利益和教育程度与其他阶级的生活方式、利益和教育程度各不相同并互相敌对，就这一点而言，他们是一个阶级。”（《马克思恩格斯文集》第2卷，人民出版社，2009，第566～567页）不过，形成一个“阶级”并不意味着“统一”，就像马克思分析的那样，法国农民是一个“阶级”又不是一个“阶级”，尽管他们也进行起义和反抗，政府同样也镇压起义和反抗，但农民的“代表”依然是路易·波拿巴。这就是葛兰西说的：“下层集团往往受统治集团活动的支配，甚至当他们起义反抗的时候也如此。”下层阶级在政治上和文化上难逃被统治阶级所收编的命运。詹姆逊对“臣属”特质的补充说明将其内涵解释得更加明确：“臣属是指在专制的情况下必然从结构上发展的智力卑下和顺从遵守的习惯和品质，尤其存在于受到殖民的经验之中。”正是为了克服这种潜在革命主体的内在缺陷，葛兰西在发展出“臣属”这个概念的基础上，构想出了夺取“文化霸权”的“文化革命”战略。关于对“subalternity”概念的进一步了解，可参见罗岗《“主奴结构”与“底层”发声——从保罗·弗莱雷到鲁迅》，《当代作家评论》2004年第5期。——译者注

是各色传统知识分子——与社会中有着不同经验、居于不同地方的其他社会团体产生有机联系的知识分子——所阐发思想观念沉淀出的一种零碎物。臣属群体的思想和信仰系统不仅是零碎的，而且这些思想信念与他们自己的生活经验也明显不相符合。

再次，另一段长文值得引述：

在获取自己的世界观的时候，人们总是从属于一个特定的社会集团——这个集团中的各个成员分享着相同的思维方式和行为模式。……当一个人的世界观并非批判性和融贯一致的而是支离破碎和片段式的时候，他就同时成为一个多样化大众集团的附属物。性格是一个奇妙的混合物：它既有石器时代的成分，较发达的科学原理，来自一切过去历史阶段中的限于地域层次的偏见，也有相信全世界人类将得到统一的有关未来哲学的直觉。所以，世界观的自我批判，就意味着使之成为一个融贯一致的统一体，并把它提升到世界上最高层次的思想水平。所以，它也意味着对一切既往哲学之批判，因为它们在民间哲学中留下层层积淀。这种批判性的阐释以“我是谁”的意识为出发点，以“认识你自己”——迄今为止在身上留下了无限痕迹，却没有留下详细清单的历史进程的产物——为出发点。首先有必要着手去理出这样一个清单了。[33]

这是葛兰西对意识形态和意识分析做出的最重要的贡献之一。臣属性和统治不单是指对身体的支配、权力和对资源使用的完全控制。它们还由无力制定一种连贯一致的世界观，一种与自己的生活和社会地位相连的“自发的”哲学组成。这不仅构成了统治的一个不可缺少的组成部分，也成为防止下层群体能有效抵抗身体统治和反对他们行使权力的一个关键因素。

跟随马克思关于异化的讨论之后，葛兰西重点着力于探讨思想与行动之间的差别。他说：

这种思想和行为之间的对比，例如，两种共存的世界观——一种仅

> 停留在语词之中，另一种则在实际的行动中得以呈现——就不再是一种自我欺骗的产物。对于一些被孤立起来看待的个体，甚或对于一定规模的集团来说，自我欺骗可能成为某种行得通的解释。但是，当大众生活中出现两种世界观的这种对比时，自我欺骗的方式就再难以为继了。在这样的情况下，思想和行动之间的对立只能是一种社会历史秩序的深刻对立的表现。[34]

由于这些底层集团往往没有为自己代言的知识分子，他们从属于霸权地位的社会群体，并从后者那里借取并使用了本不属于自身的观念。[35]这些观念必然是“消极的”。[36]因为底层集团成员没有主动地去参与创造或批判性地去估价这些指导他们生活的哲学。他们仅仅是接受这些东西，而苦于承受着他们的行为和其想法之间持续的不连贯和冲突造成的后果。

让我们以不断支持工人阶级获得财产权利这一具体例子来说明这一点。财产所有者认为，保护私有财产，并能任意处分它而不用担心失去价值的权利至关重要，其原因不言自明。但是，如果几代人都无法积攒大量财产，他们怎么会产生要尊重财产权的要求呢？为什么在阶级流动方面几乎没有实际经验的人，却能成功地依托私有财产作为他们自身所理解的“自由”的支柱呢？例如，实现拥有自己房子的“美国梦”。另举一个例子，为什么会有这么多人，尤其是工人阶级，支持意大利和德国的法西斯和纳粹呢？如果说人们是因为被像希特勒和墨索里尼这样的邪恶天才所欺骗、愚弄的话，那么葛兰西是拒斥类似此种简单化解释的。这一再成为以下现象的主流解释：被用来说明为什么处于压迫政权之下的人民没有起来反抗极权主义独裁者——不管他们是伊迪·阿明还是萨达姆·侯赛因。当自由主义者往往侧重于残暴独裁者的个人因素的时候，马克思主义者则更倾向于认为，我们应该对这样一些残酷的个人如何能够在其他潜在领导人的挑战面前赢得权力给出言之成理的解释。当然，这种忽略群众在独裁者如何获取权力过程中作用的说法，也暗示了群众或者说是软弱的，或者说是缺乏智慧，又或没有能力去引发任何实际的效果。在所有这些不同独裁政权所共有的几个为数不多的特征中，其中之一就是对于大多数人来说，他们皆非善类（good）——对这个“善”

的理解，可以是除雅利安人或民族主义者幻想之外几乎任何关于“善”的定义。那么，即使希特勒和墨索里尼根本没有给一般民众提供什么实际利益，为什么还会有这么多的人支持他们呢？葛兰西提出了一种更为综合化的分析方法，即不仅考虑到这些孤立的观念、财产权利或独裁政权，而且把他们所参与的整个思想体系，以及与之相伴的整个世界观也考虑在内。

由于价值观和思想观念与各种利益关系并不是脱离的，并且是意识形态的组成部分，所以它们必须以一种更加整体的方式予以清算。葛兰西对意识形态的探讨补充说，这些意识形态不仅仅是指知识分子提出的种种观念，还从创造和支撑它们的各种制度、组织和生命活动中衍生出来。根本的信念和价值观可能是不明确的或没有被意识到的。正因为如此，马克思主义对资本主义或法西斯主义提出的批判是不够的。一群从未在工厂工作过或被剥削过的传统知识分子将难以说服工人，他们的（知识分子的）世界观在任何方面都是优于资本家世界观的——后者的观念与世界是怎样实际地运转的看起来反倒是一致的。类似这种“传统”的马克思主义知识分子既没有制度上的支持，也欠缺生命活动的支撑，从而无法提供一种有效的选择。葛兰西认为，对大多数人来说，马克思主义者的观点看起来似乎逊于掌握霸权者的世界观，因为这是一个资本主义世界观所塑造的世界。

葛兰西的霸权概念在马克思主义理论中提出了类似的问题：如果资本主义对劳动人民是有害的，为什么劳动人民仍然要继续投票支持资本主义的各党派呢？此外，正如马克思主义的修正主义者爱德华·伯恩斯坦（Eduard Bernstein）在1899年所说的那样，如果马克思所说的是正确的——伴随工人阶级的不断增长，工人阶级将注定成为大多数（或者说是最大的少数），那么为何不等着投票进入共产主义呢？[37]虽然弗拉基米尔·列宁和罗莎·卢森堡批驳了这种修正主义的具体缺陷，但这场涉及20世纪大部分时期的争论最为紧要的一面就是意识形态。

葛兰西关于意识形态的解释路径比“虚假意识”的说法显得更为通达，原因如下：首先，它使我们能够对人们如何决定他们各种各样的并时常相互冲突的想法、价值观和行为的复杂性进行分析。那种认为广大人民群众只不过是因为被愚弄和因为缺乏智识而无法感受“马克思主义之光”的说法，是一种对问题极其简单化的理解。这种说法恰恰将那些葛兰西式的因素掩盖了起来。而他的观点对于了解人们是怎样产生对统治的认同以及人们对生活和政治采取了怎样的价值观和态度是很重要的。这些因素包括宗教观念和宗教机构，教育系统、民俗、家庭结构、传统以及葛兰西一般所称的“常识”。此外，作为生活在利己主义社会中的个体，很难认为反对现状和那些可使他们的生活得到改善的价值观和权利是每个人的“真正”利益所在。

七 语言、民族、大众集体意志

除了说明语言是“自发哲学”寓居的三个场所之一外，葛兰西还明确地把语言研究与他对霸权及其相关因素、知识分子的作用、文化和民族—大众团结的关系联结了起来。他提出，要研究知识分子与“人民—民族”（people-nation）在语言方面，特别是拉丁语与中世纪意大利方言两者之间张力的关系。[38]正是从拉丁文学和意大利语方言之间的差异中，葛兰西推论出：“人民和知识分子之间、人民和（高等）文化之间是分离的。”[39]这种分离成为他区分出传统知识分子和有机知识分子并发展霸权的根源。正如他写道：

> 我感觉到如果语言被理解为一个文化元素，也因而就是普遍历史的元素，以及知识分子的“民族性”和“大众性”的一个明显证明，那么对（意大利语言史）的研究将不会是无意义的或者仅是学术性的。[40]

他在将对语言考察与霸权概念联系起来的时候，特别重申了这个观点：

> 语言问题的每一次浮现，在一种或其他的意义上，意味着一系列其他问题的涌现：统治阶级的形成与扩大，在统治阶级和民族—大众之间建立更紧密和更稳固的关系，换言之就是要认识文化霸权。[41]

因此，语言是霸权的一个重要组成部分。这一点对费米纳关于霸权类型以下的这种区分是十分重要的：作为获得大部分人认同和承诺的“整体的霸权”与适用于特定宗派或社会团体而未获得积极大众承诺的“堕落的和最小的霸权”。

葛兰西不遗余力地阐释其“语言”概念（并经常把它放在引号里面），如“在语言中，包含着一种特定的世界观……”在另一些地方，他重申这一观点，强调语言与理解和思考是紧密相连的，这包括缺乏特定语言知识会受到怎样的局限：

> 如果说每一种语言的确包含着世界观和文化的成分的话，那么，也就确实能够从一个人的语言中估量他世界观的复杂性的大小。某个只讲方言或者对于标准语言不甚知晓的人，则与之相联系的，比起在世界历史中占统治地位的主要思潮来说，是或多或少狭隘的、地方性的、落后的和不合时宜的。[42]

葛兰西不仅在技术意义上界定语言，还把语言作为一种分析工具来研究不同的世界观、不同的哲学。和语言一样，我们的“自发哲学”既不是绝对融贯的，也不只是任意的毫无联系的观念集。“‘语言’实际上是一个包含多样化因素的事实，这些因素或多或少有机衔接着和协调着。”[43]正是在这个意义上，葛兰西认为，我们甚至可以说，语言实际上就是“文化和哲学（如果只在常识的层面上说）”。[44]

我们在下一章中将要看到，葛兰西的一个重要的见解是，人们的愿望、价值观和行为都与社会的制度安排有关。因此，葛兰西把他的霸权概念与国家和市民社会的定义联系起来。问题是，广义上定义的这种组织化的认同或者说这种智识和道德的领导权，是在社会内部形成的吗？政府的行为所创建的霸权是狭义的霸权界定吗？如是后者，它包括司法系统、警察部队、儿童和家庭服务机构、福利机构等机构的运作吗？它包括公立学校、私立学校、教堂和宗教机构、私人俱乐部和协会吗？它会在我们的工作场所、工厂楼宇和办公大楼里发生吗？在大众传媒中存在吗？

当然，对这些问题的回答，在不同的社会、历史的各个时期都会有很大的不同。葛兰西的回答是，在与较早一个时期的欧洲其他国家和俄国相比较的基础上，主要是针对20世纪初期的意大利而言的。我们可能会问，葛兰西的答案在21世纪对我们来说会有怎样的启示，尤其是就意大利之外的情形而言？答案是葛兰西为类似问题的提出，提供了一系列概念和框架。也就是说，他并没有为我们提供一个特别实用的理论或分析，而是向我们展示了一种非常强有力的方法、一种分析的过程。

基于这些原因，语言成为葛兰西论证文化和日常哲学对政治分析重要性的一个强有力的因素。意大利的语言情况（已在第二章中讨论）是葛兰西论说文化、世界观和霸权的一个有用的隐喻。也就是说，说不同方言的人，看待世界的方式也是不同的。这种语言差异沿着意大利南北分界线分布，与经济、社会和文化差异相似。意大利北部工业化地区的方言相对彼此接近，但与南方的方言则有巨大的差异。不过，除了这些方言差异之外，还存在被强制推行的一种国家标准语的状况。这种标准意大利语是以北方佛罗伦萨方言为基础的。虽然方言和民族共同语在语法和词汇上有一些相似点，但它们之间存在的巨大的差异仍使它们难以互通。但是，和意识形态一样，使用“标准化”意大利语并不是改变个别语词的问题。“标准化”是采用全新的词汇体系和一种新语法的进程。它带来的实实在在的好处是能帮助人们读懂报纸、书籍，听懂在20世纪20～30年代兴起的广播——它为人们带来了所在区域之外的观念和信息。但是，“标准意大利语”也给那些没有学过它的老年人造成了困扰，让他们难以理解年轻人，也难以在社区里维持一种延续感和传统感。语言成为现代意大利民族统一的强大象征，也是意大利北部工业化和城市生活的影响或支配地位的象征。

八 语言与隐喻

我一直认为，葛兰西将语言用作社会和政治关系的隐喻。正如我们将在下文中所看到的那样，虽然他从未明确指出，但他的第29个笔记本提出的语言结构，特别是不同语法类型都是对霸权的隐喻。仅凭这个理由就足以说明开展隐喻研究的重要性。提出隐喻问题还有另外一个相关的也更为重要的原因——葛兰西把语言视为一种隐喻的过程。我们在第一章讨论过，正如索绪尔和维特根斯坦那样，葛兰西反对将语言视为命名的模型。相反，他们三者都把语言看作一种意义生产的系统或过程。他们也都认为，意义不是主要通过个体语词和非语言对象或观念之间的关系产生的。相反，他们认为意义是通过言语中的词和其他元素（可以是比词更小的单位如音节，也可以是比词大的单位，如短语、句子等）之间的关系在语言自身中产生的。

为进一步阐明葛兰西对语言的理解，我们将从下面这段引文开始：

> 整个语言是一个连续不断的隐喻过程，语义学史是文化史的一个方面；同时，语言既是一种活生生的东西，又是生活和文明的化石博物馆。[45]

当葛兰西说“语言是隐喻性的”时，意味着什么呢？当然，这里存在如下一种区别：被作为隐喻来使用的和作为一种对较抽象自发哲学原理的描述方法的语言，不同于本身借助隐喻过程来运转的语言——借此，语词、短语和习语“代指”或指向其他事物。在葛兰西那里，这个过程在多大程度上依赖于隐喻及其意义之间的相似性呢？此外，什么样的事物构成了这个“其他事物”呢？它们是现实客体，还是概念范畴？甚或是其他语词、短语和习语呢？

使用语言作为政治分析的隐喻，是因为它替代了或象征了思想和行为在政治领域的运作方式。语言本身是不是在用一种隐喻的过程来运作，和语词、语言结构，代指对象、观念或其他语词是两个即使相关但并不相同的问题。葛兰西鲜明的观点是，语言是可以作为政治分析的一种隐喻的。但他对第二个问题①的回答则较为复杂并附有条件。在某种重要意义上，他认为所有的语言都是隐喻性的，但我们必须小心看待隐喻的意指。正如我们在第五

---

① 原著并未明确指出何谓第一个问题，何谓第二个问题。经与作者求证，第一个问题是：语言是怎样被用作政治关系（如霸权）的一种隐喻的？第二个问题是：语言本身是怎样以隐喻的方式——一词作为其他词的喻指——来运作的？——译者注

章中将要看到的那样，在葛兰西去世后，在“语言转向”和后现代主义兴起的背景下，这两个问题都变得重要了。

葛兰西在对布哈林的批判中曾涉及这些问题。布哈林作为苏联重要的理论家，曾在1921年出版《历史唯物主义理论——社会学通俗手册》。[46]这本书旨在普及马克思主义理论。布哈林讨论了应如何看待马克思和恩格斯关于他们发展的是一种“内在的”（“immanent”）哲学的观点。布哈林认为，“内在的”这个概念很容易被误解为意指上帝存在于物理或世俗世界的“内在性”（“immanence”）这个有宗教背书的概念。他认为，即使是在康德和黑格尔所论述的形式上，马克思和恩格斯也不可能接受这样一个概念。显然，根据布哈林的说法，字面意义上的“内在性”概念构成了马克思主义批判唯心主义者和资产阶级哲学——它们将神秘的、宗教的或形而上的上帝的概念引入我们的世界观之中——的关键所在。在解释马克思和恩格斯为何会使用“内在性”时，布哈林认为这个概念只是一种隐喻的说法。[47]

葛兰西并不满意布哈林肤浅的观点，他提出了这样的质疑：为什么有一些概念在“隐喻性”的用法上被保留下来，而另一些则被代之以新的词语呢？葛兰西想知道，就像布哈林所理解的仅仅认为这些概念纯粹是隐喻性的，就足够了吗？这难道不是锁闭了对马克思、恩格斯自身用法的探讨，而止步于对黑格尔和康德概念的变换吗？葛兰西对布哈林的决定论和非辩证的思维进行了批判。布哈林所理解的马克思主义不仅没有认识到马克思所受的影响，尤其是受到黑格尔的影响，而且使马克思主义也远离了马克思本人对黑格尔思想的批判和借鉴，布哈林由此制造出的是一个完全停滞的和经济决定论版本的马克思主义。葛兰西要求对“内在性”这个全新的马克思主义概念进行更深入的领会。他描述了“内在性”概念的发展历程，认为：“（内在性）是由德国古典哲学提出并从其思辨形式中转译而来的，后又借助于法国政治学和英国古典经济学，它又有了历史主义的形式。”[48]因此，在葛兰西对布哈林“极端决定论的马克思主义”的知名批判中，他既使用了语言学的“翻译”概念，也使用了他通过研究政治哲学领域的语言学而熟知的语言学方法。他尤为关注概念和术语发展的由来——它们是从哪里借用来的？它们是如何被改变的？正如我们在第二章中所见，这正是巴托利的新语言学的方法。

在批判布哈林的过程中，葛兰西发表了上文所引述的观点，即语言是一个连续不断的隐喻过程。意义通过用语词来“代指”或表征通常用不同术语来表达的观念而产生。因此，需要对布哈林所称的马克思和恩格斯“隐喻性”地使用了某些特定的概念，做出进一步阐释。葛兰西以 *disastro*（disaster，天灾）一词为例来阐明这一点。在词源学上，*disastro* 原指星宿异位的现象，但如果我用它来指涉地震时，没有人会责难我相信占星术。星宿异位由此成为对“灾祸”（calamity）或“灾难性的”（devastating）事件的一种隐喻。因为被剥离了其原本意义而只保留了一种意义，“disaster”一词的字面意义就变成了一个隐喻。① 但是，不管是使用“disaster”这个词还是去理解它，都不需要言说者和听者知道它的历史。更有，“disaster”几乎就是 catastrophe 或 calamity 的同义词。“catastrophe”和“disaster”之间的细微差别（无论是“catastrophe”被视为比“disaster”更为严重的灾难，还是说“disaster”通常用于描述“自然事件”而“catastrophe”适用于描述属人的情形），都已经跟占星术中“disaster”的最初起源没有什么关系了。

然而，在语言学研究中深受巴托利影响的葛兰西认为，我们不应该忽视“disaster”在占星术、异教和民俗中的根源，否则就会犯布哈林在理解马克思“内在性”用法时所犯的错误。这些根源证明了现代文明是如何从早期和对立的观念中发展出来的。正是因为这样，葛兰西说：“现在的语言，在所用的语词具有先前文明时期的意义和意识形态内容方面，是隐喻的。”[49] 这成为理解他总的语言观的一个关键之点。他认为：“在涉及事物物质的和感性的（或抽象概念）方面，我们不应该将语言视为隐喻性的。”[50] 也就是说，当一个词代替了（或通过相关方式创造意义）一个给定的对象或观念时，语言在这个意义上并不是隐喻性的。语言并不是专门对非语言实体的——不管是对象性的还是观念上的——一种命名。[51]“灾难”（“Disaster”）

① 指“disaster”这个词所代表的概念已失去了它原指“星宿异位”字面的意义，而保留了它“灾难”的意思，现在它的含义与“灾祸”（catastrophe）基本同义（disaster 一般指自然灾难，catastrophe 一般指个人的不幸）。相比于其原初意义，disaster 现在的用法就是一种隐喻的或扩展意义的使用。——译者注

或“玫瑰”（“rose”）既不是对星宿位置或对象，甚或关于一个花种观念的隐喻，也不是对它们的一种简单指称。语言不是通过建立一种语言世界和非语言世界的对象、观念之间的简单关系来创造意义的。葛兰西反对“每一个命题必须符合真理及如实反映”的观点。[52]我们将在第五章看到，这成为葛兰西认识论的核心特征，他拒斥那种被他称为“所谓的外部世界的实存”。

葛兰西与索绪尔的不同之处是：前者借助隐喻过程产生了对历史作用及语言发展的相异见解。索绪尔的语言学似乎否认了历史的重要性，只是将历史语言学归入由共时语言学占主导地位的（语言）学科的一个分支。作为对后结构主义和其他对结构主义批判的先声，葛兰西认为历史和语言中的历史遗迹对于权力、威望和霸权的运作是首要性的。他强调，意义是通过语言接续之前的含义并在隐喻的发展道路上产生的——新的意义在不断发展的过程中取代了以前的意义。

葛兰西对“内在性”概念的讨论是通过我们在上一章所发掘出的语言观而进行的。他写道：

> 新的“隐喻的”意义随着新文化的传播而传播，而且新文化还制造出全新的语词，或者把它们作为外来词从其他语言中吸收过来，并赋予它们一个准确的含义，从而把它们在原来的语言中所具有的广泛光晕剥离出来。对于许多人而言，“内在性”一词或许只是在实践哲学所赋予它的新“隐喻”义基础上，才第一次被知晓、理解和使用。[53]

通过对“内在性”的讨论，葛兰西说明了他的语言学方法对于哲学，特别是对于霸权的重要性。这一点可见于他所著的如下讨论中：

> 语言是通过新阶级带来的文化，以一种民族语言对其他语言行使霸权的方式等，随着整个文明的变化而变化。它只不过是以隐喻的形式吸收先前文明和文化的词语罢了。[54]

当某些马克思主义评论家批评索绪尔、结构主义和后结构主义不再强调语言具有指称（符号学中称之为指涉物）物质对象或观念的作用时，葛兰西是不赞成的。相反，葛兰西的马克思主义霸权观与索绪尔的语言观在此方面是充分契合的。第四章和第五章将通过进一步对葛兰西认识论的描摹，对这种语言观做出论述。但是，在朝这个方向前进之前，我们必须首先考察葛兰西关于不同语法类型的具体讨论，这为他的霸权观提供了至关重要的见解。

九　语言结构

从本土文化的重要性、“自发哲学”，再到它们怎样与民族文化和官方哲学或主流世界观联系起来等各种问题的讨论，葛兰西在对语言用法的理解上，没有只把它视为一种一般性的隐喻。在葛兰西于狱中着手写作的最后一本重要的笔记中，他开始筹划更为具体的、可被理解为构成霸权隐喻的语言学概念。我们将在下文中看到，这种语言学版的霸权是与葛兰西的其他主要概念联系在一起的，即市民社会、国家和历史集团，这些主要概念同样构成了他政治霸权理论的组成元素。

本书在前一章已说明：葛兰西阐释了语言的用法是怎样受到市民社会中国家行为和非国家行为的影响。我们看到，当葛兰西认为意大利需要一种民族标准语时，他既拒绝了“人为”创制一种类似世界语的语言，也反对曼佐尼采纳佛罗伦萨语并将其推行到意大利其他地区的现实官方政策。那么，葛兰西的解决方案是什么呢？他认为怎样才能也理应采取何种做法去创造一种民族语言呢？他的方法和曼佐尼的方法或世界语的方法有何不同呢？

这些问题之所以是决定性的，是因为葛兰西把语言看作政治的一个关键要素，更重要的是对于我们的目标而言，他在对“语言问题”的另一种解答中，将他所批判的资产阶级维系其统治方式的霸权类型（即费米纳所称的最小或堕落的霸权）和他向意大利共产党倡导的霸权形态——反霸权（即整体的霸权）加以了区分。在理解葛兰西的政治理论过程中最为紧要的一点是，要认识到他使用的“霸权”不仅是对不同情境和筹划的描述，而且更重要的是，他只支持其中的一部分筹划，而对另一部分持批判态度。

十 霸权的两种语法

葛兰西发展出了有助于我们理解霸权的两个核心概念：“规范语法”（“normative grammar”）以及被他称为可相互替代的“自发语法”（“spontaneous grammar”）或“内在语法”（“immanent grammar”）。我则将后一核心概念定名为“自发语法”，以与上述讨论过的自发哲学相对应。不过，我们不应该忽视这种语法形式和上文简要介绍到的葛兰西对“内在性”所做讨论之间的联系。显而易见，他将“自发性”等同于“内在性”。“自发的”一词，是由托马斯·霍布斯引介入英语中的，它本身源于拉丁语 sponte（意为“自身自由意志的”），指的是自愿行为，而不是因恐惧被胁迫、被劝诱而实施的行为。上文讨论的“内在性”这个概念为“自发的”增加了来自内部而非受迫于外部的自由意志的观念。葛兰西应用这些概念来对某种语法类型——通常被认为是应遵循的外部规范——做出具体的规定，这一点值得注意。正如我们将看到的那样，他对这种自发语法与规范语法关系的辩证理解，为我们揭示出了霸权基本动力学的一面。

十一 自发语法

葛兰西所提出的“自发语法”，意指那些在言说时没有意识到、仿佛是自然的而被我们遵循的范式。“语言自身存在‘内在’语法，当言说者‘据此语法’言说时他本身是不清楚的。”[55]他并不认为我们可以离开这种语法进行言说。相反，葛兰西指出：“一个人‘总在’学习语法（通过模仿他所欣赏的榜样等方式）。”[56]与克罗齐对语法的狭隘定义——语法学家通过分析语言的构成规则并以此规定恰当的言说的方式——不同，葛兰西认为，即使没有被意识到的语序与语言范式也是有意义的，并命名为“自发语法”。这种语法与现代语法学家所称的“描述性语法”（“descriptive grammar”）类似。这也让我们联想起了乔姆斯基的“生成语法”（“generative grammar”）①，不过，葛兰西会反对乔姆斯基所称的语法是“固有的”“普遍的”，或其他生物学等方面的内容。相反，这些范式和结构不仅在各种文化中历史性地存在并随之变化，也存在于社会中的不同社会群体和个人之中。“内在的或自发的语法”其数量是不可胜数的，从理论上来讲，可以说每个人都有他自身的语法。[57]

在讨论自发性、真诚性、纪律和顺从主义之间的关系时，葛兰西对个体自发程度的局限予以了澄清：

> 即使是在特质的意义上（在此，独特性指方言、习语），真诚性（和自发性）意味着最大化的个体主义。个体区别于其他社会存在最为显著之处在于他有历史独特性，没有这种特质，他就是一个“愚人”（“idiot”）（尽管在词源学意义上该词接近于普通和粗俗的意义）。[58]

葛兰西所称的“idiot”，其希腊语词根是 *idios*，意为“私人的”或“自身的”。因此他认为，个体主义、自发性和真诚性只有在接受规范化后，在去除仅仅是属己的或特殊癖性以拥有社会关系后，才是有意义和有价值的。因此，我们不能简单地认为个人主义或自发性就是个体“自由的选择”，或者将其等同于以赛亚·柏林（Isaiah Berlin）知名的“消极的自由”概念。[59]但是，我们又该如何理解葛兰西在此语境下所说的“社会存在”呢？“有规则的自发性”（“disciplined spontaneity”）如果不是一个矛盾用词，又该如何理解呢？

我们可以在葛兰西对另一种语法形式，即“规范语法”的讨论中找到答案。他所说的规范语法与我们通常所理解的语法概念非常接近，意指人们遵循的、使言说无误、被意识到的规则。这也是克罗齐在讨论语法以及语法

---

① 乔姆斯基认为，大多数语法并不是由交际功能而产生的，也不是简单地从环境中习得的，而是人类先天就有的一种语言机制。儿童被假定为天生具有适用于所有人类语言的基本语法结构的知识。这种与生俱来的知识通常又被称为“普遍语法”。——译者注

与逻辑、美学之间的差异①时所提到的观点。[60]“规范语法”与现代语言学家所称的“规定性语法”（“prescriptive grammar”）相仿。

十二 规范语法

规范语法的名称来源于巴黎近郊的波尔·罗亚尔修道院（Port Royal des Champs）詹森主义者于1660年出版的语法书。它原本是通过解释语言结构以帮助人们更容易地学习语言的一种教学用书。在所有的语言都分享着“普遍的语法”理念的指引下，该书的目的不是教人们怎样使用语言，而是告诉人们语言理应怎样被使用。

索绪尔指出，《波尔·罗亚尔语法》是他坚持语言学必须从“共时角度”来研究的先驱。[61]正如第二章所阐述的那样，根据索绪尔的说法，意义不是由词的历史或由词与非语言领域的物理对象、概念观点之间的关系产生的，而是借由语言的共时结构和单个词、短语、语音、句型在这个结构中占据的位置而产生的。对这些观点，葛兰西与索绪尔的看法是一致的。也正是在这个意义上，葛兰西用照片中的影像来定义语法。[62]根据索绪尔所采取的共时性方法，语法就如被“冻结”在时间中的相片。

由此，这也成为葛兰西赞同索绪尔语言学的第三个方面。加上这最后一

---

① 克罗齐同意德国语言学家施坦塔尔（Heymann Steinthal，1823～1899年）对逻辑和语法的区分：一个句子语法上是正确的，它在逻辑上仍可能是荒谬的。克罗齐引入了一个施坦塔尔所提供的具体语境：“某人接近一张圆桌说：这张圆桌是方的。文法学家不会说什么，感到相当满意。但是逻辑学家喊叫说：荒谬！”克罗齐谈论语法的前提或特点是他将语言和美学混为一谈，在斯坦塔尔之外又引入美学判断问题。他认为这个句子说明逻辑和美学与任何类型的规范语法都是不同的。语法不是像美学或逻辑那样是一个哲学概念，语法只能树立规则并判断这些规则是否被遵循，但人们不能仅通过这些语法规则给出一个可接受或不可接受的判断。语法分析不能决定一个类似“这个圆桌是方的”这样的命题是否是一种正确的语言表达，人们只能说它是合乎文法的而不能说它是合乎逻辑的。“逻辑形式虽然不能离开文法（审美的）形式，而文法形式却可离开逻辑形式。”“如果要有一种规范文法去定出正确的语言规律，从科学观点看，这就是一个错误的观念。”总之，克罗齐将语言视为一种在语法之外需要一个完全不同的哲学分析方法的表现方式。克罗齐在语言、语法问题上的观点可参见克罗齐《美学原理·美学纲要》，朱光潜等译，人民文学出版社，1983。——译者注

点，我们就可以列出葛兰西和索绪尔之间的三个基本共同点。

其一，他们都拒斥对语言的纯历史性研究。这种历史性研究将语言现象作为个体单位来加以分析，以此追溯它们的历史发展过程。而葛兰西、索绪尔主张语言学家应弄清言说者是怎样通过语言理解并建构语言意义的。也就是说，言说者应能区分出发音相似但意义不同的词，并将发音不同但意义相似的词联系起来。他们两个人都认为，在言说者这样做时，人们并不需要知道词语形式的历史沿袭——这种历史研究一直是20世纪初期语言学主要研究方法的关切点。

其二，两个人都反对将所有语种看作命名法。该理论认为，语言基本上是象征非语言事物——无论是物理对象，还是属性、观念——的集合。

其三，他们认为，意义是在语言共时性运转的各要素之间的关系中产生的。一般来说，词和语言的历史一般是常被遗忘的和没有被意识到的。

葛兰西对“规范语法”的发展，在波尔·罗亚尔学派或其他传统规范语法的观念以及索绪尔的共时语言学之外，贡献了两个独特的价值。第一个是他扩展了规范语法的范围，使之囊括了我们如何正确地使用语法，或者说为显示社会差别，说什么才是得体的、合适的，从而表明不同言说者之间的权力差异。第二个是他将规范语法与历史联系了起来。并且，葛兰西是通过将规范语法和自发语法关联一处，而提出了以上两个观点。

葛兰西拓宽了“规范性”或“规定性语法”的一般概念：

> 每一种语言除了有“内在（自发）语法”外，还事实上（即使是非书面语）存在一种“规范”语法（或不止一种）。它由相互的检视、相互的教导、相互的“审查”构成，既可以表现为这样一些的问题，如“你刚才说的是什么意思？”“你说的意思是？”“你说明白点”等，又可以表现在模仿、调笑中。整个复合的行为和反应一起造就了一种对语法的顺从，并就此也建立了“规范”或对正误的判断。[63]

因此，他的规范语法的概念中包含了该语法如何形成的社会过程。在大多数语言学家只关注构成规范语法的各种规则时，他则通过扩展到那些不太成文的规则以及它们在日常语言中被运用的方式，从而把不那么正式的使用过程囊括其中。从波尔·罗亚尔学派、传统语法和索绪尔的角度来看，在一种既有的语言中不可能有一个以上的规范语法（或共时结构）。但是，对葛兰西来说，在吸取了他的语言学教授巴托利的观点后，语言的内在矛盾性是其最根本的特征之一。

此外，对于传统语法学家来说，规则是通过一些逻辑的、自然的或传统的标准来设定的。它们的社会根源，包括教导和审查是不会被考虑在内的——在把这一过程描述为“审查”和“教导”时，我们应该记住，葛兰西并不一定对此过程持谴责态度，他也不反对这种权力关系。

葛兰西在余下的段落中，指出了此种规范语法是怎样自发发生的：

> 此种遵从语法的“自发”表现必然是不连贯的、不可持续的，并被局限在本地社会阶层或本地中心区域（一个移居城市的农民因受到城市环境的压力最终遵从了都市的话语；在乡村，人们试着模仿城里的言谈；底层阶级试着像统治阶级和知识分子那样说话；等等）。[64]

在这个段落里，葛兰西将自发语法、规范语法的概念和巴托利关于语言影响力的观点联系了起来，最终也与阶级、知识分子和霸权这些政治问题联系了起来。

葛兰西规范语法的第二个独特之处还在于它不是与历史相分离的，相反，它是建基于历史之上的。但是，这一与历史的关系往往是言说者意识不到的。所以，当葛兰西以照片中的影像为喻来界定语法的时候，他指出这样的照片是“历史上形成并不断发展起来的民族（集体）语言的一个特定片段”。他提出一个他和索绪尔产生分歧的问题：“拍这样一张照片的目的是什么？是记录历史文明的一面还是改变文明的某一面？”[65]索绪尔的回答是前者。他认为，拍照片是为了科学地记录文明的某一方面。他认为，语言的共时性或被冻结的照片——他称之为“作为一种结构化系统的语言”——是提供科学和客观（本质上也是无关政治的）语言知识的唯一途径。[66]作为一种客观科学，索绪尔的语言学无力解决这张被冻结的照片是怎样改变人们的行为，以及在其中蕴含着怎样的社会权力结构这类政治问题和道德问题。

葛兰西对此有不同的回答。这种被冻结的语言图片从来都是一种具有政治效应的道德判断。与马克思《关于费尔巴哈的提纲》第十一条所说的"不仅要解释世界，更要改变世界"① 一样，葛兰西也认为，这样的语言学照片的意义是改变世界。这一观点看起来与我之前所说的葛兰西和索绪尔都拒斥历史语言学家（特别是新语法学派学家）的方法有矛盾之处，但他们都同意言说者不用知晓其历史就可以使用语言，因此言说者是用共时的方式来创造意义。葛兰西强调语言中的历史痕迹经常是被遗忘的，并在隐喻的历史进程中被无意识化、碎片化。但是，这个过程是社会性的，并依赖于不同言说群体的权力差异。由统治阶级所主导的底层阶级的生活（及思想）最易于陷入此种碎片化和遗忘的进程之中。当索绪尔利用这一点通过对共时语言学的推崇和系统性的研究，而将此种历史贬黜为语言学划界中的一个分支领域时，葛兰西则认为，借由语言、常识哲学、意识形态和世界观来运作的权力关系，被语言使用、研究中的纯粹共时语言学方法掩盖了。

因此，在葛兰西看来，包括索绪尔在内的传统知识分子只是在试图描述语言如何运作，或在试图描述那些规范语法（以一种客观的和非政治的方式）的规定是什么样子的，从而否认了语言学是一种有关政治的活动：

> 但是，很明显，对于一个撰写规范语法的人来说，不容忽视的语言史是：当他希望以一种"有机的"和"总体的"方式，提出"唯一"值得成为一个民族"共同"语言的"示范时期"时，这个"示范时期"与其他已经存在的"时期"、类型或方案是相互竞争和相互冲突的……语言学的现实正像任何其他历史事实一样，不可能有严格的民族界限，历史总是"世界史"……[67]

---

① 原文如此。2009 年版《马克思恩格斯文集》第 1 卷第 506 页《关于费尔巴哈的提纲》一文的规范表述是："哲学家们只是用不同的方式解释世界，而问题在于改变世界。"——译者注

葛兰西在这里已预告了许多后来出现的对结构主义和对索绪尔的批评——索绪尔试图将对语言的共时科学研究从言说（或写作）和创造此种语言结构的实践中分离出来。

在描述一个人怎样通过选择自发语法作为典型或规范来著述规范语法时，葛兰西既指涉的是曼佐尼的标准化意大利语的方法，也指涉对下述关系的描述：语言中异质的、零碎的和未被意识到，并缺乏体系的样式和同质的、典籍化的、有意识地界定语言应该怎样被使用的语法之间的关系。在葛兰西看来，规范语法并非来自社会以外的一些自然或逻辑的过程及其张力所导致的。相反，规范语法是通过对某些自发语法的体系化、编纂化和合法化而产生的。当然，在这样一个竞争性的过程中，许多（如果不说是大多数）自发的语法通常会变得不合法并受到压制。

总之，葛兰西（与索绪尔、克罗齐等人不同）坚持认为，“规范语法”不是通过诉诸逻辑、自然或一些非政治传统而产生的，而是通过对“自发语法”的政治选择产生的。规范语法是对一种或多种自发语法有意识地组织化和编纂化得来的。这一点占据了规范语法和自发语法之间辩证关系的一半内容。但是，对于葛兰西来说，自发语法又是从哪里来的呢？

十三　自发语法的规范化历史

在第29个笔记本中，尽管葛兰西提示了关于自发语法起源问题的一种可能解释，并且这个解释也符合他在其他地方对“自发性”的描述，但在此笔记本中他并没有对这个问题给出一个直接的答案。在讨论“规范语法”与语法史的关系时，他写道：

> 我们正在处理两个在某种程度上截然不同的事情，比如历史和政治，但是它们不能被认为是各自独立的，不只是政治和历史是这样。此外，由于作为一种文化现象的语言研究是出于政治的需要（或多或少是有意和自觉的表达），对规范语法的需求影响到了历史语法及其“合法性概念”（或者说至少在过去的一个世纪里，这种传统的因素被加强了，采用

实证—自然主义方法的语言史的研究被认为是“语言科学”)。[68]

换言之，自发语法似乎就是我们在说话或写作时无意识地使用到的自然范型。它们受到以前的规范语法的影响。实证—自然主义的语言研究看起来加强了这种印象，即这些语法——作为政治行为和选择的一种历史结果——变成了自然的、自发的、独立于政治要求和文化现象的。

当葛兰西不讨论语法，而是谈论一般意义上的“自发的”一词时，他写道：

> “自发性”可以有多种不同的定义，因为这个词所指的现象具有多面性。同时必须强调指出的是，“纯粹的”自主性在历史上是不存在的。……“最具有自主性”的运动仅指“有意识的领导权”的各构成要素不能被核查到，也没有留下可靠文献的情况。可以说，自主性因此是“被统治阶级的历史”特征，而且的确是他们最边缘化、外围化的成分。这些成分没有获得任何“自为”的阶级意识，从而导致他们的历史对他们而言从未具有某种可能的重要性，也从没想到为自己的历史留下文献证据会有何种价值。[69]

通过从词源学回顾“自发性”，葛兰西重新定义了此概念，也就是将其从不受历史的影响或压力，也不受外部结构限制的某种不受约束的自由意志，重新界定为它是一种以前的影响力、领导权和“规范语法”逐渐被遗忘，去除历史记录的过程。也就是说，自发语法与规范语法不是对立的。它们不是以下这种区别：一个代表一种个体的或内在的完全顺从的表达，另一个是外部的外在强迫。

葛兰西用他对这两种语法的讨论展开了对他已注意到的一个问题“如何从马克思主义的角度来看待通俗哲学”的阐释：

> 这种批判性的阐释以“我是谁”为出发点，以“认识你自己”——迄今为止历史进程在你身上留下了的无限痕迹，而没有留下

详细清单的一种产物——为出发点。首先有必要着手去理出这样一个清单了。[70]

用葛兰西的语言学术语来说，以前的规范语法已经产生了影响，并在我们组织自己的语言、思想和印象过程中留下了诸多痕迹。葛兰西认为，我们通常会忽视这些痕迹（如“灾难”的词源），并且仍然在用这些语言沟通和创造意义。这对于臣属集团来说更是如此。不过，我们不是要把这些自发语法作为某种自由意志、真诚性或自由的来源，我们需要做的是揭开这段历史并将其编制成一个清单。我们必须在那些看上去和感觉上是自发的语言中辨别出那些规范性的痕迹。

在某种意义上，这形成了一个圆圈：规范语法是从一个或多个自发语法——这些自发语法本身就是已经被内化的、以往的规范语法相互作用的历史结果——中产生的。因此，葛兰西不会同意如下这样的论断：将自发语法定义为正在受规范语法压迫或抑制的自由意志、自由的源泉。不过，这个圆圈不应该导致我们过度泛化这一过程。葛兰西看到了“退化的”规范语法如何形成与一种“进步的”共产主义的规范语法（或霸权）应该怎样形成之间的全部差别。虽然葛兰西并没有明确说明，但我们在考察他的这种差别时应该明白的是，这种差别与他区分的两种霸权类型——他所批判的为资产阶级所实行的霸权（或由共产主义者如波尔迪加①所提出的）和他所倡导的意大利共产党的霸权——是完全互补的。

十四　规范语法和进步的霸权

葛兰西使用霸权和规范语法批判资产阶级统治和曼佐尼的语言政策，这似乎是在反对所有的霸权势力。但是，事实上，如果认为他偏爱自发语法，就好像它是“自由的”和“非异化的”，而区别于控制、支配形式的

① 波尔迪加（1889～1970年），意大利马克思主义者，与葛兰西、陶里亚蒂等人一起创建意大利共产党，并在此后成为共产国际的领导人。关于葛兰西和波尔迪加的关系，可进一步参见霍尔和史密斯为英译《狱中札记》所写的长篇导言。——译者注

规范语法，那将是一种误解。换句话说，这种简单化理解错误地将自发性看作认同的隐喻，而把规范性看作可能稍显温和且不那么强力、暴力的压迫形式。

正如我们已经看到的那样，葛兰西在自发性问题上的复杂见解，已说明它不会与规范语法是一种简单对立关系。此外，他明确赞成创建一种包括规范语法在内的意大利民族语言："采取务实和自愿合作态度，去欢迎有助于创建一种民族共同语言的一切东西，是理性的。"[71]正如他批判意大利资产阶级及其"消极革命"无法激起意大利人民的团结一样，他同样认为，民族共同语言的缺失，"……尤其会在民众中制造出摩擦，特别是具有地方排他主义和褊狭、乡土心态现象的民众要比想象中的更为顽固"。[72]这是对葛兰西关于南方问题和民间传说分析的补充。正如我们所看到的那样，葛兰西对农民狭隘观点的批判，并不仅仅是为了让他们变得更加理性和现代化。他侧重揭示的是这种世界观是怎样轻易地让南方农民和北方无产阶级对立起来的。也就是说，北方的工业资本家联合南方地主通过在臣属集团，特别是在农民和无产阶级中制造"摩擦"而维持着反动的霸权。[73]

那么，葛兰西所主张的霸权或规范语法类型与他批判的资产阶级的霸权有何不同呢？我们可以通过聚焦语言和语法——要记住它们是对社会和政治领域中霸权的隐喻——来解决这个问题。葛兰西对曼佐尼的批判的要点，以及我所说的制定规范语法和民族语言的"退化方法"就是，只有一种自发语法被选来作为规范语法。对于所有在自发语法上与佛罗伦萨（特别是佛罗伦萨的中产阶级）方言明显不同的言说者来说，这种规范语法是从其以往的语言、生活和经验之外强加上去的。一个人离开托斯卡纳，他的方言一般会变得与这个"国家标准"之间的差异越来越大，这种被强加的外国语的意识就会增强，除了解意大利文学书面文字的知识分子和文化精英以外，其他人尤其如此。

葛兰西提出了另一种更好创建规范语法或民族共同语言的过程——它涉及将现有的自发语法融入一种单一的规范语法之中。对此，葛兰西说道："这个统一的民族语言将会是什么，人们不能预见或者建立：无论如何，如果干预是'理性的'，它将与传统有机地联系在一起，这个传统在文化经济上的地位很重要。”[74]人们只有在下述情况下才能预见到像世界语或者目前所说的佛罗伦萨方言这样一种统一语言的出现，即它是一个被强行推广的，并且在压制所有其他既有的自发语法条件下才存在的语言。但是，正如葛兰西所说，规范语法是所有自发语法“通过一整套复杂的分子作用过程……”[75]发生相互作用的结果，这将是一个更符合民主规范的语言，并且也是统一的、民族的和大众化的。

这个过程与葛兰西对霸权的一般性讨论产生了共鸣，也与他所主张的霸权形式是一致的，即这种霸权将是有机知识分子从“常识”中创造出的文化、世界观制度的结果——这些制度起着整合、组织各种不同理解世界方式的作用。尽管葛兰西从未明确指出过，但规范语法似乎就是对霸权的一个强有力的隐喻。与霸权一样，葛兰西以许多不同的方式来使用规范语法，包括积极的和消极的。他超越了要么接受、要么拒绝特定规范语法的做法。与霸权一样，他以更具分析性的方式使用规范语法。例如，对曼佐尼关于语言问题的“解决方案”，他的一个明显判断就是这不会是一个有效的方案。我们在前一章中已看到，受到阿斯科利所称的、随意大利地域不同而改变的“语言底层”影响的“语言压力”（linguistic pressures），将把强加给语言的“标准”改变至它不再是标准这样的程度。因此，标准语言和规范语法不会起到预想的积极的作用。[76]

十五 小结

霸权，显然是葛兰西的一个非常复杂的概念。在《狱中札记》中，他把各种各样的思想这用个概念串联了起来并进行了分析。迄今为止，对这个在葛兰西诸多术语中最有影响力的概念，不同的读者对它有着非常大的差异化解读。本章并不认为透过语言的镜头就能纾解围绕“霸权”的不同理解或使用上的争论。相反，通过考察霸权的语言学维度，我希望表明的是，对葛兰西来说，语言既是一个权力施用的要素，也是对权力如何运作的一个隐喻。这使我们能够把它与葛兰西所发现的一些重要动态、观点与“霸权”概念联系起来。他在强调力量和权力在创造认同过程中所发挥作用的同时，也强调了激进政治变革的动因与可能性。此外，通过用语言引介与串结葛兰西其他有影响的概念，如“臣属性”“常识”“有机知识分子”“传统知识分子”，有望使语言成为一个有用的纽带。而第四章将通过阐释另一些广为人知的“葛兰西式”的同时也是构成一个更为完整霸权理论的概念，继续推进这一进程。

第四章　语言学视角下对葛兰西核心概念的扩展解读

本章将接着前几章继续探讨葛兰西是怎样运用语言学概念和语言来服务于政治和社会分析的。在《狱中札记》一书中，他对语言的关注是他理解社会中权力机制一个不可或缺的元素。第三章已涉及葛兰西学术研究中有关霸权的若干核心概念，如哲学、知识分子、文化和臣属性。正像我们所看到的那样，语言——不管它是作为一种隐喻，还是作为一个主题——都与葛兰西对这些概念的理解是分不开的。

本章将通过关注葛兰西思想遗产中的主要概念——“消极革命”、运动战和阵地战、民族—大众的集体意志、市民社会和国家，对前文的探讨进行扩充。本章将特别围绕强制和认同之间的关系，阐明这些术语之间重要的相似性及其动态；并且，从语言学角度概述葛兰西这些最重要基本概念的丰富内涵，能让它们更适合于参与社会理论的当代争论。最后一章在此基础上将做出进一步的详述，以揭示葛兰西持存的时代性。

一　消极革命和无效的民族语言

葛兰西关于规范语法和自发语法（见第三章）的论述与其对“消极革命”的探讨有着强烈的共鸣。葛兰西从历史学家文森佐·库柯那里借用了这个术语，但在葛兰西那里，文森佐的“消极革命”的含义已被彻底改造。

库柯使用该词是用在对 1799 年短命的那不勒斯共和国①的分析上。革命者，特别是受过教育的中产阶级，成功地把斐迪南四世和哈布斯堡王朝从那不勒斯赶到了西西里，在这场革命中他们几乎没有使用暴力，也没有获得高度的群众支持。他们希望以法国大革命的理想为基础建立一个共和国。库柯认为，资产阶级的革命发展成为暴力、恐怖和狭隘的反革命，是因革命者弥补启蒙政治理想与人民群众需求、愿望之间鸿沟的意图失败所致。库柯坚称资产阶级不应该让群众积极地参与革命，革命失败的部分原因就在于很难让群众掌握这样的外国理念。因此，库柯更倾向于由不想改变人们世界观的资产阶级来领导一场更为"消极的革命"。而葛兰西颠覆了库柯的这个概念的用法（具有讽刺性的是，正如葛兰西的注解一样，他对"库柯的表述"是以一种与库柯本意稍有不同的方式来使用的），强调问题就出在这样一场革命未能发动大多数人民群众上。[1]

葛兰西认为，面对梵蒂冈反对民族统一的态度，"消极革命"是相对弱小的资产阶级可以采取的策略之一。在 19 世纪晚期的意大利，主要执政的温和资产阶级政党（the Moderate Party）② 为了取得进一步的统一，不是与农民、工人或其他社会阶级结成联盟，而是与传统的统治集团，特别是皮埃蒙特领导人及其军队成功地结成联盟，此外，还与北方的工业家和南方的地主形成了联盟。这一过程在意大利语中被称为 *trasformismo*（字面意：改头换面），温和派通过吸纳其主要对手行动党③在政治、文化和经济方面的领导者进入自身的权力系统中，从而大大削弱了该党的力量。这个战略实际上能使温和派在不发动群众的情况下，仅仅通过吸收与群众联系密切的领导人来

① 拿破仑控制意大利后，那不勒斯成为帕特诺珀共和国（1799 年），成为法兰西第一共和国创建的一个傀儡国家。帕特诺珀共和国极为短命，只存在于 1799 年 1 月 21 日至 1779 年 6 月 13 日，之后那不勒斯王国复兴后将其取代。——译者注

② 温和党，统称为温和派，是意大利复兴活动（1815～1861 年）中的一个主要政治集团。但是，该派从未组建成一个正式的政党，只不过是知识分子、贵族、军人和有爱国倾向的商人的圈子。温和派也因其成员的政治意识形态不同，从大陆自由主义到软保守主义混杂，而导致其凝聚力不强。——译者注

③ 行动党（the Action Party），意大利的一个自由主义的社会主义政党。在意识形态上他们秉承卡洛·罗塞利"自由社会主义"和皮罗·戈贝蒂"自由革命"的思想，拒绝"经济决定论"和"阶级斗争"学说，推崇公民自由和意大利社会和经济结构的根本变革。——译者注

领导这场革命。葛兰西认为，这种策略“扼杀”了人民群众，制造出的是“消极”的市民。[2]这种通过合作来进行统治的机制是殖民列强的一贯做法，而葛兰西对此种统治策略的批判一直让殖民主义和后殖民主义理论家受益。[3]

在葛兰西看来，统一运动的领导人不是想去“领导”国家，而是希望“统治”国家。[4]换句话说，他们没有创造一种群众能追随他们的领导的积极关系，相反，这是一场在最近被界定为绝大多数意大利人所勉强同意的“从上至下的革命”。葛兰西把这场“消极革命”形容为“没有革命的革命”[5]——他们虽有改革，也能对以前的政治和经济安排所引发的问题和矛盾做出反应，但他们很少解决这些问题。并且在民主概念的真正意义上他们的决策也并非民主的——他们本身并不来自人民，他们不是提出受人民欢迎政策的领导者。

葛兰西对消极革命的描述与他对曼佐尼解决方案的讨论很相似，那就是如何能在不规范意大利各种方言或口语的情况下，创造一种“标准语言”。在这两个案例中（或者更准确地说，是同一进程的两个方面）[6]，在政治形式或民族语言问题上只是存在一种名义上的革命，除了将北方统治阶级的利益和语言强植给人民以“统治”他们之外，这种革命并未“领导”人民实现对他们的语言、文化或生活的改变。这进一步加大了在第三章中已经考察过的行动与思想之间的裂隙。而那些倾向于在群众中产生舆论影响力的人，那些有能力发展、开拓，以及改进农民、工人阶级和臣属群体语言的人，也即那些被葛兰西称为有机知识分子的人，已被统治集团所招纳，他们教授着一种新的民族语言，并已沦为传统的知识分子。普通人所使用的先前的语言正如他们的世界观和经济状况一样，依然如故，没有发生改变。与此相仿，葛兰西对“消极革命”的主要批判就在于它未能消灭旧的半封建势力，而积极的法国大革命却摧毁了它，并为资产阶级的资本主义扫清了道路。在意大利，这些封建残余仍然存在，就像语言底层的情形一样（参见第三章）。[7]而就在这样的基础上面，一种新的语言或说是一套新的政治制度、目标和方案却被强行加诸其上。[8]

因此，葛兰西一直在批评意大利社会没有真正产生过一场有效的革命，没有建立起一种能反对最小霸权的整体霸权，一种由多样性自发语法构成而非将单一语法强加给每个人的规范语法。就像我们看到的民族语言问题，消极革命和最小的霸权可能在某种程度上是有效的，但他们会不断地面对来自他们未能整合的底层语法、经济形势和世界观的压力。葛兰西不只看到了消极革命的成就，更重要的是看到了它的缺陷，而无产阶级则可以通过发动一场积极的革命，从而建立一种整体的霸权和真正被民众接受的民族语言来克服这个缺陷。他认为，温和派仅仅创建了涵盖意大利民族一小部分——上层阶级和知识分子的霸权。[9]正是由于意大利复兴运动的被动性质，不仅没有实现革命的成功，反而为法西斯主义的兴起奠定了基础。伴随第一次世界大战的危机，普选的开展和北方重工业的快速扩张，潜伏在"消极革命"下的紧张局势开始浮现。小资产阶级的不满和北方农业势力相结合，形成了法西斯主义广泛群众运动的基础。[10]

像马克思一样，葛兰西也明白资产阶级或统治阶级获取涵盖全民的有效整体霸权的能力既有积极的一面，也有消极的一面。在马克思那里，资产阶级的兴起是进步的，因为它根除了封建主义，为公民带来了许多形式上的自由，并且能够建立一套令人难以置信的高效资本主义制度。葛兰西强调马克思的立场是这种运动往往能超越他们狭隘的经济利益——他将其称为"团体利益"。在实现这些目标的斗争过程中，在那个特定的历史时期，资产阶级有效地满足了整个国家和民族的需要。政治斗争这个维度对葛兰西来说是非常重要的，他将其称为"民族 - 大众的集体意志"（"national-popular collective will"）。[11]葛兰西指出法国大革命早期的雅各宾派就是一个例子。他认为，雅各宾派不仅代表了法国资产阶级，而且代表了整个国家的"未来要求"。葛兰西对此说道，在雅各宾派执政时期，"革命建立起了它最广泛的阶级界限"。[12]在既定的历史条件下，他们在代表资产阶级利益的同时，对于农民来说他们同样是革命性的阶级。"昨天的革命者，今天变成了反对派。"葛兰西认为，部分资产阶级掌握霸权要比加里波第（Garibaldi）① 和意大利行动党强，后两者甚至连群众的"智识和道德领导

① 加里波第（Garibaldi，1807～1882年），意大利将领、爱国者与政治家。他在意大利历史中扮演了重要的角色。他献身于意大利统一运动，亲自领导了许多军事战役，号称"意大利统一的宝剑"。梁启超将他与加富尔、朱塞佩·马志尼称为意大利建国三杰。——译者注

权”都未能获得。

葛兰西对温和派所成功维系的霸权做出了描绘。不过，他们的霸权不是建立在群众基础上的，而是限于纯粹的知识分子的圈子，它缺乏民族—大众这一重要的要素。温和派的霸权满足了知识分子的需要，它“欢迎流亡的知识分子，并提供了一个未来统一的国家将要实施的方案”。[13]通过这种方式，温和派的霸权可以和“以高压统治为主的旧意识形态”区分开来。葛兰西认为，“霸权”适用于温和派，因为他们提供了某种“尊严”，并包容了那些代表社会上反对力量的潜在对手。虽然这里的“霸权”指的是一定程度的认同而非强制，但它不会为葛兰西所全然崇拜，这种霸权没有排除使用威吓与强制。尽管温和派能够战胜梵蒂冈对民族统一的阻碍和资产阶级自身在经济和力量方面的缺陷，但他们获得的是相对较小的霸权。基于这些原因，葛兰西将他们的特点归结为霸权性的而不是统治性的。他显然很欣赏温和派的这种霸权形式，并认为这是他们成功的核心，也是他们能够利用行动党为自身谋取利益的关键所在。但是，葛兰西对温和派所获霸权成功（尽管有限）的赞赏并未让他对该派的一个方案视而不见，相反他对其进行了尖锐的批评，那就是温和派还试图在农村地主精英和南北方的城市阶层之间建立一个微妙的联盟，即组建一个右翼势力集团。[14]

葛兰西对规范语法的批评和他关于“消极革命”、民族—大众的集体意志及霸权的讨论十分相似。与规范语法一样，霸权可以在不同范围内包含各种各样的社会群体，并且能在不同程度上积极主动地获取人民和他们的世界观的深入支持。如同曼佐尼的民族语言方案，“消极革命”所创造的霸权还是能有效地填补没有民族语言或者没有国家政治力量的空白。即使是最小的霸权（这种霸权可能还要依赖一定程度的统治和强制或威吓），也是建立在较大程度认同基础上的，或者是仅仅依靠纯粹的统治和胁迫的方式而建立的。然而，这种霸权始终是脆弱的，并且会带来特别严重的后果，因为它把与臣属集团自身生活经验相矛盾的思想和世界观强加给他们，而日益与臣属集团疏离。

二　运动战和阵地战

葛兰西将他对“消极革命”的探讨与他对运动战和阵地战这样一个重要的区分联系了起来。① 像“臣属”这个概念一样，以上两个术语都是军事性的譬喻。[15]运动战是指从正面攻击一方的敌人。不管是通过武装斗争、民主选举，还是通过其他手段，任何想要实际控制政府的尝试都可归入此类。“阵地战”指的是与斗争相关的其他一系列过程。它包括对运动战的准备、一方部队在战场上的部署、确定一场战役在何处及什么地形上会打响。[16]而隐喻使用的“阵地战”扩展了“设定议程是战役的一半”这样一种观念，并使其在制度上和哲学上变得大大丰富。

葛兰西所强调的“阵地战”来源于第一次世界大战中堑壕战的经历。新技术，特别是速射小武器的应用，使得防御堑壕比起以前的战争更加重要。关于堑壕的位置、构筑方式的战略问题成为决定战争胜负的关键因素。葛兰西也强调使战争持续时间变得更长的堑壕所带来的更大影响——需要更多的平民、经济和社会的支持。他描述说：“在现实中，阵地战不是简单地由真实堑壕就能组成的，它还由位于参战军队后方领土内的整个组织和工业体系组成。”[17]供给线、国民经济的全面动员和公众的士气具有了新的重要意义。第一次世界大战引发了这样一种现象：全面和大规模的战争需要大量的生产以及异乎寻常的社会动员。[18]

葛兰西用阵地战作为他设想的意大利工人阶级和共产主义者必须以此方式开展反法西斯主义和反资本主义斗争的隐喻。[19]使用此隐喻的一个原因是

---

① 运动战和阵地战是葛兰西提出的两种革命战略。简言之，运动战就是武装革命。它以夺取国家机器为目标，用暴力征服暴力。在军事斗争中指的是在坚守阵地的前提下，逐步扩大军事优势，在政治斗争中则指的是在市民社会中对资产阶级的意识形态展开长期的进攻。但是，他清楚地看到，在西方社会，市民结构庞杂，运动战很难达到相同的成效，只是破坏目标明显的国家暴力机器，然而却存在依旧坚固的内部结构。只有通过阵地战才能从根本上解决这一问题。因此，阵地战就是文化变革，它以争夺市民社会的文化霸权为目标，用思想改造思想，逐个击破，逐渐使统治阶级的文化土崩瓦解，之后建立起新的维护本阶级统治利益的文化。总体上而言，运动战是革命力量形成之后的行动，阵地战是为了形成革命力量而采取的行动。——译者注

为了做出以下这样的一种区分：列宁和布尔什维克 1917 年获得胜利的方式与葛兰西认为的意大利和其他西欧国家在迥然不同条件下应该使用的战略。虽然列宁对文化和社会问题表示了非常大的兴趣，但他认为在俄国只能在夺取国家权力之后才能处理这些问题。列宁或许会同意葛兰西这样的观点，即为获得权力不仅要获得军事权力和国家权力，更重要的是要赢得群众的心和头脑。不过，葛兰西更为全面的要点是不谈一般的西欧，即使是民主程度不高、社会条件有限的意大利，争取民众积极同意的文化斗争，要求在进行任何彻底的“运动战”之前必须先开展“阵地战”。因此，葛兰西使用军事战役中的“堑壕”来象征现代类型的大型群众组织。[20]他认为，十月革命之所以成功，是因为“总的经济—文化—社会条件……”和“国民生活的结构是萌芽性的和松散的，未能变为‘堑壕或堡垒’”。[21]而在意大利，国家文化生活和非国家机构都将变成抵制任何共产主义者运动战的堑壕。因此，对葛兰西来说，虽然运动战不应被完全忽视，但是阵地战才是更重要的核心问题。正如在实际战争中，阵地战最终会决定运动战的胜败一样。这也非常符合第三章关于扩大化的“政治”概念的普遍主旨，而语言在这个课题中所起的不可或缺的作用，也使它成为理解葛兰西“阵地战”概念的核心所在。

从语言学的角度来看，我们可以这样来理解两者的区别：运动战代指公开的政治和政府权力，包括政府的语言政策，资助书籍和字典的出版、发行，从课程到教师培训的教育政策。但是，这些政策获得民众的支持和成功的可能性将会取决于之前开展的究竟由什么来构成标准意大利语的斗争。阵地战就像是一场围绕构建民族语言方式的斗争。是采用一种特殊的方言（像曼佐尼提议的），还是结合许多地区和不同阶级说的大量方言来创建（使其标准化）？在后一种情况下，这种结合是怎样发生的呢？像由什么来构成潜在的语言这样的问题所引发的使用之争将成为运动战的前奏，而运动战则是这些语言之间进行的实际斗争和互相作用。对葛兰西来说，佛罗伦萨语没有真正的竞争对手意味着语言战争终将消失。佛罗伦萨语的影响力与文学意大利语相近，部分原因在于但丁是一名佛罗伦萨人。在前一章已讲过，曼佐尼的成功源于政府政治和经济上的支持。葛兰西明白推出其他的方言——不管是撒丁语、卡拉布雷斯语（Calabrese）① 还是世界语作为竞争者都将是可笑的（和无效的）。在这种意义上，阵地战的结果已预示了运动战的结局。

葛兰西本身并不反对创造一种民族语言。正如已经提到的那样，他在第29本笔记中写道：

> 切合实际的合作并乐于欢迎所有可以服务于创造一种民族共同语言的东西，是理智的。因为民族共同语言的缺失，导致群众彼此之间龃龉不断，这一点尤其表现于当地民众中的排他主义和狭隘鄙俗的心理现象，其顽固程度超出意料。[22]

他的建议是新的语言和规范语法应该是在与臣属的、自发语法的互动中创造。也就是说，他支持一种积极的语言革命，而不是让人们被动地从上面接受某种语言。但是，这种替代的解决方案战胜曼佐尼的方案的可能性，也即解决语言问题的这两种方案之间的运动战是由阵地战——如何界定民族语言欠缺的问题及其解决方案欲达成的目标所预先决定的。如果语言问题被定义为刻不容缓地需要一种民族语言，并且佛罗伦萨语因其与文学意大利语，佛罗伦萨和托斯卡纳的文化、经济地位相对密切的关系而富有声望，那么其他任何单个的竞争者面临的都是一场极为不利条件的战斗。形成这种局面所付出的代价是限制了多元可能性，尤其是抹杀了通过综合众多意大利方言的各个元素而创造出一种新的语言的长远前景。

三　作为消极革命的阵地战

当葛兰西把“消极革命”等同于“阵地战”时，可能是令人费解的。

---

① 原文所用 Calabrese 是卡拉布里亚（Calabria）在意大利语中的形容词形式。卡拉布里亚是意大利南部的一个大区，包含了那不勒斯以南像“足尖”的意大利半岛。大区北邻巴斯利卡塔大区，西南邻西西里自治区，西邻第勒尼安海，及东邻伊奥尼亚海。大区面积为15081 平方公里。——译者注

他问，在什么样的条件下，“阵地战”可等同于消极革命呢？[23]乍一看，也许有人会认为没有答案，因为他似乎批判的是消极革命而赞成阵地战。然而，葛兰西认为，在特定的历史时期两者就是一体的。他甚至用斜线把这些术语等同起来书写，而把它们与代表人民创造性的运动战区分开来。“加富尔（温和党领袖）是消极革命/阵地战的倡导者，马佐尼（和行动党）是全民自发的/运动战。”[24]这句话似乎没有表述清楚，也有些语无伦次。[25]

如果我们从语言学的角度来看，我们可以将阵地战理解为到底由什么来构成语言的斗争。民族意大利语是一个不断发展的方言混合物吗？或许托斯卡纳语（或书面语）的基本语法包含来自卡拉布雷斯语、撒丁语、弗留利语①之类的词语和表达形式。这样一种民族语言真的能成为被全意大利人使用的语言吗？他们使用这样的语言在表达自身和他们的政治愿望时，在生成他们自身的意义和对世界的理解时，会感到运用自如吗？又或者，民族语言仅仅是一个资产阶级佛罗伦萨语的汇编整理版，而绝少甚或完全不考虑其他的方言（如曼佐尼的方案）？难道它的功能只是方便统治精英，以使其受众能理解法律并接受他们是意大利人的新角色，从而成为观念、信息和价值的被动接受者而不要成为一个主动参与者的角色？实际上，后一个选项就是一种“消极革命”。语言的构成几乎没有什么变化，问题由此变成了怎样才能顺利地强行推广此种语言？它会面对什么阻力？结果会是什么？如果另一种语言方案胜出，消极革命就会为另一种积极的语言转变过程（而且，考虑到第三章中讨论的隐喻，这种转换也会在“常识”、日常哲学和世界观中发生）所取代。而在此过程中在具备地形条件的情况下，一旦运动战——公开夺权的斗争打响后，社会上就会出现积极的、民主的和革命性变革的机遇。

四　民族—大众的集体意志

在这里讨论的葛兰西的观点和第三章中提到的另一个概念，即“民

① 弗留利语（Friulian），在意大利的弗留利—威尼斯朱利亚流通的一种罗曼语族语言，属于列托-罗曼斯语语支。弗留利语有约60万个使用者，大部分使用者同时能讲意大利语。——译者注

族—大众集体意志”是相关的。简单来说，当一场革命与发展此种大众意志无关时，它就是消极的。在《狱中札记》中，“民族的”“大众的”“集体的”“意志”这四个术语经常以不同的组合方式出现。例如，他用“民族—大众的”作为形容词来描述法国文化的特点[26]，或者如“全国人民群众”(national-popular masses）的用法。[27]他把对“民族—大众”的一般研究与“集体意志”概念一道，使用在他对马基雅维利《君主论》那篇著名的篇章中，在该篇文章里他将共产党称为现代君主（a modern prince)。[28]在葛兰西在狱中所写的可能是被引用最多的那批书信中，有一封信列出了他的研究设想。在该计划中他概述了四个主题：①19 世纪意大利知识分子的历史；②比较语言学；③皮兰德娄的戏剧和意大利戏剧的风格；④连载小说和文学的通俗风格。而后他接着写道：“实际上，如果你仔细考察这四个题目，你会看到贯穿于四者之间的一根红线：每一个课题都反映了各个不同发展阶段人民大众的共同意志。”[29]正如雷娜特·贺拉勃（Renate Holub）指出：“葛兰西对‘大众创造精神’的发展是贯穿《狱中札记》全书的主旨，并使它们能联系起来。”[30]从某种意义上可以说，正是民族—大众集体意志的特点才体现了不同类型、程度的霸权。

许多评论指出，这是葛兰西对马克思主义政治理论的文化维度所做出的重要贡献之一。葛兰西对意志建构或集体意识的文化维度的探索，就是我们现在理解的主体性，它意味着认同的构成是通过政治进程来改变的。在葛兰西看来，对资本主义提出质疑并不是考察预先构建的阶级地位，或已有各种身份的人怎样能被组织进入由工人阶级的先进分子所领导的联盟。他虽然关注创建一场包括都灵菲亚特工人、撒丁岛农民、意大利中部的波谷农民、那不勒斯小店主、工人家属等参加的运动，但对他来说，这样一个建立霸权的过程，即这一运动的真正发起，远不只是把这些不同身份者联合起来或者形成一个有着各自不同利益的组织以确定可能的共同目标。葛兰西会把这些他所思虑的问题称为这些阶级的团体利益问题。但是，对于葛兰西来说，霸权建构的过程必须超越此种团体利益并将其变成普遍的利益，而其方式就是通过创建一种“集体意志”来改变这些人特定的身份。

以前的马克思主义者注意到了这些人生活的非经济的方面，如宗教的或民族的认同，会阻碍他们对共产主义优越性的理解，也会妨碍他们阶级意识的形成。但是，葛兰西将斗争重新定位于文化领域，从而把天主教妇女、南方农民和城市工人的特定身份与霸权过程关联起来。他已经远远超越了类似如下的政治观念：认为由各种经济利益或个人选择、意愿决定各种利益的调和或冲突。他也超越了经济基础决定上层建筑的文化元素这样一个简单化的模型。相反，他使用了“历史集团”（“historic bloc”）这个术语，来描述一种安排是怎样在阶级和社会团体之间各种可能的联盟和关系中被巩固的。[31]这种安排既不是预先决定的，也不是不可避免的。并且，历史集团也不是完全稳固的，相反，它们需要不断地再造。正因为如此，就像墨索里尼掌权后，即使是在已然获胜的运动战之后，阵地战也绝不是完全决定性的。

五　阵地战和新社会运动联盟

罗格·西蒙（Roger Simon）对葛兰西的阵地战战略下了这样的定义：“建立一个由共同世界观统一起来的、包括各种社会力量的广泛的集团。”[32]他指出了这些社会力量怎样才能将我们现在所说的“新社会运动”——包括女权运动、学生与和平运动、其他少数民族运动和民族解放斗争——囊括在内。这是一种将葛兰西的影响力放入新社会运动和身份政治讨论中的方式，此点将放在下一章考察。

然而，这引发了一些显著的问题，这种阵地战是怎样被发动的呢？怎样用一种世界观、一种集体意志去统一这些如此不同的运动呢？葛兰西的辩护者和诋毁者们都不约而同地通过他对作为霸权力量的无产阶级的强调，提出了如下一种说法：无产阶级的世界观（及其利益）将成为惠及联盟中其他团体的核心内容，但从来不会妥协。女权主义或反种族主义视角的批评应该在葛兰西的解读中被发现和吸收，但不应以牺牲工人阶级为代价。[33]葛兰西用一种类似于马基雅维利的君主的神话塑造出了一个专门术语“集体意志”，它被看作一种教条主义的，甚至是极权主义的观点。有些人认为，这与卢梭的“共同意志”（“general will”）概念没什么不同，都不可避免要臣服于个人意志。

但是，正如我们在第三章看到的那样，葛兰西将语言视为一种隐喻，表明他并不是要创造一个不要任何异议和不同观点的单一世界观或意识形态。他甚至没有建议建设一个单一语言的国家。确切地说，他提出建立一种霸权应像创建一种民族语言一样，在这种语言中，允许也应当容纳异议、另类看法和批评的意见。这种民族语言甚至不排斥继续频繁地使用其他语言和方言。并且，通过组成霸权的许多人的积极参与，它是以民主的方式建立起来的。这种民族语言与阶级地位或身份相比，更能成为霸权的主旨。

六　作为民族—大众集体意志范型的语言

想象一种作为“统一的世界观”、一种“民族—大众的集体意志”的语言，由于它不是从一种同质的和静态的视角或立场出发，从而使西蒙的观点（以及葛兰西的吸引力）变得更令人信服。人们不能指望在政策制定中预设以性别范畴为中心的妇女运动能够采纳与环保主义者或工人相同的世界观——后两个群体的身份和生计建立在不同的关切和利益基础上。在霸权理论中，阵地战、联盟建设领域对从事政治运动或社会行动主义的人有着极为显著的重要性。如果在此时期葛兰西的观点是应该形成一种单一的、统一的世界观，人们可能会对他的理论是否适用于21世纪的行动主义提出质疑。而这样的争论显然是与拉克劳和墨菲将葛兰西解读为“本质主义者”和有着根深蒂固的经济主义是相关的，这一点我们将在下一章讨论。

不过，当我们思考这种作为统一的世界观、民族—大众集体意志的语言时，一定会打开无数的可能性。首要的是，它使一种包含多元社会群体的霸权运动变得更具现实性和更有希望。霸权成为一个涵盖协商与个人世界观决定性转变的过程。其目标是获得一种共同语言，而不是对世界所发生的一切和所有人类活动谋求一种单一的、支配性的解释。各种不同的和针锋相对的观点都可以在这种语言中得到表达。然而，这种霸权（或反霸权）语言必须充分统一连贯才能产生对资本主义霸权（及其语言）有效的抵抗。[34]这一点也把反霸权的事业与那些同床异梦的松散运动联盟区别开来。这也成为对资本主义进行自由主义辩护和批判社会主义、批判葛兰西的一个重要反制手段。

葛兰西将语言视为他的民族—大众集体意志观的范型。它的第二个优点在于，这与他关于语言和世界观的讨论、政治和语言问题之间的联系和他不断提及的语言学是完全一致的。这样一种范型的设定，把第三章中已讨论过的他的哲学视角与在本章中提及的消极革命、运动战，阵地战以及国家与市民社会等概念所表达的政治理论联系了起来。

七　霸权、政治联盟和反法西斯统一战线

对葛兰西曾一直思考过的联盟类型，给出它们的一些背景将有助于确定他的概念，如霸权和消极革命，在何种程度上对已变得非常不同的 21 世纪的政治领域来说仍是有效的。由于葛兰西曾被指责过于陷入“阶级应是一个优先范畴”的预设，所以这样的探究将揭示出在非常迥异的历史环境下，在什么样的范围内使用他的概念是有意义的，也将揭示出从总体考虑在不同类型的地形上必须要打的阵地战在什么样的范围内是合理的。

在其政治上最活跃的时期（1919～1926 年），葛兰西似乎对和谁在一起工作并结成联盟有着复杂多变的观点。一方面，他在“红色两年”（*Biennio Roso*）[①] 的经历让他在对社会党及其领导人极度失望之余，转而联合阿马迪奥·波尔迪加（Amadeo Bordiga）组建了一个单独的共产党。作为这个新成立的党在莫斯科共产国际（第三国际）的代表，葛兰西顶住了要求重新联合意大利共产党和社会党的压力。从这些事情来看，他似乎是一个坚定的分离主义者，唯恐建立过于广泛的联盟。然而，相比于其他的共产主义者和社会主义者，葛兰西在与反法西斯的自由主义者和其他资产阶级势力的联盟方面更为开放。当时，共产党的另一个领袖竞争者波尔迪加是拒绝此种联盟的，他声称法西斯主义是资产阶级自由主义的产物，它们在本质上没有什么

① “红色两年”（*Biennio Roso*），指第一次世界大战后的 1919～1920 年，意大利国内出现经济危机、高失业率和政治动荡，在此背景下，无产阶级通过大规模罢工、工人示威和在占领工厂进行自我管理实验。这段长达两年的意大利无产阶级大规模运动时期，被历史学家命名为“红色两年”。——译者注

不同。他们立场的具体细节一直是学术研究所关注的课题，我们暂且不谈。但是，我们可以思考一下葛兰西的一般方法，即他没有把个人、党派、人民团体简单地按照左—右谱系来划分。相反，他看起来考虑的是一系列更为复杂的问题，即如何创造一个反霸权的力量以最大限度地抵抗法西斯主义。或者用语言的隐喻来说，怎样运用一种语言、语法和话语以构建对法西斯主义大众化吸引力的反击。与众多自由主义者或天主教徒相比，社会党与共产主义者在理论上可以有更多相同的价值观和理念，但他们创建出的一部分语法却难以对更广泛的、全国民众所关切的东西发出声音。具体来说，葛兰西认为社会党的领导人反对它的广大党员进行积极的政治抗议和参与此类活动，也拒绝和墨索里尼、法西斯主义进行针锋相对的斗争，并且未能把南方农民吸收进它的运动中。也许社会党在某种抽象层面上更接近于葛兰西和共产主义者对资本主义的意识形态批判及对反抗资本主义的北方无产阶级的关注，但和自由主义者，特别是像葛兰西的朋友皮耶罗·戈贝蒂(Piero Gobetti)[35]的价值观相比，社会党的立场制造的是另一种并不利于推动进步运动的价值观——或者如果你愿意的话，也可以说是用其他语法形式构建了另一种语言。

葛兰西是怎样评价一个特定的联盟是否有助于构建一种有效的民族—大众的语法的呢？也即，他对自发语法和规范语法的区分是怎样与“消极革命”和阵地战关联在一起的呢？在探讨这一问题之前，我们需要概述一下与之相关的葛兰西关于“市民社会”和“国家”之间的区别。这种区分之所以是重要的，是因为阵地战通常被认为是在市民社会领域中发生的，而运动战则被视为对国家的斗争。

八　国家与市民社会

葛兰西在阐释其“阵地战”的隐喻时，追溯到了“市民社会”的概念。这个术语历史悠久，但自苏联解体以来，此概念已占有了新的主流地位。自由主义者和新自由主义者把市民社会作为与政府及其管制相分离的社会领域来理解。这包括所有的个体企业、商业协会、游说集团、工会、慈善机构和类似基督教青年会（the YM-YWCA）① 或扶轮社（Rotary Club）② 这样的社团，还有教堂和宗教团体。换句话说，这样的机构既不会在苏联存在，也不只存在于国家的范围内。市民社会的概念变成了一个便于强调所谓的资本主义民主自由的术语，以及它应该如何在后苏联社会中被输出或加以倡导。正如我们将看到的那样，葛兰西以更娴熟的方式使用市民社会概念来研究国家和市民社会的各种机构是怎样经常缠绕和关联的。[36]对葛兰西来说，市民社会是西方社会开展“阵地战”的地域。它与国家（国家的各种制度与影响）之间因社会不同而有着不同程度的内在联系。

我们将在下文探究市民社会与国家的细微差别。不过，毋庸置疑，在葛兰西那里，市民社会居于霸权和现代民主国家政治权力的核心位置。在讨论前文提到的与阵地战有关的堑壕战是怎样象征着与政治斗争的关系时，葛兰西说：

> 市民社会的上层建筑所起的作用就像现代战争中的堑壕系统。在这种战争中，看上去一定会消灭敌人全部防御体系的猛烈的炮击，事实上只能摧毁它的外部掩蔽工事，因而在冲击和进攻的时刻，进攻者会发现他们面临的依然是具有威力的防线。在发生严重的经济危机时期，在政治方面也会有同样的现象。[37]

葛兰西认为，由于这种情况——市民社会在西欧的重要性——共产主义者不能只是等待一场危机的爆发，或只知道发动一场全面的运动战。相反，正确的战略应该是建立一种堑壕体系，通过夺取市民社会的上层建筑以尝试

---

① 基督教青年会（Young Men's/Women's Christian Association，YM-YWCA），是基督教非政府性质的国际社会服务团体。会员来自125个国家，逾5800万人，总部设于瑞士日内瓦。以基督“为世人服务”的精神，根据社会人群（尤其是弱势群体）的需要，从事各种各样的社会服务工作。——译者注

② 扶轮社（Rotary Club）是依循“国际扶轮”的规章所成立的地区性社会团体，以增进职业交流及提供社会服务为宗旨；其特色是每个扶轮社的成员需来自不同的职业，原则上在固定的时间及地点每周召开一次例行聚会。每个扶轮社都是独立运作的社团，但皆需向“国际扶轮”申请通过后才可成立，通常会以所在地的城市或地区名称作为社名。最初扶轮社的定期聚会是每周轮流在各社员的工作场所举办，因此便以“轮流”（英文：Rotary）作为社名。——译者注

形成一个能在人民大众中统一各种不同群体的有凝聚力的世界观。而当危机真的爆发时，发动一场运动战是可能获得真正的胜利的，而不是在此革命性的时刻静待旧政权在经济危机平息之后复苏。也就是说，其观点认为，只要一个亲资本主义的政府在市民社会中有足够的声望与合法性，任何对国家或政府短暂的征服都将被视为非法的和非民主的。类似于 17～19 世纪的英国、法国和德国的反革命和成功复辟，市民社会因为仍然能够有效地捍卫资产阶级统治的合法性，因此被推翻的资产阶级力量能够卷土重来。总之，葛兰西把市民社会理解为斗争的领域。[38]但是，对于葛兰西和他的先驱，以及今天的我们来说，市民社会到底是由什么来建构的呢？

九 国家与市民社会的历史

尽管“国家”和“市民社会”这两个概念都有着悠久的历史，它们也都曾被亚里士多德、洛克、卢梭和其他人使用过，但对于葛兰西来说，他借鉴的重要观点则来自马克思和黑格尔。黑格尔将社会分为三个领域：家庭、市民社会（德语：*bürgerliche Gesellschaft*）① 和国家。他强调，市民社会作为私人的领域，处于家庭领域之外，在市民社会中个体之间充分地互动，这特别地表现在经济活动里。② 在黑格尔那里，市民社会是一个特殊的现代领域。严格来说，它既非完全公共的，也非完全私人化的，而是每一个体设法满足他们特殊需要的社会领域。对黑格尔来说，这个领域包含了保证他们个人人身和财产安全的司法体系和警察。[39]

---

① 由于在德语中没有一个专门用来表述区别于“资产阶级社会”的“市民社会”用语，“*bürgerliche Gesellschaft*”兼有“资产阶级社会”与“市民社会”的双重意义。——译者注

② 黑格尔在其著作《法哲学原理》中对“市民社会”进行了考察。黑格尔认为，“市民社会”是客观精神发展至伦理阶段后出现的。家庭又是伦理的第一个阶段，是一种直接的或自然的伦理精神，有直接的、自然的普遍性。而当家庭分裂为特殊的诸多单个人时，单个人与单个人之间的相互关系便发展成了市民社会。市民社会不同于家庭，也不同于国家，而是存在于家庭与国家之间。它是由相互独立、有自由意志的单个人形成的联合体。黑格尔认为，家庭和市民社会的结合就形成了政治国家。虽然政治国家是从家庭和市民社会中发展起来的，但是他把市民社会看作伦理精神发展过程中的一个阶段，而将政治国家看作市民社会的原则和基础，从而颠倒了市民社会与政治国家之间的关系。——译者注

在马克思为《〈政治经济学批判〉导言》所做的那篇著名的序中，他认为应该从经济中发现并对市民社会进行剖析。① 马克思虽然不否认市民社会比纯粹的经济组织和行为广泛得多，但他主要研究的是市民社会较狭义的或更基础的方面，即经济。通过对资本主义经济的分析，马克思认为国家远不是与市民社会相分离的，它也不是中立的和“普遍的”（黑格尔的观点），相反，国家包含统治阶级的特殊利益，偏睐资本家而不是工人阶级，由此助长了阶级分化。

一直以来，以下问题曾引发大量的争论：葛兰西的“市民社会”的观点是否主要来自黑格尔而不是马克思？他是不是在以一种更详尽的方式发展了马克思并未完成的国家理论方面的见解呢？[40]实际上，葛兰西在指涉黑格尔市民社会概念的地方，其使用方式正如“这些笔记通常所使用的情形（例如，建立在全社会基础上的、在政治和文化意义上的某个社会团体的霸权被看作国家的伦理内容）”。[41]

然而，相对已达成一致的观点认为，葛兰西的重点是在“西方”，即那些相对民主自由和工业化的国家，如英国、法国、德国和稍欠发达的意大利，霸权是通过市民社会的机构被创建出来的。在描述市民社会时，葛兰西提出了一个如果不能说是与马克思定义不同的，至少是另一种强调不同重要成分的市民社会的概念。[42]在国家直接控制之外的像教会、工会、扶轮社、共济会和其他各种各样的机构，是葛兰西在使用市民社会这个概念时重点讨论的内容。[43]不过，他把在黑格尔那里通常被认为是国家组成部分的公共教育系统、司法系统、警察看作市民社会的组成内容。[44]由此也导致了混淆和复杂性，因为像以上机构和教会都可以看作既属于葛兰西所说的国家，也可看作属于他所说的市民社会。这种可能的困惑将在下面关于国家的讨论中得到澄清。不过，在这里我们可以说，葛兰西关于“市民社会”的概念侧重点不同于马克思在剖析市民社会时所聚焦的经济。[45]也就是说，葛兰西同意马克思的观点，

---

① 马克思、恩格斯对黑格尔“市民社会”这一概念进行了批判性继承，并赋予它以历史唯物主义的内涵。市民社会在马克思、恩格斯那里成为一种人与人之间的社会关系，尤指市场经济中人与人之间的物质交往关系。在国家和市民社会的关系上，马克思批判了黑格尔的观点，使两者的关系重新正立了过来，认为市民社会才是国家的原则与基础。不过，总体上看，黑格尔与马克思、恩格斯主要都是在经济层面上使用“市民社会”概念。——译者注

学校、教堂等诸如此类机构无法离开经济去分析，但如果马克思“解剖”的意思是说经济就是市民社会最基本或最重要的部分，葛兰西则是不同意的。

事实上，葛兰西批评了马克思使用的这个比喻，认为它的自然科学根源未必可以适用于社会科学。因此，他把马克思“解剖”的比喻与“上层建筑”仅仅是表象这一观念联系起来，认为这是对实践哲学的背离。他把这种观念比喻为一个青春期的男孩，他想从一个女人的骨骼结构和骨盆带的宽度来考虑他是否爱这个女人。当看到这种态度本质上是多么悲观和肤浅后，葛兰西极力反对任何把市民社会简单还原为经济的做法。[46]但是，这并不是说，葛兰西由此实现了对马克思关于资本主义经济批判——该批判是资产阶级工业化社会剥削和权力动力学的核心——的根本转向。他认为，应该更详细地研究资本主义的剥削是如何通过资产阶级的意识形态和获得相当多的默许与认同（即使这种认同是被动获得的和通过隐蔽的强制威胁实现的）而被维持的。

十　国家

现在我们来看看葛兰西的关于国家的著述，这在葛兰西的学术研究者中是最复杂和最具有争议性的内容。尽管学界在如何理解他的霸权、市民社会及其他概念上有观点分歧，但对于这些概念为政治和社会理论所增加的东西，已经有了很大的一致。不过，在涉及国家的讨论时，这种共识就显得少之又少。其原因部分归结于以下这样的事实：在处理国家问题时，人们必须面对在葛兰西那里明显做过区分的、可能也是不可更改的有关霸权、市民社会、国家〔包括他所描述的更为具体的术语，如“完全国家”（“integral state”）和“伦理国家”（“ethical state”）〕、政治社会、强制和认同的公式。① 有些

① 葛兰西认为：“国家的一般概念中必然包含着原来属于市民社会概念中的一些成分。因为可以这样说：国家 = 政治社会 + 市民社会，换言之，国家是受强制盔甲保护的领导权。”（《葛兰西文选》，人民出版社，1992，第443页）此即葛兰西提出的国家概念的著名公式。这个公式突破了传统马克思主义“政治国家”的概念，而将市民社会也纳入了国家的内涵之中。也就是说，葛兰西从广义的角度来谈论国家，认为国家是市民社会与政治社会的合体，从而将市民社会与政治社会相并列。前者是意识形态及文化教育等各种机构、设施，后者是军队、警察、法庭、官僚机构等镇压工具。——译者注

人认为正因为有了这些“区分”才构成了相对明晰的“模型”，另一些人则抱怨这些“区分”的前后不一致，还有人提出复杂的体系以使它们相调和。[47]最细心的学者则把葛兰西的这些等式置于不同的历史背景下，像我们从费米亚那里所看到的那样，将这些种类差别扩展为整体的、最小和堕落的霸权。该观点表达得很明确，即不同的社会包含不同的市民社会与国家的关系。而在以下这段葛兰西讨论国家和市民社会的最知名的节选文字中，明明白白地表达了他的主要观点：

> 在俄国（1917年之前），国家就是一切，市民社会处于原始状态，尚未开化；在西方，国家和市民社会关系得当。当国家不稳定的时候，市民社会的坚固结构立即就会显露出来，国家仅仅是一条外部的壕沟，在它后面耸立着一个强有力的堡垒和土木工程系统。[48]

这一段话除了强调在西方争夺市民社会的重要性之外，还阐述了需要攻克的敌人阵营是由国家和市民社会作为基本组成部分的。换句话说，与当前的自由主义的观点以及这个词的主流用法不同，对葛兰西来说，市民社会远不是一个较之国家而言的中立地带。资产阶级市民社会的结构及其机构对国家起着支撑和护卫的作用。如我们在前文所见，即使摇摇欲坠的国家真的被摧毁了，市民社会似乎仍旧能够维持资产阶级的统治。

不过，葛兰西如何理解市民社会与国家之间的具体关系，这个问题仍不是很明确。针对早期马克思主义者和列宁主义者所定义的国家是“统治阶级通过使用暴力手段来镇压对立阶级工具”的定义，葛兰西显然是将其拓展了。列宁以恩格斯的著述为依据，将国家定义为阶级对立的产物。于此，国家利用军队和警察的力量在领土范围内实现对这种对抗的控制。[49]葛兰西接受了列宁的这样一个观点：“国家被看作一个属于一定社会集团的机构，其使命是创造有利于这个社会集团最大限度发展并最大限度传播它的影响的条件。”但是，他又增加了对国家更加深刻的认识，即国家是包括工人和农民等臣属阶级在内一种平衡力量：

……占优势的集团的利益具体地同从属集团的一般利益结合起来。这时国家的生活被看作一种过程，其结果经常组成统治集团利益与从属集团利益之间的不稳固的平衡的体系，同时这种平衡的体系会经常在法律范围内打破。在这种平衡的体系中，统治集团的利益占着优势，但仅仅到一定界限，也就是不能足以充分满足小的经济团体的利益的那种程度。[50]

他所强调的国家内部的这种力量平衡，是与从马基雅维利、孟德斯鸠到查尔斯·泰勒（Charles Taylor）① 和其他非马克思主义者对“权力平衡”的分析所形成的政治理论思潮相较而言的。[51]在这里，葛兰西对作为力量平衡的国家的探讨，是在如何评估社会力量的另外两个方面的背景下展开的：物质生产力（怎样满足人类的需要）和军事力量（包括警察）。因此，除了葛兰西更多地注意到统治阶级为了执政在无须采用大规模强制和暴力的情况下而采取的妥协形式外，他并非必然背离列宁的论点。我们需要再一次记住的是，葛兰西比较的是西欧和强制程度更大的沙皇俄国统治的不同情形。

葛兰西重申并扩展了这样一种观点，即研究国家是怎样不诉诸暴力而能够统治是很重要的。他写道：

如果政治学是指关于国家的科学，而国家是实践活动与理论活动的一整个复合体，统治阶级通过它们，不仅能为自身辩护和维护自身的统治，而且能成功地获得被统治者的积极认同，那么，显然社会学的本质问题不是什么别的，就是政治学的问题。[52]

在这些例子中，葛兰西是在广义上使用“国家”这个词的，或者说正像在他经常被引用的公式中所显示的那样，他使用的是“整体意义”的国家。国家在其“整体意义”上指的是“专政+霸权”。[53]在《狱中札记》另

① 查尔斯·泰勒（Charles Taylor，1931 年～），加拿大哲学家，麦吉尔大学荣誉退休教授，研究兴趣广泛，主要涉及领域：语言哲学和心灵哲学、政治和道德哲学（自由主义、社群主义、现代性等）、宗教哲学、哲学史等。——译者注

一个被引用最多的内容中，他写道：“可以这样说：国家＝政治社会＋市民社会，换言之，国家是受强制盔甲保护的领导权。”[54]这些内容及其他类似的段落让佩里·安德森得出这样的结论：葛兰西阐释了三种不同的也互不相容的霸权、市民社会和国家的关联模式。根据安德森的说法，在第一种模式中，葛兰西对市民社会和国家之间主要区别大致类似于认同与强制的区别、霸权与专制的区别；或者如上面的公式中所显示的那样，类似于市民社会与政治社会、霸权与强制盔甲间的区别。第二个模式建立在一种类似的强制和认同的对立上，但霸权（和/或整体国家）现在则成为对强制和认同、市民社会（认同）和政治社会（强制）的一种平衡概念。在第三种模式中，霸权融合了市民社会和国家这两个概念。[55]在安德森看来，此种模式与葛兰西的看法是不一致的，因为在葛兰西那里，霸权作为获取认同的权力是存在于市民社会之中的，不同于代表强制权力的国家。

其他一些学者并不认为葛兰西多变的研究视域和丰富的引证资料对他们的理解造成了妨碍。例如，安妮·S. 沙逊（Anne Showstack Sassoon）注意到葛兰西使用了两种不同的国家定义：一个是有限的，另一个则是扩大了的。后者把市民社会包含在内，与前者是截然不同的。对安德森所认为的葛兰西理解的混乱，沙逊则认为这是葛兰西对“划定市民社会和政治社会之间的差异或界限问题”的清醒认知。换句话说，葛兰西的模棱两可不是由于他自身的错误所造成的，而是因为他所描述的关系的复杂性所导致。沙逊认为，国家概念的多义性是因对其强调的重点不同而形成的，而不是由于本来有多个不同的国家概念。[56]

罗格·西蒙提供了另一种方法来调和葛兰西看上去模糊而又有多种关联方式的霸权、国家和市民社会。他认为，市民社会和国家并不对应于葛兰西所描述的那种属于机构的或物理（或隐喻）空间、领域的范畴，而是指不同的几组关系。因此，任何组织，如学校系统，都可以体现市民社会和国家的某种关系。被认为是非强制性的师生关系，实际上内含禁止旷课的强制性法律和校纪校规。[57]

其他人也有类似的看法，但他们提出葛兰西关于市民社会和国家之间的重要区别在于说明臣属群体的活动只存在于市民社会之中，而统治集团既在市民社会中活动，又在国家中活动，这样，他们就有了重叠之处。约瑟夫·布蒂吉格对此解释说：“市民社会是统治阶级通过非暴力手段扩张和加强其权力的舞台……”因此，它成为无产阶级必须争取占领的地方。布蒂吉格强调，对葛兰西来说，市民社会中的无产阶级不能也不应该依赖于国家的强制权力。[58]

虽然我不认为一种语言类比就解决了这些复杂问题，但它似乎提供了某些深刻的洞见。葛兰西在与市民社会和霸权的关系中来界定国家，这种方式所带来的一些可能的困惑，让人想起他对规范语法和自发语法所做的区分。正如我们在第三章中所说，尽管他区分了这两者，但又没有将它们截然分离。由国家和市民社会是不同的概念但又不能分离这样的观点，我们进入了一个被安德森所突出强调的有关此种区分的潜在模糊的地带。鉴于强制与认同之间差异的重要性，这种明晰性的缺乏显得更加突出。如果葛兰西的全部观点是，霸权是通过获取被统治者的认同才得到实质性支撑的，那么至关重要的一点是他的这些概念没有让我们对以下问题产生困惑：这种认同是从哪里得来及怎样才能获取？它又是怎样与强制相联系的？

在区分（而不是分离）规范语法和自发语法这两种类型时，葛兰西提供了这些关系的一个具体的模型。规范语法是对某种自发语法的编纂和对其他语法的排除，或者说是通过一种对大量自发语法的修订和改造的过程而形成的（变成规范）。这个过程既包括强制也包含认同。不仅如此，这个过程汇合的是不同程度的认同与强制。正如我们在第三章所讨论的那样，当与你说话的人一再问道“你说的是什么意思”“解释一下你说的话”时，你就会改变你的语言。在很多情况下，都必然会涉及不明确的强制。你自愿改变你的语言，然而，根据语境，有相当大的强制成分在起作用。[59]如果你不能让别人理解你，承担后果的那个人是你，而不是你的听众，而这显然是一种权力关系。例如，一名学生、工人或求职者比之老师、雇主或面试官更倾向于改变他们的语言以获得赞许。但是，后者也在努力做到被理解，如果他们失败的话，他们甚至可能遭受更严重的后果。比如一个差劲的班级会给老师带来不好的名声；沟通有问题的雇主可能带出效率低下的员工；有同样问题的面试官可能被评价为没有能力胜任关键职位。在这些情况下，很难区分清楚认同和强迫之间的差异。这些情况也揭示出即使是用细微的方式也能产生抵抗的效果。那些权力的被施用者能够以不同的方式做出反应。

正如我们在上一章中看到的那样，有一种观点倾向于把自发语法当作认同的居所，而把规范语法作为发挥不同程度强制作用的过程。这与安德森的第一个关于霸权、国家和市民社会的模式相似。市民社会和霸权代表认同的领域，而国家是强制的领域。但是，葛兰西通过思考自发语法的来源而给予了我们以更复杂的关于强制和认同的理论。就像他反对自由主义的假设：市民社会是认同的领域，国家是强制的领域，他同样反对简单地把自发语法等同于认同而把规范语法等同于强制。自发语法是历史意识丧失和以往规范语法碎片化的结果。因此，自发语法和市民社都不可被定义为认同（或自由意志）的领域，它们本质上也并非强制性的。相反，强制和认同是通过规范语法和自发语法两者一起运转的，无论是采取主动的还是被动的形式。我们将在第五章中看到，由这个复杂的权力概念产生了葛兰西和福柯的比较。葛兰西有别于福柯的部分重要的原因就在于，前者坚持认为阵地战本身永远不会结束，它总是在为运动战做准备。

葛兰西认为，在某种程度上，一场运动战或一个推翻资产阶级国家的努力是必要的。一种规范的民族语言必须成为朝向共产主义及任何进步运动的语言改革的目标。但是，就像他所说的，没有充分的阵地战（至少在西方），将会导致运动战在市民社会中的失败。同样，由于语言实践的压力没有被改变，采用世界语或一些已被创造出来的语言将是短命的。也就是说，一场针对语言或政府的消极革命，会存有革命以前时期遗留下来的残余，这将使任何新制度的创建或新实践的开展受到持续的阻挠和困扰。这种残余虽可以被对抗，但是只有诉诸更大的暴力，就像面对法西斯主义的崛起所采取的做法一样。但是，从葛兰西的立场出发，即使是对无产阶级的短期目标来说，这种做法既不实际也不道德。

无论是在语言阵线还是政治阵线，所需的都是整个市民社会中的一个更彻底的互动过程，以及各种臣属群体的不同世界观、风俗和语言之间的相互作用。只有在这个过程中才能建构规范语法（或民族—大众的集体意志），才能发动一场推翻资产阶级国家和资本主义社会的真正有效的运动战。

十一　小结

第三章指出了葛兰西霸权思想的吸引力部分是因为这个概念将一种制度和经济分析与无形的意识形态、信仰体系的问题结合了起来。在前一章更侧重于后者并通过聚焦语言提出哲学问题时，这一章则集中分析葛兰西对几个具体的历史问题的考察，尤其是关于意大利自由派失败的过往以及围绕着统一问题而产生的持续紧张局势所带来的后果。政治学家常常关注的是葛兰西的国家和市民社会的概念，那些文化研究者则对他的“常识”的概念、知识分子的作用、思想信念以及承诺的形成更感兴趣。任何试图提供一个更完整概述的“介绍”理所当然地需要重视这些方面的内容。语言这样一个偶然性的话题把葛兰西霸权的这些方面都串联了起来，这是由于它既可以是具体的、经验的，又可以是有哲学深度的。不过，现在到了我们从其他不同的方面去谈论语言的时候了。第五章不只是对葛兰西思想的阐释与分析，它将这个课题与本书一个尚未充分表露的主题合在了一起：葛兰西的文化政治理论与当前的理论争论是如何相关联的呢？也许最要紧的问题是，它将怎样帮助我们去理解我们今天生活的这个世界呢？

第五章　后现代主义、新社会运动与全球化：对社会与政治理论的启示

葛兰西对语言问题的关注，与在20世纪出现并成为我们当下关注焦点的一些重大的社会和政治理论主题是一致的。本章就是对本书开篇章节所谈到的这个问题的扩展探讨。中间的章节已通过对葛兰西语言学思想和政治学说的介绍，揭示出对其而言，语言对于他的文化和政治分析是怎样被作为一种重要的隐喻与概念源泉的。这尤其表现在第二章，也包括第三章、第四章，以上章节论证了语言学对于葛兰西在分析意大利历史、政治权力分子层面的运作及反抗资本主义的革命组织的潜能等方面所具有的重要性。最后一章将通过审视20世纪下半叶三个最为重要的政治与社会理论——后现代主义、新社会运动和全球化的发展，把上述议题与本书“前言”及第一章中所阐释的议题联系起来。这些主要的发展趋势，每一个都可以成为探讨葛兰西思想专著的独立基础，并且在许多关键内容上与语言是息息相关的。

在马克思主义与后现代主义的争论中，葛兰西扮演着一个有趣的角色。尽管难以定论，但他这种独特的地位在一定程度上似乎归因于：语言、思想和信念与经济生产更具体的领域，对财富和资源的控制相联系的复杂方式。由此，围绕后现代主义论争而引发的问题，将持续成为理解新社会运动和全球化可资借鉴的重要理论。

后现代主义的马克思主义批评家常常注意到这样一种对立：马克思的唯物主义视角，特别是他对经济因素的强调，而与之相对的则是通常关注语言、文本、话语和文化的后现代主义。与此类似，批判“正统”马克思主义的评论家们——不管他们是后现代主义、后马克思主义或者其他什么流

派，一直声言：马克思和马克思主义对经济和生产的痴迷对于解决当前的政治和社会动力问题显得过于狭隘和过时。葛兰西则为这两边的阵营所共享。一些人将其视为一名充分重视权力关系中文化和非经济因素的马克思主义者。[1]另一些人则认为，他仍陷入马克思主义的生产和经济因素的泥淖中，并且陷得如此之深以至于无法用他的思想去理解“新社会运动”——因为他预设了任何革命或变革都必定要由工业无产阶级来领导。[2]许多这样的论争都以如下基本差异为前提：作为非物质实体的语言不同于作为非语言的和“物质性”实体的经济、生产和商品。文化则成为一个有趣的概念，因为它穿行于这种差异的两边。我认为，葛兰西著述诸多吸引人的特点之一就是他拒绝接受这样一种观念，即不认为经济和商品的物质性与语言、意义及交流的非物质性之间存在对立。

由于为我们考察相关因素提供了工具，特别是当我们看到在今天世界的经济中，越来越多的商品既有物质或物理的成分，又有类似品牌声誉、专利设计、电脑程序这样的非物质的成分时，葛兰西的研究成果无疑是显著的。更准确地说，葛兰西提供了一个未强行将“物质的”和“非物质的”做一种无效分割的马克思主义的框架。正如葛兰西所言：

> ……“物质”既不应当在它从自然科学中获得的意义上来理解（物理、化学、机械学等——要从其历史发展来标记和研究它的意义），也不应当从人们在各种形而上学唯物主义中发现的任何意义上来理解。应当考虑到一起构成物质本身的各种不同的物理（化学、机械的等）特性（除非人们转而求助于康德的实在概念），但只是在它们变成一种生产的“经济要素”的范围内。所以，物质本身并不是我们的主题，成为主题的是如何为了生产而把物质社会性地和历史性地组织起来……[3]

这段文字没有提及语言或非物质的东西，也没有表现出一种相对主义的认识论。的确，它关注的是“经济要素”和生产的问题。但是，葛兰西在这里拒斥了一种粗陋的唯物主义而代之以社会和历史的视角。正是基于这种视角，才提出了对生产意义、价值和沟通进行组织这样的关键问题。从我们所处的历史制高点来看，鉴于葛兰西时代开始的技术进步——第一章已做讨论，我们很容易发现许多日益增加的、具有“经济”属性的重要商品，如电视、计算机程序和品牌本身，当我们在人的关系的意义之外，从自然科学角度研究它们时，已很难就其物理性质将其统括为“物质的”。

葛兰西在使用“历史唯物主义”的标签来描摹马克思主义时，着重强调的是“历史的”这个形容词，并要求我们跳出“唯物主义”和“唯心主义”这种十分简单化的对立。正是这种方法——包括他的语言理论，使得葛兰西尤为相关于后现代主义、新社会运动和全球化这些世界性的论争。

一　后现代主义、语言和相对主义：整个世界是一个文本吗？

如想给予“后现代主义”概念一个充分的定义几乎是不可能的。鉴于围绕这个概念及其引发的思潮所带来的无尽争论，完成这样一件工作不一定会有什么价值。不过，在与后现代主义持续相关的各种理论和现象中，某些语言概念一直拥有着核心的地位。另外，葛兰西常常被用于和一些后现代主义理论家，尤其是福柯进行比较，并在后现代主义和后马克思主义的争论中扮演着重要角色。这就使得我们在评价葛兰西的影响、持续的相关性和未来的重要性时，后现代主义维度变得不可忽视。

在那些经常被贴上“后现代主义者”标签的人中——尽管他们中的许多人，如法国思想家雅克·德里达、米歇尔·福柯拒绝承认这种标签——语言和话语是他们研究的核心主题。这一点与我们所了解到的葛兰西相仿，语言学和语言哲学也是他的核心范畴、观点和隐喻的来源。例如，作为对“后现代”概念贡献卓著的知名学者之一的利奥塔（Jean-Francois Lyotard），尤为倚重于维特根斯坦的“语言游戏”概念，利奥塔将其用于描述被他称为“后现代知识”的运行方式——知识的合法性不是因为某种诉诸非语言的、永恒的真理而建立的，而是由语言的使用者建立起来的。[4]或许其他更为知名的，也接受“后现代主义”标签的理论家，如鲍德里亚（Jean Baudrillard），会认为我们的社会已进入后现代时期，物质性的商品、经济和生产这些概念已无力对这个时代做出描述或提供理解，应代之以符号交换的符号学及其动力学。作为符号交换的一个主要例证，语言再次成为一个潜在的焦点。[5]

而像詹姆逊和大卫·哈维（David Harvey）等人，就其批判性立场、方法而言也可被贴上“后现代理论”的标签。他们认为，“后现代主义”不失为一个描述我们当下历史境况及其文化产品的有用概念。这些理论家强调“后现代”的“后”并不构成对资本主义剥削动力学的决裂或根本改变，而是说后现代主义是一种新的、晚期的阶段，是一种对现代资本主义进行整合的发展过程（正如以下所讨论的那样，这些问题将引出我们的其他主题——新社会运动和全球化）。[6]

“后现代主义”应该是对一个历史时期的描述，还是对一种政治、哲学立场的概括？除了类似这种基本争议之外，另一个更为基本的问题是：与“后”相关的“现代”“现代主义”概念又是指什么呢？从政治学、社会学、哲学的使用方式出发，“后现代主义”被应用于诸如建筑、艺术、文学等不同的语境中。例如，在政治哲学中，后现代主义的“后”意味着对现代欧洲理论，特别是对根植于17～18世纪理论思潮的拒斥与超越。后现代主义通常和被称为“反基础主义者”（“anti-foundationalist”）① 的启蒙批判联系在一起，尤其是因为启蒙精神追求的是位于历史与文化之外的，以进步、真理和理性为目标的超验价值。[7]在文学领域和艺术领域，“后现代主义”所超越的“现代主义”是指19世纪晚期和20世纪早期的一系列运动，在此时期，现代政治哲学包含了启蒙精神和对工业化、科学进步的一个相对积极的评价。而文学和艺术的现代主义则包含对“现代社会”——“现代”

① 当代西方出现了基础主义（foundationalism）和反基础主义（anti-foundationalism）的争论。作为一种哲学信念，基础主义相信：存在某种我们在确定理性、知识、真理、实在、善和正义的性质时，能够最终诉诸的永恒的、非历史的基础或框架。哲学家的任务就是去发现这种基础，并用强有力的理由去支持这种要求。罗蒂总结出基础主义的三个基本前提：第一，任何一个文化都有一个理论基础；第二，这个基础由一系列特许表象即处于优先地位或者说具有真理和真相意义的表象构成；第三，学术研究的主要目的就是探讨这个基础。反基础主义则极力反对上述主张，认为根本没有任何超越时空的本质，任何事物根本就没有一成不变的统一性。启蒙批判者一般将前现代和现代思想都作为基础主义予以批判。——译者注

指工业化、城市化和理性化——较为批判性的反应。[8]

另外一个问题——后现代理论的含义又是指什么，再次增加了情况的复杂性。贝斯特（Steven Best）和凯尔勒（Douglas Kellner）注意到了被他们称为“极端后现代理论”（“extreme postmodern theory”）和一个稍显温和的后现代立场之间的差异。极端派将后现代主义的“后”视为对现代立场——既指一种理论立场，也指对一个历史时代的一种描述——的一个总体的、彻底的批判和拒斥。而像福柯、大卫·哈维和罗蒂（Richard Rorty）这样的思想家，无论他们之间有何差异，都极其关注现代性、现代理论与后现代性、后现代理论之间的连续性。[9]

这些也仅仅是后现代主义的讨论为何充斥着复杂性、争议性和混乱性的一小部分原因。因此，后现代主义时常仅被视为一时的风尚就不足为怪了。不过，当我们注意到许多和“后现代”有关的思潮与语言、符号学的方法——从作为符号系统的语言研究中发展而来——是关联着的，尤其是从我们现在的目标来看，后现代主义仍然是有价值的。20 世纪 80 年代至 90 年代早期，后现代主义之争似乎已然衰落，但其中诸多引发争论的重要议题又与新社会运动理论有所瓜葛，并在新兴的全球化文献中复苏。语言就是一个明证，尤其表现在用它来解决认识论、能动性，与政治变革、社会意识与所谓的“信息时代”的技术经济发展这些问题时。

尽管把尼采与后现代主义连在一起会出现明显的时代错乱，但他很好地捕捉到了后现代主义者的一个重要特征：抨击诸如真理、理性、进步这样的启蒙观念。

> 每一个概念皆源于我们将不能等同的东西等同了。没有两片完全相同的树叶，而“叶子”的概念却是从这些有着个体差异却忽略这些差异的一种武断抽象中得来的。……那么，真理是什么呢？是一支充斥着隐喻、转喻、拟人的流动大军——也就是说，是一种一直在被夸大、颠倒并用诗歌和修辞予以美化的人的关系的总和，而后再经长期对大众的强化、规范与强制地使用；真理沦为人们已不知其本身为何物的幻觉；是被磨蚀过的隐喻……[10]

尼采将他对现代哲学和社会的批判与后现代主义的主题联系了起来。语言对于认识的核心地位、对差异性的强调，以及由于将语词束缚于某种非语言的、无中介的，即在人类历史文化之外的“真理”中而对我们获取真知的能力保持怀疑的态度，以上这些主题成为马克思主义者和其他人进行后现代主义批判的核心要点。

二 尼采、索绪尔和德里达论语言

尼采认为，语言并不是指涉任何用于衡量语言真理性的终极的、非语言的事实。第二章和第三章的有关段落已指出，语言不是一种用来标识“现实”世界中非语言客体的命名系统。另外，不同于葛兰西，尼采认为，我们常常遗忘了语言在多大程度上是以隐喻为基础的。而许多这样的主题后来为海德格尔（1889～1976年）所拓展，并成为那些被贴上“后现代主义”标签的理论的基础。

在第一章中我们已看到，索绪尔对真理有着截然不同的理解，他虽拒斥尼采对实证主义科学的批判，但他的语言观却与后者有着重要的相似之处。正如第一章所述，这尤其表现在索绪尔将语言视为一种符号系统，它通过这些符号之间的差别（特别是不同的能指之间的差别与另一个轴线上不同所指之间的差别）而创造出意义。因此，索绪尔的名言“语言中只有差别”与尼采的“语言不能与某种外部的、非语言的事实相绑定”的观点有了共通之处（尽管认识到以下一点非常重要，即索绪尔从不否认存在符号的非语言指称物，但他并没有在他的语言学中展开讨论）。

德里达的“解构”哲学建立在语言易变的观念上。就像索绪尔和许多结构主义者的主张一样，他认为我们让语言产生意义的方式是借助于差别，特别是通过建构出诸如“存在/不存在”“男性/女性”“黑/白”“上/下”等一系列二元对立概念来实现的。但是，与结构主义不同的是，德里达认为这种差异系统因其内在的不稳定性而总是能被“解构的”。在德里达的许多文本里，他通过揭示某一个通常相对于另一概念有着优先地位的概念，一旦被使用后就似乎导致另一概念变得可有可无——这样的概念因其被认为仅是增补性的而通常被德里达称为“增补者”（the supplement），他以此来说明二元对立概念的这种不稳定性。但是，这种初始概念的特殊地位却依赖它与“增补者”之间的差异。因此，“增补者”并不真的只是增补性的或等而下的，相反，它对于最初被认为是独立的概念能真正独立是相当重要的。

在德里达早年所写也是其成名作之一的《论文字学》（*Of Grammatology*）中，他将对西方哲学的批判和对索绪尔语言理论（该理论对结构主义至关重要）的批判性解读联系了起来。德里达的一个引起广泛争论的观点是，西方思想与社会过于拔高了言语的观念：一方面是因为把言语和理性、合理性（古希腊时期的“逻各斯”一词意指两面：语言和理性）关联在一块；另一方面这种言语也指在场条件下的单个主体能清楚表达出的“真理性”言语。因此，德里达认为，自柏拉图以降的西方哲学的历史将书写贬黜为二等技艺。这种技艺是为了保存言语才随后出现的，或者说是为那些无法表现、言说自身的人克服其不利处境而发明的，借此他们的语词才被记录、阅读。根据德里达的说法，书写经常被认为只是一种人造的、次要的和简单的反映。不过，他也承认，鉴于言语自身的缺陷，书写还是必要的。言语需要书写去补充依其自身无法做到的事情——最显著的例子莫过于即使言说者在场，也需要用书写形式才能对其语音进行编辑、划界和显现。德里达以卢梭、索绪尔和列维-施特劳斯的文本为例说明了此种动态。

在德里达那里，言语和书写之间的关系是他呈现“解构”的最重要的一种手段。他对这种所谓的区别进行了剖析，并认为，包括理性、真理、真实性和在场在内的言语概念，实际上倚恃的是非理性、谬误、人造物和缺失的观念。因此，从概念来讲，言语不能先于或不依赖于书写而存在。它们是一对相互依赖的对子概念。然而，这组对子却被声称是由如下的方式所构成的：言语独立于并先于书写而存在，尤其说书写只不过是对言语的再现或是它的不完整的副本。[11]

对此争论，我们可以通过德里达对索绪尔的《普通语言学教程》（第一章已经论述过）的深入解读与批判做进一步的了解。与葛兰西对新语法学派和对自然化“规范”语法的批判类似，德里达对索绪尔关于语言能成为一个稳定符号系统的假设提出了批评。[12]葛兰西虽然也拒斥那种将“规范语法”概念看作一个稳定的或“自然的”系统的看法，但他依凭的是“自发的”或“内在的”语法的概念，而德里达在主张“语言的不稳固性”这个基本观点时则有着非常迥异的指向，即他以此批判的是西方哲学和普遍的“意义”固化。与其相比，葛兰西更关注的是相互竞争的意义系统的政治意蕴的问题，以及其他可用的语法是如何被规范语法吸收或被抵制的。

德里达认为，语言中的差异所创造的意义总是不稳定的（由于语言的不稳定程度及其影响在德里达的解构哲学中并不重要，因此会假定语言都是不稳定的)。例如，能指/所指、书写/言语、男性/女性这些对子概念并不仅限于表面含义的区别，它们之间还存在优劣地位的非对称性差别。能指是象征所指的那些元素。索绪尔（和常识）所描述的那种书写是对话语的再现。因此，以常识而论，只有当言说者不在场，需要交流时，书写才成为必要的。但是，德里达认为，言语的意义产生于它和书写的差异，因此我们必须弄懂什么是言语。

德里达没有将解构和拒斥、批判做一种简单的等同。这是因为他揭示了言语/书写的补充性动态机制。例如，他并不认为我们不应去使用这样的概念或者说拒绝承认这种差别，相反，他力图揭示出这些对子概念形成的过程，并让人们认识到它们。这个过程与“陌生化”（“defamiliarizing”）或“奇异化”（“making strange”）艺术理念相仿，借此过程能让我们在看待日常之物时从一个不同的视角，一个全新的、不熟悉的且奇异的角度去审视，从而对它们产生更清晰的认识。[13]不过，德里达和他的解构方法，因有损于政治目标的明晰性和这些目标所赖以确立起来的差异而受到批评。也就是说，由于他对包括正义/非正义、合法/非法、压迫/自由、朋友/敌人等几乎所有的二元对立，都予以任意“解构”，可能导致无政府主义和政治冷漠症的迸发。

涉及葛兰西、德里达和语言的一个重要的问题是：葛兰西对“规范语法”的批判较之于德里达对符号体系稳定性假设的批判，两者具有多大程度的可比性呢？出于种种原因，许多反对德里达的批判，特别是有关“解构”的政治意义，对葛兰西都是不适用的。还有一个问题是，葛兰西的“自发语法”“规范语法”概念在多大程度上启发了那些认为德里达的政治观是有用的人呢？在揭示出霸权概念范畴、语法、“常识”和世界观的不稳定性时，葛兰西的概念体系更适用于说明其潜在的政治效应吗？这些问题我留给读者思考。

无须归并尼采、索绪尔和德里达的观点，我们就可以发现他们都将语言理解为一个符号系统（对索绪尔来说是稳定的，对德里达来说是易变的），这个系统并不通过它和某种外在于语言的世界的外部关系来创造意义。也正是在这一点上，许多后现代主义的马克思主义批评家持反对的立场。他们认为，这种语言观是以隐喻为基础的，这支“流动军队”由于没有扎根在非语言的所谓外部的现实之中，从而必然导致无关政治的立场，而此立场会使资本主义的批判失去规范性的基础。

三　葛兰西：语言和相对主义

在葛兰西学术研究中，学界对他的认识论有着不同看法。一些人将其理解为一名“现实主义者”。他们虽然承认葛兰西在一些著述中对人们所理解的“客观现实”这样一个经验主义的概念提出了质疑，但支持现实主义的人认为葛兰西从没有拒斥这个概念。[14]不过，葛兰西的语言著述却强化了反面的一种理解，而相当接近于尼采“隐喻的流动军队”（mobile army of metaphors）的语言观。这使得葛兰西和时常以“反基础主义”为标榜的后现代主义变得非常接近——尽管葛兰西的方法承认客观实在概念的可能性，也不认为这样的语言视角会导致伦理或认识论意义上的相对主义。“相对主义”是另外一个有着无数不同定义的棘手术语。它涵盖了从“每一观念都有相同的有效性”这种较为极端的理解，到“不同的（和矛盾的）方法将得到不同的‘真理’”这样较温和的观点。

葛兰西的观点是，关于人的主观世界和外在于人的“自然”客观世界之间关系的问题，是建立在一个抽象的、最终的（或原初性的）宗教基础之上的。葛兰西认为，相对主义的吊诡之处或他所说的“所谓的外部世界的存在”，是以存在一个属人的世界和一个无人的世界的分隔为前提的，而这是一种抽象的假设。这种假设是基于以下这样一种观念而建立的：世界是在有人类之前就被创造好了的（如上帝），而后才把人安置进这个世界之中。然而，以马克思的历史唯物主义视角来看，人类是从自然界之中发展出来的，由于出现了劳动分工，尤其是人类社会出现了阶级分化和剥削他人劳动的现象，人和自然的关系才出现了异化。葛兰西此种观点的源头来自马克思的著述。

对人与动物（自然组成元素的实例）的区分，马克思在《资本论》中有着一段经典的论述。他写道：

> 蜘蛛的活动与织工的活动相似，蜜蜂建筑蜂房的本领使人间的许多建筑师感到惭愧。但是，最蹩脚的建筑师从一开始就比最灵巧的蜜蜂高明的地方，是他在用蜂蜡建筑蜂房以前，已经在自己的头脑中把它建成了。劳动过程结束时得到的结果，在这个过程开始时就已经在劳动者的表象中存在着，即已经观念地存在着。他不仅使自然物发生形式变化，同时他还在自然物中实现自己的目的，这个目的是他所知道的，是作为规律决定着他的活动的方式和方法的，他必须使他的意志服从这个目的。[15]①

葛兰西尽管对人类的脑力劳动及其在生产中的作用也非常重视，但他还从来没有明确地这样写过或论述过这种差别。不过，我们可以推测，他没有设想人类的意识和智力有着特殊的品质，而给予一种类似于灵魂与物质、神圣与世俗之间宗教式的分割。葛兰西在讨论匈牙利马克思主义哲学家卢卡奇时曾谈到过这个问题：

> 卢卡奇似乎认为，人们只能就人类历史而不是就自然谈论辩证法。他可能是正确的，也可能是错误的。如果他的论断预先假定了自然和人之间的二元论的话，他就是错误的。因为他跌落到宗教和希腊-基督教哲学所持有的自然观中去了，也落入实际上（除了口头上的之外）并没有把人和自然现实地统一和关联起来的唯心主义所持有的自然观中去

① 中文版请参见《马克思恩格斯文集》第5卷，人民出版社，2009，第208页。——译者注

了。[16]

尽管葛兰西从没有对动物交流的语言是否有意义给出判断，但这段引文揭示出他不会认为人类所使用的语言是用于和一个不属于人类的、自然的和非语言的世界进行交流。正如第二章和第三章所述，他的语言著述已经让下述这一点变得非常明确：他拒斥将语言作为命名系统的看法，而认为语言对于意义生产与创造世界是至关重要的。他对语言隐喻性质的探讨加上反对“所谓的客观外部世界”的观点，形成了以下认识论与视角，即摒弃任何将语言与某些“现实”的客观世界相分离的观念，并转而在将这个世界作为参照物时，把语言与这个世界紧密地联系在一起。

因此，在一些被诸多学者（包括批评者与支持者）归之于后现代主义的语言重要论题上，葛兰西与他们有了对话的可能。不过我们应该清楚，对葛兰西而言，这种共性并不意味着导向某个自由浮动的世界——其间的意义显得倏忽不定或处于不停变动之中。相反，他强调的是意义的历史生成，强调的是人类历史与“客观”知识的内在联系。在葛兰西看来，传统哲学因其抽象性而无法与我们的日常经验相联系，这才引起了有关客观性的诸多争论。[17]然而，大多数人在他们的日常生活中是不会提出诸如此类问题的。

而当“客观性”和“现实性”的问题被提出时，葛兰西注意到“常识”通常难以给出一种充分的回应。正如第三章所述，“常识”具有碎片性，它包含宗教和神秘世界观的剩余物。在葛兰西看来，这一点尤其体现在“客观世界”的问题上。他认为，这个问题已被这样一种观念所设定：上帝创造世界，而后创造出他选定的创造物——人类，并把他们放置到一个已被创造出的世界中。这就是被葛兰西称为“外部世界的客观现实性”这样一个“令人不胜烦扰”问题的根源。他认为，这个问题“既提得很糟糕、争论得很拙劣，也在很大程度上是无效和无用的”。他说：

公众甚至认为诸如“外部世界是否客观地存在”这样的问题是不应该提出来的。谁只要一提这个问题，就会引起一阵抑制不住的哄堂大笑——他们“相信”外部世界是客观真实的。但是，问题在于：“相

> 信”的根源是什么，“客观”一词的根本价值是什么？事实上，这种信念有其宗教根源，即便是持这种信仰的人对宗教本身并无兴趣。因为一切宗教都曾经而且还在训导说，世界、自然、宇宙都是在上帝造人之前创造的。所以，人发现世界上所有的一切都是现实的，被规定好了秩序，上帝一劳永逸，我们无须劳神。这种信仰变成了“常识”的铁的事实……[18]

按照葛兰西的看法，一旦我们真正地将“科学”和理性思考世俗化后，就会认识到我们不可能将人类的知识与一些其他真理建立的基础分隔开来。若如此，只会造出哲学的抽象性。认为所有的信念和观点都有相同的合法性，这一点并没有把葛兰西变成一个相对论者，他既没有说过“现实性”不存在，也不是说他就此成为一名生态主义者或动物权利保护主义者。较之其他任何一个方面，以及“伦理是为人而设定的，而不是环境所必需”这样的假定，他更看重的是人类的经验。但是，与许多被贴上后现代主义者标签的人一样，葛兰西对诸多有显著政治后果的抽象划分，如人与自然、科学与宗教、语言与物质现实这样的分割是持质疑态度的。而让他与一些后现代主义者，如鲍德里亚渐行渐远的是，他蔑视任何导向消极、宿命论的理论视角。在与后现代主义多有瓜葛的“天启”自然观上，他与之没有共同之处。最后，当鲍德里亚开始论及我们是否能够思考一个已进入某种新阶段或有后现代性这样普遍表征的社会时，葛兰西则显得要谨慎得多。[19]

四　福柯：语言与权力

与德里达风格迥异的福柯也因其语言概念，尤其是被他称为“话语”的理论而著称。尽管他在语言史研究方面有诸多创见[20]，但他最为显著的影响还在于他对精神病学与疯癫（《疯癫与文明》）、临床医学与疾病（《临床医学的诞生》）、人文经济学、生物学与语言学（《词与物》）、犯罪学（《规训与惩罚》）和性学（《性经验史》）的研究方法上。

福柯关注的根本问题是：我们从类似疯癫、疾病、犯罪行为等问题中得到的概念是如何塑造我们社会的？他称这类问题为“话语”，他研究了它们有着怎样的关联性，并对精神病院、医院和监狱等机构也做了研究。同葛兰西相似，福柯对权力的理解有着哲学与制度的维度。在现代政治哲学准备庆祝理性与社会理性化的组织使自由成为可能时，福柯对疯癫的研究却揭示出，此种发展的另一面是对人的行为支配、控制和规训的加强，而其基础则是诸如精神病学、医学与犯罪学等新话语、新学科的出现。借此，福柯的著述提出了对现代性的诸多批判，或者说至少暴露了现代“发展”之中常常为人所忽视的诸多消极方面。

福柯的方法，特别是他的“话语”“话语形态”（“discursive formation”）概念已成为他最为显著的思想遗产。因此，福柯不只是因其对如生物学、经济学的历史领域的研究才获得了广泛影响，也不只是因为他对如诊所、监狱等制度兴起的分析才脱颖而出。正是由于他对这类主题及现代社会发展普遍图景的考察方式，而让他获得了包含正面与负面评价在内的极大的关注——尽管他所说的“话语”和“话语形态”一直不明确，也不见得为学界所认同。

“话语”（“Discourse”）一词源于拉丁语 *discursus*，字面意指“到处跑”，引申为推理过程，最为狭义的含义指从前提到结论的推理，也可指讨论、谈话。在如今的日常用语中，它通常用来指一篇给定主题的论文或系统性的书面文件，如笛卡儿的《谈谈方法》（*Discourse on Method*）。福柯使用该词描述生物学、医学、性领域的客体。它们都是特殊的概念集合，也是他探究特定领域的思考方式，而且远比一本专著或任何一位作者的作品所涉及的内容要丰富。例如，在《疯癫与文明》一书中，福柯对“疯癫”展开了追溯。在“疯癫”被视为对人类理性的一种威胁时，精神病人就必须被禁闭起来，以与“神志正常”的人分隔开。福柯认为，这种疯癫观念的形成是在科学和医学出现后才形成的。但是，他并没有把它简单地说成是由于人类心理知识的增长而导致的，相反，理智与疯狂的话语与更广泛的理念、制度及其实践密切相关。

在《词与物》的开篇，福柯对此种话语概念与其包含的对制度的思考方式做出了说明。他复述了一段博尔赫斯（Louis Borges）讲述中国百科全书中关于动物的文字。该书将动物分类成：（a）皇帝所有的；（b）有芬芳香味的；（c）驯顺的；（d）乳猪……（h）包括在目前分类中的……（n）远看像苍蝇的。[21]这段引文引发了福柯一阵大笑后，也开启了他新的写作方向，即开始分析未被言说过的世界秩序与对符号、秩序体系的认知和思考之间的关系。由此，他追溯了从语法、文献学到语言学，从自然史再到生物学的语言研究的发展以及政治经济学与经济学的发展情况。

许多学者已注意到葛兰西和福柯两人的相似之处。[22]两人都强调制度性联系对我们认知世界——意识形态、文化和世界观的问题——的影响。[23]如果考虑到“话语”是与葛兰西所讨论的语言特别是语法有着怎样的关系的话，这种比较就会变得充实具体。

曼弗雷德·弗兰克（Manfred Frank）① 认为，福柯对“话语”的用法“约略处于可遵循的语言系统规范和纯粹个体语言的中间地带”。[24]也就是说，相比于任何一种现有的语言，如英语，福柯的分析将重点放在更为具体地对知识、秩序和认知的描绘上，同时比一个或少数个体对一个给定主题的特定论证或观点要更为广阔。英语既可以用来表述宗教创造论，也可以用于表述生物学、物理学。因此，话语不是语言的同义词。作为研究“生命”的一种具体方式的“生物学”，就像创造论一样，对生命有机体的研究已不再局限于一种连续的、统一的视角。在林奈（Carolus Linnaeus）②、居维叶（Georges Cuvier）③、达尔文（Charles Darwin）之后，作为一种话语的生物学早已大大超出了它最初的构想。

这种情形类似于葛兰西对克罗齐狭隘的和形式主义的“语法”定义所

---

① 曼弗雷德·弗兰克（Manfred Frank，1945 年 ~），德国哲学家、政治思想史家，以研究西方启蒙运动以后的政治思想著称，先后任教于瑞士日内瓦大学哲学系和德国图宾根大学哲学系。——译者注

② 林奈（Carolus Linnaeus，1707 ~ 1778 年），瑞典植物学家、动物学家和医生，瑞典科学院创始人之一。他奠定了现代生物学命名法二名法的基础，是现代生物分类学之父，也被认为是现代生态学之父之一。译者注

③ 居维叶（Georges Cuvier，1769 ~ 1832 年），法国博物学家、比较解剖学家与动物学家，也被称为“古生物学之父”。他在动物和化石方面的研究开启了比较解剖学和古生物学领域。他扩展了卡尔·林奈分类法，将门分入不同的纲，并将化石和动物纳入分类系统。——译者注

做的批判——这一点我们已在第二章中讨论过。作为对克罗齐的回应，葛兰西提出了规范语法和自发语法之间的区别。正如福柯的“话语”概念，规范语法和自发语法这两个概念的用法比具体论题范围大，但又受限在整个语言，如英语范围内。[①] 福柯的“话语”和葛兰西的“语法”都与个体怎样看待世界、怎样组织其内容相关。在葛兰西看来，克罗齐过多地强调了个体化的表达，而忽视了这种表达是通过相对明晰的规范语法，特别是通过不太明晰的自发语法才被建构而成的。这里提示了葛兰西从未明确给出的一个“语法”和语言之间的区别。与福柯的“话语”相比，葛兰西对两种语法的讨论可能提供了一个更为明晰的构架，这尤其表现在权力的中介及运作问题上。但是，在我们阐明这种对福柯的批判之前，有必要先谈一下他的认识论。

福柯著述的认识论意义是：不存在唯一的对事物分类的方式。换言之，他拒斥这样的观念：科学是进步的，仅仅是因为它增加了知识或者说是更接近了“真理”。生物学、犯罪学、医学都是话语，是对对象、概念、制度等特定的分类方式，这意味着不同的文化和时代会使用不同的分类方式，不能简单地将这些分类归为正确的或错误的、积极的或消极的。福柯虽然并不否认 16 世纪以来人类理性发展的进步意义，但他提醒我们应看到，与欧洲社会信奉的理性、合理性与科学相伴的是一些较负面事态的发展。他认为，这种“现代化”在支配和压迫问题上并不是非罪的。的确，在《规训与惩罚》中，福柯描绘了一种全景式监狱（panopticon）的著名景象。这座由启蒙哲学家边沁（Jeremy Bentham）所设计的监狱，能让处于中央塔楼的守卫高效地监视所有的囚犯，而囚犯却无法确定他们是否在某个时刻受到监视。这就造成了即使囚犯们没有真的被监控，他们也从心理上感觉到自己始终处在被监视的状态。而在今天这一景象已被遍布大街小巷的、通常并不记录监视影

---

① 经原书作者艾夫斯本人澄清，这句话的意思是指葛兰西的自发语法和规范语法与福柯的话语概念在使用范围上有相似之处。福柯使用“话语”不像笛卡儿的《谈谈方法》那样局限于对某一论题进行论说的意义，而涉及“生物学的话语”、话语与权力、制度、意识形态的关系，但又没有超出一种语言如英语、拉丁语这么大的范围。与此相似，葛兰西的自发语法、规范语法针对的是一个现有人群特有的说话方式，如撒丁岛农民的自发语法，而不是说这种自发语法就已是撒丁语的普遍特征，这两个概念没有超出一种语言的范围。——译者注

像的安防摄像机所复制。而现代公民在将权威、规制内化并使自己成为被规训者后，成为那些18世纪被关在设计合理监狱中囚犯的翻版。

五　葛兰西与福柯论权力

福柯和葛兰西因其在对权力概念及其运作的理解上有相似之处，两人常被放在一块做比较。[25]严格说来，他们两个人都认为权力是以复杂的方式运作的，并且通常并不局限在政治领域。对他们来说，作为权力运作指涉的政治不只是指政府、选举，或者警察、军队。相反，政治在每个人的日常生活中——不管一个人是去上学、看小说，还是去看医生——始终存在。一些重要的权力运作是在微观或分子层面发生的。

再有，福柯和葛兰西都认为，权力很少以一种简单的单向方式进行，类似一个或一群手握权力的人使用权力压制另一群完全没有权力的人。在通常情况下，那些处于支配地位的人需要设计欺骗和竞争，以施用权力和发挥他们的影响。而更重要的是，那些相对无权力的人对这种权力的施用，或者采取默许同意、积极支持的态度，或者采取抵制的态度。正如我们已经看到的那样，葛兰西在具体分析意大利“复兴运动”、意大利的农民和工人阶级，以及他的消极革命、历史集团和霸权概念时，就阐发了这样的见解。福柯在他的分析中提出了类似的观点，但批评者对他关于权力的分析是否实际上已掩盖了政治行动主义和积极变革的可能性，提出了质疑。女性主义者，如南希·哈索克（Nancy Hartsock）① 认为，福柯的权力概念是分子式和多向度的，以至于“体系性不平等的权力关系最终从福柯的权力观中消失了”。[26]并且，她认为，福柯因其对弱势群体——他们获得了一定程度的主体性、能动性和力量，他们不仅用其反抗权力，更重要的是用来改变权力的动态及运作方式——的含混不清的态度，而使他对破坏性的统治制度和那些有权有势者的批判立场被弱化掉了。值得注意的是，哈索克认为，在女性权力理论的

① 南希·哈索克（Nancy Hartsock，1943～2015年），当代美国马克思主义女权主义流派的主要代表人物之一。——译者注

来源问题上，葛兰西是对福柯的一个有力补充。

葛兰西通常寻求的是一种行动主义的立场，他主张的不仅是对统治阶级霸权的无情批判和解构，同时提出了一种替代的“反霸权”，即针对压迫的另一种具体的选择方案。这种观点显露于他的语言学理论，尤其表现在他对自发语法和规范语法的区分上。但是，正如第二章所述，这并不是一种对象征非压迫性自发语法的肯定，而是对规范语法进行批判的简单区分方式。相反，在某种程度上与福柯对权力的分析相近，葛兰西的自发语法概念揭示了政治是如何在微观层面上发挥其影响力的。即使对那些看似毫无权力的人而言（如工人阶级的孩子通过取笑农民、移民子女说话的方式），同样显示出他们拥有支配性的权力。即使是纠正某个人的语法错误、请求清楚地表述，以这些善意形式出现的行为都不是与权力关系、政治毫无关系的。不过，这并不会得出葛兰西要谴责那些纠正他人语法的人的意思。换言之，葛兰西像福柯一样，并不试图创造一种无权力浸染的空间，或一个没有类似语法纠正的地方。相反，两个人都看到由于否认“权力是不断运作的”而导致的最显著的政治问题。葛兰西并不认为“我不应该纠正你的语法”，而是想强调：“我不能以一个所谓‘客观’的、非历史的、自然的视角，带着我的语法‘优胜于’你这样的观念而底气十足地去纠正你。”即纠正语法本身是一个无关政治的活动，但他提供了这样一个重要的范例——在某些环境下告诉我们，“主流”的语法就是被赋予了权力。

同样，福柯并不反对对任何精神上不稳定的人进行限制。他所试图揭示的是这种治疗的正当性难以被单纯地还原为客观、非政治的、非历史的科学知识。对葛兰西和福柯而言，我们应该看到在这些情况下权力是操作性质的。我的语法之所以是正确的，是因为它是由社会统治集团所定义的。因此，对“臣属性”社会集团的成员来说，学习主流语法可能是非常重要的。

福柯和葛兰西之间的最显著的差异在于：福柯并不关注人们被有意识地动员起来，以渐进的方式改变某一特定的“话语”的机制。在某种意义上，“话语”占据了语言（它可以用来表达任何观点或世界观）与个体表达之间太多的空间。此种见解与福柯更为激烈地拒斥以下观念关系很大：权力是从支配领导者向被支配者纵向、单向传导运作的。当葛兰西分析权力的复杂性及其与认同的关系时，福柯的“毛细管式”的微观权力观却因其模糊了诸种权力的差异而受到批评。[27]

同福柯一样，葛兰西非常关注存在于话语之中的复杂矛盾。但是，在葛兰西通过指出自发语法是以怎样的方式能被吸纳、统合入某种发展出来的规范语法以及某种统一的普遍语言后，他特别强调了能动性与集体的政治行动能推翻，或者说至少是能改变体系性的不平等与压迫，从而导向一个更为平等的权力关系。当葛兰西建议在意大利以一种比支配集团的做法更优的方式去形成规范语法时，福柯则直言不讳地宣扬可供选择的积极“话语”。其意指所有的“话语”都和权力相关，很难说它们之中谁更正义或更平等。

六　新社会运动与话语：拉克劳与墨菲

后现代理论和新社会运动在众多方面都有联系。20 世纪 80 年代，理论家与活动家们使用“新社会运动”一词，将主要是进步的、非议会的一些不同政治力量之间的相似之处联系起来。这些政治力量既不能被主流的多元主义范式统摄，也与对劳动力、资本和国家进行分析的左派和马克思主义者的视角不相符合。20 世纪 50 ~ 60 年代的非美裔民权运动，60 ~ 70 年代的第二波女权主义运动，以及男女同性恋的激进主义运动、学生运动，反战运动、反核运动、生态保护运动等许多其他运动，都有着不同的历史根源和政治、社会变革诉求。80 年代出现的新社会运动文献认为，这些运动的出现构成了政治的普遍转向，并且这种转向不是由这些运动中的任何一种造成的。

无论是隐含不表的还是明确表达的，这些多样化的群体和运动因其目标和社会分析迥然不同，往往会造成紧张、冲突的情形。例如，环境保护主义者会将经济发展和对自然资源的消耗视为一种主要的危害，而那些关注低工资、剥削和恶劣工作条件的工人，则可能将发展和消费看作对剥削性工作的改善。如果意味着需要关闭锯木厂，或另外取消报酬优厚的工会工作，那么濒临灭绝的动物种群是否还应该被保护？同样，有着遭受性别歧视经历的工人阶级活动家，常常面临“性别”和“阶级”之间的紧张关系——两者构成了一个重要的坐标轴，权力在其中不均匀地分布着。

这种困难、紧张的关系给后现代主义拒斥“宏大叙事”以充分的理由。正如我们所见，后现代主义不再要求一个总体性的解释框架——不管性别、种族、阶级是不是社会不平等和压迫根本的或最重要的参考轴线——被视为一种务实的进取方向。如果你摒弃了绝对真理的观念、正确与错误知识的观念、单向“进步”的观念，那么在那些有着各式各样不满、经历和目标的诸多群体中实现联合或建立联盟政治就要容易得多。然而，如果这些联盟短期的或直接的目标一旦不再相符，这些联合就会分崩离析，问题就随之产生。在任何现有联盟内部，这些差异可能是无关紧要的具体问题。不过，如果这些运动希望对社会做实质性改变的话，这种紧张关系势必引发问题。

葛兰西阐明了他解决此种问题的看法。他指出，获得和维持霸权不能仅以建立一个工具性的联盟为条件。正如第三章所述，它指涉超越某一现有社会群体的“团体”的利益，而涵盖了整个社会的更广泛、更“普遍”的要求，或者至少是涵盖了社会中大部分臣属性群体的要求。这种后现代主义思想，怎样在有着如此迥异诉求的情况下——例如，在反抗资本主义剥削的同时，既要保护环境，又要兼顾工人生计，还要提高妇女社会地位和福利待遇——帮助建立起联盟？这还是一个悬而未决的问题。后现代主义是否遗留了诸多非常重要的待解决的问题，并使得一些重大问题，如权力是如何运作的等被遮蔽起来了？下文将对这些可能存在的缺陷进行探讨。

新社会运动往往被界定为对工人阶级单一的、落后的政治运动的否定。随着后工业化国家工人阶级的萎缩和工会成员（不同于早期非激进化的工人运动成员）的减少，各种激进分子、左派活动家和学者，如高兹（André Gorz）所言，都在纷纷向作为进步变革潜在领导者的无产阶级告别。

最具影响力的“新社会运动”理论家有着左派和马克思主义者的背景，他们也大多保留了早期“激进”和“进步”的目标，但是抛弃了他们所理解的马克思主义的一些核心原理：工人阶级是进步变革中的主体；革命是与资本主义的斗争同步发生的；基于剩余劳动剥削的资本主义制度是压迫形成的根本和首要的原因；历史在某种程度上是站在马克思主义一边的，它的成功是“不可避免的”。1985 年，随着《领导权与社会主义的策略》一书的发表，拉克劳与墨菲在汲取了许多后现代主义和后结构主义理论后，成为明确提出后马克思主义观点的第一批理论家。正如艾伦·基南（Alan Keenan）最近所说："对拉克劳和墨菲的总的观点以及他们激进和多元民主的概念而言，对新社会运动的重要性做怎样的强调都不为过。"[28]

拉克劳和墨菲的研究之所以备受关注，是因其本身处于最具理论影响力的德里达、福柯及上述讨论过的以语言为指向的后结构主义的理论辐射之中。葛兰西则在他们从马克思主义转向后马克思主义的转变轨迹上，以及他们的新社会运动"激进民主"理论中扮演着重要的角色。正如我将在下文中详述的那样，语言理论在拉克劳和墨菲的研究中所起的作用是令人费解的，因其忽视了葛兰西有关语言的著述后，却又将他们对马克思主义的"超越"看作从经济本质论（下面将做解释）向非本质主义的话语理论的迁移。我的看法是，这种理解是狭隘的和片面的，以至于将拉克劳和墨菲的规划与设想在很大程度上拆解掉了，它至少是对葛兰西的一种误读。不过，在本书中，我将尽可能公正地介绍这些问题，以便向读者说清种种争议。对拉克劳和墨菲的一个广为人知的批评是，当他们从马克思主义的资本主义批判转向强调多元论、不确定性、偶然性的"激进民主"时，实际上已经没有为资本主义的分析与批判留下什么空间。[29]而葛兰西关于语言的论述则能为争论的双方提供新的启示，并能让我们看到拉克劳和墨菲所做出的贡献。为说清楚这个问题，我们需要对拉克劳和墨菲的研究做一个比较详细的概述。

在撰写《领导权与社会主义的策略》之前，拉克劳和墨菲是受阿尔都塞和葛兰西影响很大的马克思主义者。[30]拉克劳侧重于研究意识形态在他的家乡阿根廷所具有的作用。[31]出生于比利时的墨菲也有关于拉美政治，特别是哥伦比亚政治的成长感受。[32]《领导权与社会主义的策略》描绘的是与两位作者智识发展相似的霸权历史根源的轨迹，这为他们重新诠释霸权提供了基础。对他们来说，"霸权"这个核心概念是引导他们从马克思主义的特有传统——极其重视意识形态和文化问题，并批判经济和阶级还原论——转向被他们认为是马克思主义基本教条的拒斥。在他们看来，这些教条就是如下一些观念：资本主义的消亡和共产主义革命是历史前进中"不可避免的"趋势；工人阶级一定会在这样的革命中发挥主体作用，并且这场历史运动是不可逆转的。从考茨基、普列汉诺夫的马克思主义，经罗莎·卢森堡、列宁，再到混合了拉康、福柯、德里达思想的“后现代主义”的链条中，葛兰西在此路径上起了关键性的作用。用两位作者自己的话来说就是：

> 我们的主要结论是在“霸权”概念背后隐藏着比增补马克思主义理论基本范畴的政治关系类型更多的东西，事实上它提出了与那些范畴相反性质的社会逻辑。[33]

拉克劳和墨菲认为，20 世纪马克思主义中的霸权概念一直是为了应对马克思主义核心理论的危机而发展起来的。简单来说，一方面是作为经济范畴的阶级，个人的经济地位，另一方面是阶级意识、工人阶级的集体认同和共同行动，他们关注的是如何处理这两个方面之间关系的问题。他们认为，20 世纪早期的马克思主义者，特别是葛兰西越来越关心后一个范畴，即作为一种政治冲动的阶级意识，但是这个范畴本身不能断开它与前一范畴“客观的经济分析”的联系。我们将看到，拉克劳和墨菲较为明确地使用了语言学中的用语和概念来描述此种政治意识概念，而反对用其表述客观的、非政治领域的经济。[34]

拉克劳和墨菲使用的一个显著实例是罗莎·卢森堡（1871 ~ 1917 年）的观点。卢森堡是一位犹太人，波兰革命家，并在德国和俄国的社会主义运动中具有广泛的影响力。卢森堡批判了德国社会民主党的经济还原论——该理论认为，资本主义的经济条件势必引发能实现资本主义向社会主义变革的阶级意识。卢森堡认为，像大规模罢工这样的策略，常常被认为是无政府主义者和像俄国这样的“落后”国家才采取的，但实际上它是培育革命意识——这种意识本身由工人阶级自发的政治意愿所促动——的重要策略，也是反对资本主义的必要革命策略。她认为，只强调资本主义的经济条件，就像德国的例子，往往会导致工人阶级分化成有多元利益、要求和认同的不同群体。因此，卢森堡认为，1905 年的大罢工和俄国革命的失败表明，就工人阶级意识而言，尽管德国的经济发展可能更加发达，但俄国在通往革命的道路上比德国更为先进。卢森堡由此看到经济还原论对德国社会主义革命是一个主要的挑战，它将俄国描绘成在经济和政治领域都是双重“落后”的，并由此认为德国工人阶级在走向社会主义的道路上更加先进，而其标志就在于它有着一个强大的议会党，即德国社会民主党和强有力的工会组织。

拉克劳和墨菲赞同卢森堡对经济主义的马克思主义的批判。同时，他们也反对这样一种观点：发达资本主义国家的紧张情势，将引发大工会与选民对工业的不满，由此将创造出能导向新的经济体制和新社会的革命意识。有鉴于此，拉克劳和墨菲强调，卢森堡坚持革命意识不是经济条件自动产生的结果，并且革命意识的创立也不是为了改善这种经济条件。因此，卢森堡在一定程度上已经把对资本主义的经济批判与政治意识的形成区分开来。不过，拉克劳和墨菲认为，卢森堡还是保留了马克思主义的某些“预设”。例如，无产阶级革命——由这种统一的阶级意识所发动——是“不可避免的”，它最终是由“资本主义发展的规律”所决定的。这就是为什么拉克劳和墨菲坚称，卢森堡强调的革命意识只能完全按照他们所称的“象征性的”(即非经济的）联合的方式来构建。然而，他们所认为的“政治斗争和经济斗争是对阶级主体的构成先于斗争本身的同义表述”，则是对卢森堡的一种误解。[35]换句话说，对于拉克劳和墨菲来说，尽管卢森堡提出了有关资本主义经济与政治行动之间复杂关系的核心问题，但她还从未完全理解这个问题，也没有得出这样一个合乎逻辑的结论：由资本主义所界定的阶级立场与革命所需的政治主体（或意识）之间可能没有如他们所说的“重合”之处。

拉克劳和墨菲使用了阿尔都塞“多元决定”（“overdetermination”）的概念，以突出他们是根据马克思主义传统来解读卢森堡和其他人的。[36]而阿尔都塞又是从弗洛伊德那里借取的“多元决定”概念，用以摒弃马克思的“矛盾”概念，尤其是用以反对这样的一种观点：生产关系（具体体现在资产阶级的权力之中）和生产力（具体体现在工人阶级的力量之中）之间的矛盾将导致共产主义革命。阿尔都塞认为，马克思思想的这个要旨是受到黑格尔的过度影响而形成的。但是，正如列宁所理解的那样，革命在1917年前的俄国这样的局势中发生时，“孕育着两场革命”——资产阶级反对封建阶级或沙皇专制的革命，以及无产阶级反对资本主义的革命。[37]俄国是帝国资本主义链条上“最薄弱的环节”，同时也是“最为落后和最先进的国家”。

正是这种复杂的多元决定论，让阿尔都塞、拉克劳和墨菲同时用它来反对任何只强调经济条件和阶级立场，而不考虑意识形态和意识这种非经济维度的马克思主义模式。特别是对拉克劳和墨菲来说，他们反对忽视“自治”政治维度的马克思主义。

拉克劳和墨菲转而聚焦于卢森堡在德国社会民主党内的主要对手伯恩斯坦，以进一步说明被葛兰西霸权概念所确认的20世纪马克思主义的“危机”，并最终引入了他们所说的“新政治的逻辑”。伯恩斯坦因其提出了一种更新马克思经济分析的、“修正主义”版本的马克思主义而闻名于世。该观点认为，无产阶级与资产阶级之间的两极分化已不再扩大，也不再造成更多严重危机，并且中产阶级事实上正在增长。伯恩斯坦认为，应对这种发展变化所需要的战略是，工人阶级将利用国家和议会政府与自由主义和资产阶级势力结盟，通过“民主”、议会手段逐步把资本主义变成社会主义。当伯恩斯坦的批判者（卢森堡、卡尔·考茨基及新近的批评家）指出伯恩斯坦理论分析的经验性和非理论性特征时，拉克劳和墨菲则强调他关注的是民主价值论中的政治（非经济）干预因素。他们努力将伯恩斯坦与德国社会主义思潮中的“改良主义者”区分开来——后者拒斥革命而倾向于政治寂静主义（political quietism），例如工会领导人的目标仅止于争取更好的工资和工作条件。拉克劳和墨菲认为，伯恩斯坦的贡献在于他反对这样的观念：“资本主义新阶段的分裂和分化特征将通过基础结构的变革被克服。”他们认为，伯恩斯坦的修正主义相信“这种克服将通过自治性质的政治参与来实现”。[38]拉克劳和墨菲在伯恩斯坦的著述中发现，他的理论并不是人们所常指责的庸俗经济主义，而需要重新认识他关于经济条件和政治意识之间复杂联系的论述。伯恩斯坦把社会民主党视为在民主议会体制中建立这一联系的有机体，而不是推翻这种体制。在拉克劳、墨菲看来，伯恩斯坦试图通过从经济中找到政治“自治”这样一个正确方向来解决马克思主义的危机。然而，对他坚持要求依靠共产党来创造单一的联合的观点，拉克劳和墨菲是不同意的。

这些对20世纪马克思主义的解读，包括对考茨基、普列汉诺夫、列宁和托洛茨基的探讨，都将拉克劳和墨菲引向了葛兰西的霸权概念。这一立场发展的高峰就是：经济基础并不决定“上层建筑”，相反上层建筑的政治冲动是“自治的”。托洛茨基和列宁在拉克劳、墨菲的理论轨迹中扮演着重要角色。因为托洛茨基和列宁认为，俄国在没有经历资产阶级革命的情况下，无产阶级可以承担起马克思原本指定给资产阶级的政治使命——推翻专制统治而建立民主制。通过与农民建立霸权联盟，无产阶级所领导的斗争的范围被扩大了。但是，正如拉克劳和墨菲所言，“很明显，列宁主义并没有力图通过斗争以建构任何历史必然规律所不能预先决定的民众认同”，列宁的霸权“不可避免地”变成了反民主的威权主义。[39] 换言之，对列宁来说，先锋队具有对历史规律的客观认识，因而先锋队建立起的联盟是策略性的，而不是开放性的，参与构建先锋队的最终目标也不是民主式交流。

拉克劳和墨菲发现，葛兰西超越列宁霸权概念的关键之处在于：列宁的霸权是在俄国农民和小城市工人阶级之间建立“阶级联盟”，而“葛兰西式的分水岭”在于他提出的霸权概念是一种“集体意志”的创造——不仅是一个经济阶级形成了自身或意识到自身，而且是一个社会文化的统一体的建构。他们赞同葛兰西更新了的意识形态概念，将其从一种观念体系，特别是作为一种“虚假意识”的不可信的体系更新为如下的理解：“作为一种有机的、联系的整体，具体化于制度和机构之中，它围绕着许多基本的接合原则把历史集团紧密地结合在一起。”[40] “接合”（“articulation”）① 这个语言学概念对拉克劳和墨菲来说是至关重要的，他们将其用来替代“再现”（representation）理论。如果“再现”意味着阶级利益的表现被从经济的方

---

① “接合”（“articulation”）的本义是指发音、发声，引申为“清楚地表达”“（不同部分、元素之间的）连接、关节”等。中文翻译一般有接合、连接、链接、发音、咬合、阐述等多种译法。国内学界一般译为“链接”“接合”。国内学者大多认为，在后马克思主义的语境中译为“接合”较妥。原因是：在后马克思主义和文化研究那里，主要有“表征”“连接”两层最基本的含义。“articulation”在拉墨那里，正如“理念”在柏拉图那里，“意志”在尼采那里，“现象”在胡塞尔那里，“延异”在德里达那里同样重要，堪称理解后马克思主义的一把钥匙。“接合”可以发生在各个方面：意识形态的接合、社会的接合、政治的接合、主体身份的接合、领导权的接合等。各种接合都发生在话语层面，都属于话语表述与构型的范畴。对该概念的进一步了解可参见陶水平《后马克思主义文化政治学及其文论价值》，《中国文学研究》2014 年第 1 期。本书依大部分学者的建议，大多地方译为“接合”，少部分随语境及遵从参考书目译为“阐释”“表达”“连接”，具体地方不再一一指出。——译者注

面界定，而后再在政治意识或主观意识领域重新显现的话，那么“接合”则正如他们所说：

> 这些行动者之间的统一就不是一般潜在本质的表现，而是政治建构和斗争的结果。如果作为霸权代表的工人阶级围绕自身接合了大量的民主要求和斗争，这不是源于先验的结构特权，而是源于阶级方面的政治主动性。[41]

也就是说，这不是源于它（工人阶级）在资本主义经济中所发挥的特定的作用。

“接合”可以指用语言表达（特别是以一种明确而清晰的方式），也可以指用关节连接起来、使弯曲。拉克劳和墨菲将这些含义合并在一起，意图强调霸权的形成关涉新的创造物，而不只是显现已经存在的东西。这样的构建或创造超出了所涉及不同元素的总和。我们可以从葛兰西的论述中使用的例子看到，意大利共产党所要接合的是产业工人和农民的霸权形式，它能使这两个群体的意识产生实质性的变化，如改变他们思考自己及他们在社会中所起作用的方式。

不管葛兰西多么符合拉克劳和墨菲的从经济本质论的马克思主义政治设想中解放出来的要求，但他们发现葛兰西无法“完全克服经典马克思主义的二元论”，因为他仍然保留了“本质主义的内核”，即仍将工人阶级界定在资本主义经济领域而赋予工人阶级以特殊的权利。也就是说，在拉克劳和墨菲看来，葛兰西认定了只有工人阶级才能够构建一种霸权的力量，不是因为该阶级在政治层面的作为，而是因为经济层面的原因。用他们的话来说：

> 然而即使对于葛兰西，领导权主体的身份的根本核心是在它进行连接的领域之外构成的：领导权的逻辑并没有显露它对正统马克思主义的所有解构作用。[42]

那么，该阶级的意识和作用就是被客观的经济条件所预先决定的，而不是在政治领域自主地接合而成的。所以，对于拉克劳和墨菲来说，葛兰西在彻底决裂于马克思主义对经济的依恃问题上，一直是意向不明和犹豫不决的。

除了批评葛兰西仍坚持工人阶级是霸权的动因外，拉克劳和墨菲在解读葛兰西的过程中，还反对其将霸权看作只具有单一的或统一的形式，而没有看作多元的、非中心化的：

> 对于葛兰西来说，即使多样化的社会要素具有唯一的关系同一性——通过接合实践得到的——在每一个领导权形态中必定总会存在一个单一的统一原则……工人阶级霸权的失败只能伴随着资产阶级霸权的重构，所以阶级之间的政治斗争最终还是一个零和博弈。[43]

因此，"经济还原论"和"霸权单一论"这双重过错，阻碍了葛兰西实现对马克思主义危机的克服以及向后马克思主义的推进。

拉克劳和墨菲对葛兰西的解读是否恰当呢？我们已经看到，葛兰西认为，在当时他所生活的意大利，进步的霸权只能由产业工人阶级领导，但他强调农民必须被包含在内。他还认为，这种包含必须是一体的和有机的，而不只是机械的。此外，他的"臣属性"概念指出：相比于让一个社会集团发挥领导作用所需的历史性分析——正像20世纪20年代意大利需要葛兰西思想一样，"单一的统一原则"有着更少的"在先已被决定的"色彩。不容否认，这样一个社会集团的经济属性对葛兰西来说是非常重要的。不过，如果对拉克劳和墨菲来说，"单一的统一原则"意味着推翻资本主义的斗争，那么，这似乎可以看作对葛兰西的一种恰当的解读。拒绝推翻资本主义（它毕竟是一种经济制度）的统一原则，对任何反对资本主义的"激进政治理论"来说，都会造成严重的问题。[44]如果以"单一的统一原则"来表示一个由经济决定的阶级立场，那么，拉克劳和墨菲两个人似乎对葛兰西做出了一个完全表面化的解读（也与他们早期对葛兰西的理解不同）。进一步看一下拉克劳和墨菲关于"霸权"的再诠释，将帮助我们阐明这些问题。

七　拉克劳和墨菲语言学背景的“霸权”

如前所述，拉克劳和墨菲通过修订葛兰西的霸权概念、清除其中被他们视为经济本质主义的因素，而走向了后马克思主义。这个对葛兰西去本质主义的过程非常倚重于语言学的概念、隐喻和以语言学为中心的各种理论。他们求诸福柯的话语观、[45]德里达的解构思维，并借取了维特根斯坦的“语言游戏”概念，也对索绪尔作为纯粹关系和消极语言价值的概念做了修正（尽管他们反对索绪尔关于“封闭的”符号系统的见解）。墨菲曾将他们的这种后马克思主义、后葛兰西主义的霸权概念概括为：“……我们不应将权力概念化为在两个预先构成的认同之间发生的外部关系，而是构成认同本身。客观性和权力之间的这个汇集点就是我们所说的‘霸权’。”[46]

在解释“霸权”的新定义和墨菲对“外部的关系”及其客观性的强调之前，有必要对他们的以下几个概念先做出界定：环节（moments）、因素（elements）、话语（discourse）、社会的不可能性（the“impossibility of society”）、对抗（antagonism）、缝合（suture）和等价链/延异链（chains of equivalences/differences）。在前文中我们已看到，较之传统的“再现”概念，他们更倾向于使用“接合”的概念。因为“接合”强调创造一种新集体意志，以改变那些参与其中的人的认同感与意识。这个接合概念与他们的“因素”“环节”概念是联系在一起的。他们认为：“不同的立场只要是在话语之中被接合起来的，我们就称之为环节。与此相反，我们称任何没有被话语接合的差异为因素。”[47]

有一个拉克劳和墨菲未曾使用过的例子可能有助于理解以上概念。如果一个人的失明被他们理解为他们个人的缺陷或不足，这不过是因其与大多数有视力的人不同而导致的，这种情况可看作一种“因素”。一群失明者一起行动，可能会让失明者生活变得容易一点（如通过游说为信号灯安装音频指示器）。但是，一旦他们开始创建自己的社区和文化，缺乏视力就不会再是一个短板或者缺陷，他们的失明就变成了一个“环节”。失明往往伴随着其他感觉（触觉、听觉、嗅觉）灵敏度的提高。这个失明的“环节”成为一个更大的“话语”的组成部分，而此话语则是围绕类似于以下积极的实践而形成的文化，如使用盲文、导盲犬，以及通过听觉、触觉和嗅觉来导航的技能。在接合了的失明的话语之外，其他感觉仍只是“因素”。当一个社会中“接合”主要是围绕视力时，其他感觉并不是主要的。

盲人也可以与被定义为“有能力的身体”这个更大的话语相联系，包括为坐轮椅的人设置斜坡、电梯等。拉克劳和墨菲在此会将它们称为一条等价链。尽管失明与被限制在轮椅上是不一样的，但是这两类人因其都需要一种有关我们身体能力的不同话语，以及为尊重他们而做出的特别公共决策，因此他们是能被等价地接合的。由此，拉克劳和墨菲将“话语”定义为“由接合实践产生的结构化总体”。[48]但是，正如我们将看到的那样，话语在创造这种结构化总体时从来就没有完全成功过。

我必须对我原来的例子做出些改进，因为当失明没有被接合进“残疾人权利”的话语形式时，它只能成为一个“因素”。而在健康的和身体运转正常的主流社会、在更为广泛和普遍的话语中，失明才可以成为一个“环节”。失明的主流话语将它表述为一种问题、缺陷和残疾。而在通用语言中，失明也可以成为对无目的、无知、缺乏反思或批判性观点的一种隐喻，就如习语“瞎子给瞎子引路”（“the blind leading the blind”）的说法。话语构建的立场在某些社会中有着十足的重要性。我们可以设想这样的一个社会：失明给女性造成的麻烦大于男性，或者说贫穷的失明者比富有的失明者麻烦更多，反之亦然。这表明，身体的视觉能力可以有不同的“接合”，而若根据一些普遍的、无语境的标准，我们就不能说哪一种更具有优越性。

看起来这些“因素”——不同的立场没有被接合到话语中——很难说是存在的。大部分人之间的差异都合乎某种话语。因此，拉克劳和墨菲说：“从‘因素’到‘环节’的转换永远不会被完成。”[49]的确，只要“因素”还没有结晶化为“环节”，霸权就是可能的。[50]因此，霸权是有关构建一个重新接合差异的话语系统。

拉克劳和墨菲采纳了福柯的一个重要观点：话语不是通过其所有组成成分的逻辑一致性而统一的。根据接合过程本身之外的一些标准，如“真理”“现实”乃至“正义”，并不是一种把“因素”转化为“环节”的正确方式。试图在失明者和坐轮椅者之间找到一个接合其等价性的客观支点，是毫无意义的。为改变社会而建立的联盟建立在特殊的和偶然的情形——包含主流话语接合这些差异的方式——基础上。对这一点，拉克劳与墨菲援引了维特根斯坦的观点进行辩护。也就是说，语词的意义不是在使用之前，而是在实际使用、实践过程中才被界定的。语言规则不是脱离了言说被创造出来的，而是通过它们的应用才被创造的。

拉克劳与墨菲并不想参与到唯物论和唯心论关于是否存在外在于思想的世界这样的争论。究其原因，他们解释说：

> 地震或一块砖头的落下是当然存在的事件，在发生于此时此地的意义上，是独立于我的意志的。但是，不管它们是否作为客体的特性以“自然现象”意义或者按照“上帝愤怒的表现”意义被建构，总是依赖所构建的话语场。[51]

批评家认为，这种解释虽然不算回避唯物论和唯心论的争论，但是他们明显站在了唯心主义的相对论立场上。例如，诺曼·格拉斯（Norman Geras）就将拉克劳和墨菲描述为一种“相对主义者的忧郁，在其中对立的话语或范式没有任何共同的参照点，是毫无用处的伎俩”。[52]

话语不仅不能被一些它们所象征的（不论准确与否）且外在于话语的现实所捍卫、证实，而且话语本身必将成为开放的和没有绝对稳定性的易变系统。通过借用德里达的思想，拉克劳和墨菲认为，话语的构建不可能是封闭的或者说有着一成不变的意义。只能说存在着部分稳固的节点，围绕这些节点可以形成霸权。

由于拉克劳和墨菲依赖于拉康（Jacques Lacan）的精神分析学说及其“实在界”（“Real”）和“缺失”（“lack”）的概念，导致他们的观点更显复杂化。[53]在过分简单化地理解自我（ego）发展的理论中，拉康在自我和世界之间的任何分离之前假定了一个“实在界”。这个“实在界”不是物质或本体论的现实，而是身在其中无欲无求的完全满足。拉康把因世界之物，或自我与世界的未分化而产生的非同一性，称为“缺失的缺失”（“the lack of lack”)。

自我为发展自身，成为自身，经验一切，必须离开实在界，缺乏也因而产生。[54]拉克劳和墨菲将“所有主体的中心是缺乏的”这样一种空虚观应用到了社会认同问题上。对拉克劳和墨菲两个人而言，所有的社会认同都是通过排除差异因素的其他可能的接合来定义的。与拉康的个体自我概念类似，社会认同是由排除其他可能的意义、过剩的意义而建构起来的。他们将其称为“外在构成”（“constitutive outside”）。为了建构认同，需要一种“外在”或一个“他者”。

拉康的缺失概念对于理解拉克劳和墨菲最为晦涩的观点——社会是不可能的（society is impossible）[55]，同样是至关重要的。借此观点，他们宣称“要抛弃那种将‘社会’看作建立局部过程的总和”的观念，或者认为在各种延异和范式之下存在的某种社会秩序和共同性就是我们所说的社会。“社会”（“Society”）与试图描述人类群体的其他术语不同，因其通常用于描述与所有其他人联系在一起的人所具有的普遍性。即使使用复数形式的“社会”（“societies”），其理论预设也是通过抽取隐含在人们之间差异之下的某种共性，而把本属于不同社会的人硬性连接在一块。拉克劳和墨菲认为，这种做法否定了一种外在的概念。而根据他们的看法，社会不可能成为话语的对象。正如他们所说：“不存在单一固定的根本原则——及因此构成的整个延异的领域。”[56]在此，他们再次借鉴了精神分析学说，将社会概念置于被他们称为“缝合”——意指对总体缺失的填充或联结——的概念基础之上。[57]

拉克劳和墨菲著述中的另外一个关键词是“社会冲突”（“social antagonism”）。他们将冲突定义为“他者”的存在妨碍了我完全成为自身的情形。这种关系并非来自完全的总体性，而是由于他们构成上的不可能性而产生的。[58]换句话说，对抗不只是指不同的人有不同的兴趣、目标、需要或欲求的情况。以拉克劳和墨菲的例子来说，农民与地主之间的对抗并不只是由于两者之间的政治利益不同才导致的：“这是因为地主将农民驱离他的土地，对抗便产生了，造成农民不再是农民了。”[59]我们可以将一个农民界定为一个在田地里干活但并不拥有土地的人，地主是土地的所有者但却不干活的人。而且，这些身份可能在不形成社会对抗的情况下，与他人相互矛盾和冲突。只有当两个或多个身份涉及所涉身份的定义，并且在它们之间发生的冲突时才是拉克劳和墨菲所称的对抗。而这种对抗不只是指获取资源的战争或一场零和的游戏。

他们还提及了语言模式的问题，并写道："如果语言是一个有差异的系统，那么冲突就是差异的失败之物。"[60]换言之，如果这种差异（如那些存在于有认同感群体中的差异）是有成效的，并且每一种身份都可以在一个稳定的、系统的整体中通过区别于他者而界定自身的话，那么社会中就不会有冲突存在。但是，根据拉克劳和墨菲的设想，只有在与其他身份的关系之中，大部分人的身份才能被界定。更重要的是，由于缺乏可以被其他身份识别出来的特征，大多数身份是消极性地被界定的。

这个对抗的概念与从语言学借来的核心框架有关，拉克劳和墨菲在不同的地方将它们称为"等价链"和"差异链"、"等价逻辑"和"差异逻辑"、"等价关系"和"差异关系"。在这里，他们使用了索绪尔关于组合（syntagmatic）与联想（associative）（或聚合 paradigmatic）关系的基本区分——两者共同建立了语言的意义。① 组合关系，如同句法的概念，意指一个系列中的一个元素，或一个句子中的一个字词，通过与其他概念的差异关系来创造意义。例如，"简妮扔给约翰一个苹果"（"Jane threw John an apple"）与"约翰扔给简妮一个苹果"（"John threw Jane an apple"）有着不同的含义，因为它们的词序、句法是不同的。正是组合的差异创造了意义。而"简妮扔给约翰一个

---

① 索绪尔主要是以所谓的组合轴（syntagmatic axis，又可称横轴、水平轴）与聚合轴（paradigmatic axis，又可称纵轴、垂直轴）探讨语言的构成与联想的关系。组合轴的组合体是从两个聚合轴的聚合体中抽取出来的单位，而形成的一个横的组合体。纵的聚合体是大体上相似的一组单位所组成的，也就是说，将这些单位结合成一个表义的整体。在语言中，聚合轴的聚合体是用来选择的，而组合轴的组合体是用来结合的。索绪尔认为，所有的语言和符号都是从这两种面向建立出来的。例如，从 A 到 Z 的字母是一个纵的聚合体，而从中选取的字母能够形成一个个的文字（也就是横向组合体）；或如，一个人的服装中有许多纵的聚合体，衬衫、领带、袜子等，可以结合出一个横向组合体（也就是他今天的穿着）。但是，在这个聚合体中的各个单位之间必须有明显区别；也就是说，被选用单位的意义究竟为何，要看这个单位在纵的聚合体中和其他单位有什么不同的关系，才能界定它的意义。——译者注

水果”（“Jane threw John a fruit”）或一个“史密斯老奶奶”（Granny Smith）与“简妮扔给约翰一个苹果”有着等价的意义（尽管并非完全一样）。因为“苹果”“水果”“史密斯老奶奶”借助某种范式、模式，关联在了一起。索绪尔指出，语言中的这些不同系统的相似性和差异性位于不同的轴上，它们尽管不能相互关联，但两者对语言系统创造意义都是至关重要的。

在拉克劳和墨菲将这些观点应用于政治的过程中，身份和主体立场也被认为是由组合关系和聚合关系所界定的，也就是说，是基于差异链和等价链来界定的。因此，他们的观点是：霸权是等价链和差异链在政治领域所接合的方式。从某种意义上说，这个理论与葛兰西在很早时期将语言学概念应用到政治和社会的分析中，特别是在提出自发语法和规范语法方面有着莫大的关系。葛兰西对自发语法和规范语法概念的区分和拉克劳和墨菲的等价链、差异链虽不能直接相比较，但也不能说它们必然是毫无共通性的。当这两套不同的区分被用于分析不同政治身份的结构性质，并准许一定程度的能动性（个人的和集体的）时，葛兰西的理论目标则更明确：要求创建一种替代性的“规范语法”，以改变现状并有效地解决资本主义问题。这正是因为他把重点放在了有“统一的”霸权内核的需求上，哪怕这看上去不像是一种稳定的意识形态，而更类似于一种语言的东西。[61]

葛兰西似乎与拉克劳和墨菲的主要论点是一致的：不同于多元论者或政治的利益集团模式——被“预先构建出”的集团进入政治舞台极力争取它们自身的利益（包括创建联盟），“激进民主理论”则专注于形成这种运动的认同感的组织。拉克劳和墨菲对社会的任何“特权”方面，如围绕经济因素而形成的认同，都予以了彻底的拒斥。这使得葛兰西与他们两个人的一致性被减弱了。然而，从葛兰西的语言观、他对语言的隐喻式的使用、他对“臣属社会集团”（包括第三章所讨论到的，由非经济范畴所界定的“臣属社会集团”）的关注，以及他对文化、政治、经济之间复杂关系的强调来看，他并不认为存在这样一个经济领域——它“优先于”政治领域与文化领域，并且在其中认同已被界定或被接合。从这个角度来看，葛兰西希望意大利无产阶级在包括南方农民在内的霸权中所发挥的作用，并不是“预定的”或者是预设的，而是由他论及的历史情境所“决定”的。女权主义者、后殖民主义批评家和许多并不关注阶级问题的其他改革论者似乎都想理解葛兰西这条进路的内容。也就是说，如果我们认为民众在资本主义社会经济中的地位是非常重要的，那么葛兰西的分析显然给予了经济以“优先性”。然而，这并不意味着因为经济是“物质”的领域，它就比构成其他认同的符号领域重要得多。

八　全球化

自冷战结束以来，对“全球化”的讨论和争论已使后现代主义和新社会运动相形见绌。然而，许多问题是相互重叠交织的并在被以新的方式进行讨论——尤其是怎样才能抵制、推翻资本主义的问题。同后现代主义的情形相仿，全球化也有着繁多的定义，并且围绕它已经产生了众说纷纭的争论。它是什么？什么时候开始的？它是积极的还是负面的？它能被抵制吗？如果可以，又怎么抵制？大量的学术文献、公共辩论和激进主义分子的讨论围绕着所有这些复杂的问题开展了起来。在这里，明显不是一个试图总结这些争论或提供任何可观的葛兰西式分析的地方。此外，目前还不清楚 2001 年“9·11”事件和阿富汗战争、伊拉克战争对“全球化”有着怎样的后续影响以及如何理解这种影响。可以确定的是，一个葛兰西式的理论分析框架关注的将是美国和市场自由主义的全球霸权强迫程度的升级。

从国际关系的角度来看，有相关重要文献探讨了关于全球化问题的葛兰西式和“新葛兰西式”的方法。[62]从认识论和方法论框架到分析复杂力量关系的霸权、市民社会和历史集团的概念，葛兰西为这些方法贡献了诸多要素。他的思想有助于将权力的政治关切、国家影响力与文化声望、经济生产与贸易问题结合起来，而这些问题也成为本书的主要关注所在。

这里的重心必须局限在语言问题和对资本主义分析上。拉克劳和墨菲远离经济考量的运动，有着与后现代主义相似的趋势，从而产生了为资本主义加强辩护的不利影响（不管是有意还是无意），并表明了（经常是无意中）资本主义在某种程度上是“天然的”，对此人们别无选择。如上所述，这种批评有时是直接针对能严肃地看待语言，并发现语言学隐喻作用的社会、政治和文化理论的。我希望本书已经阐释清楚了这样的诸多方面：葛兰西的语言学思想大大增强了他政治分析的力量，在使其能摆脱宿命论和消极性的同时，趋向的是反对资本主义的革命斗争。

然而，一旦全球化被界定，就能使“非语言的”“物质的”生产世界与语言，意识形态和文化领域等一系列原本界限不明的现象变得清晰起来。后现代主义者（如鲍德里亚）从对生产关切的立场退缩到了“符号经济”（“symbolic economies”）中，而葛兰西的方法则提供了一个显著的替代性方案，即语言和符号活动所产生的经济和物质的影响有着无与伦比的重要性。而所谓的“反恐战争”的出现则显著增强了这种需要。

诚然，葛兰西的著作中很少把他对生产过程的研究和语言问题联系起来，但他写的“美国主义和福特主义”（“Americanism and Fordism”）的文章却一直有着很大的影响力。他对泰勒（Frederick Taylor）的科学管理、福特（Henry Ford）的流水线和经济生产中创新的结合分析，为本书一再强调的观点——葛兰西在经济、文化和政治之间相互作用问题上采用的是一种非还原主义的方法——做了补充。当葛兰西面对“福特主义”时，他在考察纯粹的经济因素的同时，还考察了福特主义给那些必须更彻底地适应机器的工人所带来的心理影响。不过，葛兰西或许更为独特的地方还在于他对禁酒令、性欲和道德等文化问题的讨论。[63]

葛兰西的视角当然也存在盲点。不论“全球化”是不是一个描述当前新历史条件的适当概念，如果我们想用他的理论对我们的新境遇进行分析的话，就需要对其做进一步的发展、质疑、批评和阐明。葛兰西没有提出像霍克海默和阿多诺所提供的方法那样去对文化作品的商品化做出某种分析。[64]当然，在葛兰西一生中，这些动态还处于起步的阶段。我已经用多种方式指出，葛兰西阐明了文化对于政治的重要性。正如多姆布罗斯基（Dombroski）所说，对葛兰西而言，“文化确实是权力的组成部分，而且也是依靠它来维系的”。[65]然而，葛兰西还从未将这一洞见应用于商品生产、广告和消费的这些变化中。[66]但是，他对“美国主义和福特主义”的态度表明，他已敏锐意识到有必要考虑到这些发展。他并不确定“美国主义和福特主义”的重大意义，因而对其是否构成了一种新的“生产方式”产生了疑问。因此，一方面，葛兰西并不了解许多将21世纪全球资本主义与先前形式区分开的诸多动态；另一方面，正如本书已反复指出的这样一个事实——在他看来，马克思主义政治经济学与语言学（和拒斥将语言视为命名系统的观点）是完全互补的，这为我们解决当下世界全球化问题提供了一个非常有帮助的理论框架。

在讨论“全球化”时，民族或民族国家的问题显然是重中之重。这就要提到葛兰西的“民族—大众的集体意志”的概念，这在本书第四章已被讨论过。在该章我留下了一个问题：正如葛兰西所暗示的那样，为什么大众意志的构建应该以民族为基础？从马克思主义“世界主义”的观点来看，人们可以很容易地想到，葛兰西“预设”了将民族作为关键的分析单元——他的世界主义是跨民族主义（inter-nationalism）。[67]不过，这与其说是一个前提，不如说是作为一个基于历史分析的结论。葛兰西的观点是：在20世纪20年代，文化、语言和政治的组织首先需要达到意大利自身的（和其他民族的）水准，然后达到欧洲的（与苏维埃和其他国家共产党）水准，最终达到世界级的水准。葛兰西对此的解释也许只是对历史发展的一种回应：

> 即使人们承认其他各种文化在世界文明“等级制度”一体化进程中具有其重要性和意义（可以明确地说这一点无疑是会被承认的），它们也只有在变成欧洲文化的构成要素——也就是说，就它们对欧洲思想的进程做出贡献并被它所同化吸收而言——的意义上才具有一种普遍的价值。[68]

一种建基于民族性和欧洲中心主义的战略是否与他所处的历史环境相契合，仍是一个问题。不管这个问题如何被解答，目前关于民族国家的消亡及其角色变化的争论，都要求对民族认同、国家和国际性之间的关系进行一种更精细的处理。

正如第二章关于世界语的讨论所指出的那样，葛兰西所做出的区分在思考当前民族国家的争论问题上可能是非常重要的。而其所做的区分是指资产阶级的世界大同主义与无产阶级国际主义之间的差异。不过，他对国际主义的讨论遵循的是马克思的路向，设想国际主义是将不同的民族形态结合在一起。葛兰西并没有特别注意到国际移徙的作用和其他一些发展——这些发展变化引致了我们当前全球资本和商品的流动及日渐增强的对工人运动限制的情形。正如近期一些重要的著作所揭示的那样，民族认同、民族主义和外来劳动力的合流还需要进一步分析。[69]语言在此则是中心性的，因为葛兰西认为意大利需要一种民族语言，并由此扩展到将霸权首要性地理解为一个可以在国际舞台上进行交流互动的民族的形成。当我们看到“自发语法”是怎样越过民族界限而能够成为一种“规范语法”，或成为一种能解决当前发展中出现的反全球化斗争问题的国际霸权形式时，这将是一个重大但并非难以想象的改变。

葛兰西的著作中最具前瞻性但却少有研究的内容，是那些他对“翻译”的研究——“翻译”在他那里是一种跨文化分析的隐喻和反对资本主义革命的重要因素。在这些章节中，葛兰西提出，翻译不只是将观点、表述从一种语言转换为另一种语言，而更进一步，与本雅明和当代女权主义的翻译理论相似，葛兰西认为翻译需要对原语言和所译语言都要做出一定的改变。[70]这一思想成为葛兰西将“翻译”看作跨文化分析与革命隐喻的核心内容。

“市民社会”一词是关于全球化，特别是在涉及全球的或国际的市民社会问题争论的关键词。如果电子通信和全球运输正在使我们的世界成为所谓的“地球村”，那么“公众意见”和争论的范围经常被描绘为日益超越了民族国家的界限。此外，诸如乐施会（Oxfam）①、绿色和平组织、国际特赦组织、无国界医生组织和小型非政府组织等国际非政府组织在全球政治格局中日益发挥着越来越重要的作用。而在此种发展趋势方面，葛兰西对“市民社会”的讨论可以对市场自由主义，特别是对在苏联垮台后普遍将“市民社会”概念作为资本主义合法性基础的做法提供一种大有助益的批判。[71]但是，这些观点如何能延伸到当前的反全球化斗争和运动中？这个问题还不是

① 乐施会（Oxfam）非政府公益组织之一。该组织致力于解决贫穷问题，并让贫穷人群得到尊重和关怀。“助人自助，对抗贫穷”是乐施会的宗旨和目标。——译者注

很明确。有些人认为，“国际市民社会”或“跨国公共领域”的概念在描述新的世界秩序方面可能蕴含发展潜质[72]，但另一些人担心这些方法会削弱民族国家的进步潜力。[73]葛兰西在提出用以确定如何组织反全球化斗争——是连同国际联盟沿着民族的界线，还是以一种更为全球化的水准去组织——所需的概念资源方面，我还没有看到任何明显的方式。知道这些不足和空白是重要的，但不会使葛兰西为我们理解当前资本主义世界以及必须做什么来应对它这样的重大贡献打了折扣和被削弱。

在真实的语言和语言政策的领域中，语言问题可能正被放在比以往更加全球化的水平上。大卫·克里斯托（David Crystal）① 认为，自 20 世纪 50 年代以来，英语已经成为他所说的“全球”语言。他注意到英语因成为象征权力和资源的语言而无处不在。[74]但是，他并没有看到英语在世界富人——通常所说的说英语或有资源去学习它的人——和穷人日益扩大的差距中所扮演的角色。一种葛兰西式的研究路径显然会对全球新兴英语教学行业的增长和组织给予极大的关注。欧盟的语言政治是一个与葛兰西家乡待解的语言问题相近的具体例子。[75]葛兰西的著作清楚地指明，必须将这些语言问题与民主政治、日益增加的财富不平等和新帝国主义等问题联系起来。

本书的观点是：不在于葛兰西为这些问题提供了什么样的答案——他并没有提供一套现成的概念、工具，让我们可以简单地套用到我们当前的境遇、生活和日常经验之中。相反，葛兰西为我们树立了一个战斗的范例。他的特有概念，像霸权、消极革命、臣属性、规范语法和自发语法等是极有裨益和发人深省的。但是，正如他所指出的那样，这些概念不是静止的模板或僵化的分类法。因此，如果我们不仅想要理解这个世界，而且想改变这个世界的话，我们就必须以一种行动的姿态参与到这个世界之中。

---

① 大卫·克里斯托（David Crystal，1941 年～）英国语言学家、作家。——译者注

注释

前言

[1] 我虽还没有看到对这种观点持明确拒绝的材料，但英语学界在论及葛兰西时却鲜有人注意到语言。明显的例外情况见于以下资料：Craig Brandist，"Gramsci，Bakhtin and the Semiotics of Hegemony"，*New Left Review* 216（March/April，1996），pp. 94 - 109；and "The Official and the Popular in Gramsci and Bakhtin"，*Theory*，*Culture and Society* 13（2）（1996），pp. 59 - 74；Renate Holub，*Antonio Gramsci*：*Beyond Marxism and Postmodernism*（London：Routledge，1992）；Leonardo Salamini，*The Sociology of Political Praxis*：*An Introduction to Gramsci's Theory*（London：Routledge，1981），especially pp. 181 - 196；and Niels Helsloot，"Linguists Of All Countries …！On Gramsci's Premise of Coherence"，*Journal of Pragmatics* 13（1989），pp. 547 - 566。我的这个观点可见于以下著作之中：*Gramsci's Politics of Language*：*Engaging the Bakhtin Circle and the Frankfurt School*（Toronto：University of Toronto Press，2004）and "The Grammar of Hegemony"，*Left History* 5（1）（Spring 1997），pp. 85 - 104（reprinted in James Martin（ed.）*Antonio Gramsci*：*Critical Assessments*（vol. 2）（London：Routledge，2001），pp. 319 - 336）。相关意大利文献将在第二章中被讨论到。

[2] 关于这个主题已有大量的文献，一个不错的起始选择读物如：Benedict Anderson，*Imagined Communities*（revised edition）（London：Verso，1991）and Gopal Balakrishnan（ed.）*Mapping the Nation*（London：Verso，1996）。

[3] "国际葛兰西协会"网站列出了从葛兰西视角出发进行研究所得到的一系列出版物，其内容涵盖从城市规划到非洲文学再到全球政治经济等。www. italnet. nd. edu/gramsci。

[4] Rush Limbaugh, *See, I Told You So* (New York: Pocket Star Books, 1993), pp. 97 - 99. 这种表演性的学习会是多么的肤浅和无力，自不足为奇。

[5] 对葛兰西的著述为何仍有着时代相关性的其他解释，一个较好的概览可参见 Benedetto Fontana, "Politics, Philosophy, and Modernity in Gramsci", *Philosophical Forum* 29 (3 - 4) (Spring-Summer 1998), pp. 104 - 118。

[6] 正如这本书所详细考察的那样，在如何确定什么是人们的利益方面存在相当大的争议性。这也是一个将许多后马克思主义者、自由主义者与其他马克思主义者、激进分子区分开来的核心的问题。如果利益是主观的，根据我的定义，那岂不是凡是我认为对我最有利的事情都是我的最大利益吗？或者说，利益是客观的，那么，它是以截然不同于我的欲望的东西来被定义的吗？也就是说，我在认定是否符合我最大利益的问题上，这种方法本身就是错误的吗？

[7] 当然，这并不意味着军队或警察不借助语言政治或使用语言的差异来帮助他们管理、恐吓人群。

[8] Franco Lo Piparo, *Lingua intellettuali egemonia in Gramsci* (Bari: Laterza, 1979), and "Studio del linguaggio e teoria gramsciana", *Critica Marxista* 2 (3) (1987), pp. 167 - 175.

[9] Karl Marx, *The Eighteenth Brumaire of Louis Bonaparte* (Moscow: Progress, 1934), p. 10.

第一章　语言与社会理论：诸种语言转向

[1] 如第三章在考察"有机知识分子"时所示，对20世纪30年代出现的体力劳动和精神劳动彻底分离的危险，葛兰西是清楚的。

[2] 20世纪有大量关于生产的文献，包括许多关于技术作用的争论。一些经典的文献如下：Michael Burawoy, *The Politics of Production: Factory Regimes under Capitalism and Socialism* (London: Verso, 1985); and Harry Braverman, *Labor and Monopoly Capital: The Degradation of Work in the Twentieth Century* (New York: Monthly Review Press, 1975)。葛兰西所写的"美国主义和福特主义"在此类文献中有着巨大影响。认真对待这些变化并不一定意味着我们接受了对这个"电子时代"通常显得夸张而又肤浅的分析。这个时代中的产品、工作和财产的概念似乎正在被娱乐和访问信息所取代。例子可参见 Jeremy Rifkin, *The Age of Access: The New Culture of Hypercapitalism*,

Where All Life is a Paid Experience（New York：Putnam，2000）。

[3] 参见 Ester Reiter，*Making Fast Food：From the Frying Pan into the Fryer*（Montreal：McGill-Queen's University Press，1991）。

[4] 参见 Dale Spender，*Man Made Language*（London：Routledge & Kegan Paul，1980），pp. 28 – 32，147 – 190；Julia Kristeva，*The Kristeva Reader*，edited by Toril Moi（New York：Columbia University Press，1986）；Luce Irigaray，*Speculum of the Other Woman*，translated by Gillian G. Gill（Ithaca：Cornell University Press，1985）；and Deborah Cameron（ed.），*The Feminist Critique of Language：A Reader*（second edition）（London：Routledge，1998）。

[5] "语言转向"这个标签本身就有一点误导嫌疑，它表示向语言的一种转向，似乎在说在此之前语言在这些学科中并没有什么重要的地位。实际上，在社会科学中，"语言转向"并不是说转向语言本身，而是对研究语言特定方法的采用，即结构主义的方法。

[6] 在那时，索绪尔似乎只区分了语言学的两个分支，静态的和进化的，或是共时的和历时的。在其他地方，他对所有的历时语言学方法持激烈批判态度，并认为共时语言学必须成为这门学科的主要焦点。Ferdinand de Saussure，*Course in General Linguistics*，translated by Roy Harris（La Salle，Illinois：Open Court，1983），especially pp. 3（16），9（25），79 – 98（114 – 140）。

[7] 有人认为，索绪尔对"语言"（langue）和"言语"（parole）的区分被过分强调了。实际上，在《教程》中，索绪尔论述了作为符号系统的语言和个体使用这些符号形成的言语之间的复杂关系。但是，建立于索绪尔的方法而发起的"语言转向"特别依赖于语言/言语的区隔。

[8] Philology 最初指关于文字、文献研究的科学，到 19 世纪，这个概念更经常地被用来指关于语言的研究。

[9] 实际上，索绪尔所说的 signifier 与实际的声音本身是不同的。后者是一个物理实体（是物理学研究的对象），而作为声音模式的能指是"听者对声音的心理印象"。

[10] 例如，*Hund* 可能是指在德国、奥地利和瑞士实际常见的犬种，而同样的犬种在法语中则用 *chien* 来指涉。

[11] 第五章提到了索绪尔的横组合关系与联想关系、聚合关系之间的区别。正是通过这两个轴上的差异才产生意义。组合关系与语序、语法相关；换句话说，意义是由相邻词之间的差异产生的。联想或聚合关系涉及的不是那些正在被使用的，而

是与语言系统相关的词汇。索绪尔给出了建筑学中的多利安柱的例子，它让人联想到古希腊建筑设计中整个系统显示出的力量和简洁（不同于爱奥尼亚式和科林斯式，但与多利安式建筑的其他特征相仿）。Saussure, *Course*, pp. 121 – 125 (170 – 175)。

[12] 本例出自：Jonathon Culler, *Saussure* (sixth edition) (London: Fontana Press, 1988), pp. 21 – 22。

[13] Saussure, *Course*, p. (151).

[14] Jacques Lacan, *Écrits: A Selection*, translated by Alan Sheridan (New York: W. W. Norton, 1977), and Elizabeth Grosz, *Jacques Lacan: A Feminist Introduction* (London: Routledge, 1990), especially pp. 82 – 114.

[15] Grosz, *Lacan*, p. 81.

[16] Louis Althusser, "A Ideological State Apparatuses", reprinted in Slavoj Žižek, ed., *Mapping Ideology* (London: Verso, 1994), pp. 100 – 140.

[17] 人本主义是旨在复兴古希腊和古罗马文化、思想的文艺复兴运动。它以完全符合基督教的方式把人置于了关注的中心。

[18] 可参见 Richard Rorty's 1967 collection, *The Linguistic Turn: Recent Essays in Philosophical Method* (Chicago: University of Chicago Press, 1967)。

[19] Ludwig Wittgenstein, *Tractatus Logico-Philosophicus*, translated by D. F. Pears and B. F. McGuinness (London: Routledge, 1974), p. 74.

[20] Ludwig Wittgenstein, *Philosophical Investigations*, translated by G. E. M. Anscombe (second edition) (Oxford: Basil Blackwell, 1958), p. 20。维特根斯坦实际上认为这只符合某一大类的情形，而不是全部。

[21] Wittgenstein, *Philosophical Investigations*, p. 8.

[22] Wittgenstein, *Philosophical Investigations*, pp. 31 – 34.

[23] Wittgenstein, *Philosophical Investigations*, p. xe.

[24] 参见 Nerio Naldi, "The friendship between Piero Sraffa and Antonio Gramsci in the years 1919 – 1927", *European Journal of the History of Economic Thought*, 7 (1) (March 2000), pp. 79 – 114; and John B. Davis, "Gramsci, Sraffa, Wittgenstein: Philosophical Linkages", *European Journal of the History of Economic Thought*, 9 (3) (Autumn 2002), pp. 384 – 401。

[25] Raymond Williams, *Marxism and Literature* (Oxford: Oxford University Press, 1977),

p. 21.

[26] Perry Anderson, *In the Tracks of Historical Materialism* (London: Verso, 1983); Ellen Meiksins Wood, *Retreat from Class* (London: Verso, 1986), pp. 5, 77 – 78; and "Modernity, Postmodernity, or Capitalism", *Monthly Review* (July-August 1996), pp. 21 – 39.

[27] 例如，Centre for Contemporary Cultural Studies, *On Ideology* (London: Hutchinson, 1978); Stuart Hall et al., *Culture, Media and Language* (London: Hutchinson, 1980)。

[28] 参见 David Harris, *From Class Struggle to the Politics of Pleasure* (London: Routledge, 1992)。霍尔与后现代主义之间的紧张关系，可参阅劳伦斯·格罗斯伯格（Lawrence Grossberg）所写的对他的访谈文章："On Postmodernism and Articulation", in *Stuart Hall: Critical Dialogues in Cultural Studies*, edited by David Morley and Kuan-Hsing Chen (London: Routledge, 1996), pp. 131 – 150。

第二章　葛兰西所在意大利的语言学和政治

[1] 总结大量与葛兰西和语言相关的意大利文献的具体贡献，将过于烦琐。最系统的探索当属 Franco Lo Piparo, *Lingua intellettuali egemonia in Gramsci* (Bari: Laterza, 1979)。他将他的分析总结于 "Studio del linguaggio e teoria gramsciana", *Critica Marxista* 2 (3) (1987), pp. 167 – 175。其他人的贡献有 Maurizio Lichtner, "Traduzione e Metafore in Gramsci", *Critica Marxista* 39 (1) (January/February 1991), pp. 107 – 131; Luigi Rosiello, "Linguistica e marxismo nel pensiero di Antonio Gramsci", in Paolo Ramat, Hans-J. Niederehe and Konrad Koerner (eds), *The History of Linguistics in Italy* (Amsterdam: John Benjamins, 1986), pp. 237 – 258; and "Problemi linguistici negli scritti di Gramsci", in Pietro Rossi (ed.), *Gramsci e la cultura contemporanea* (vol. 2) (Rome: Editori Riuniti, 1970), pp. 347 – 367; M. Emilia Passaponti, "Gramsci e le questioni linguistiche", *Lingua, Linguaggi, e Società: Proposta per un aggiornamento* (second edition), edited by Stefano Gensini and Massimo Vedovelli (Florence: Tipolitografia F. lli Linari, 1981), pp. 119 – 128; Stefano Gensini, "Linguistica e questione politica della lingua", *Critica Marxista* 1 (1980), pp. 151 – 165; Antonio Carrannante, "Antonio Gramsci e i problemi della lingua italiana", *Belfagor* 28 (1973), pp. 544 – 556; Renzo De Felice,

"Un corso di glottologia di Matteo Bartoli negli appunti di Antonio Gramsci", *Rivista Storica del Socialismo* 7 (1964), pp. 219 – 221; and Luigi Ambrosoli, "Nuovi contributi agli 'Scritti giovanile' di Gramsci", *Rivista Storica del Socialismo* 3 (1960), pp. 545 – 550。

[2] Antonio Gramsci, *Selections from the Prison Notebooks*, edited and translated by Quintin Hoare and Geoffrey Nowell Smith (New York: International Publishers, 1971), pp. 90 – 102. 此后引述缩记为 SPN。在葛兰西的笔记第 100 页，他将撒丁岛看作南方的一部分，然而在地理上情况并非如此。也可参见葛兰西《南方问题的某些方面》一文，他对撒丁岛、西西里和意大利南部做了诸多区分。该文选自 Antonio Gramsci, *Selections from Political Writings* (1921 – 1926), edited and translated by Quintin Hoare (Minneapolis: University of Minnesota Press, 1990), pp. 441 – 462。此后引述缩记为 SPWII。

[3] Antonio Gramsci, *Selections from Political Writings* (1910 – 1920), edited by Quintin Hoare, translated by John Matthews (Minneapolis: University of Minnesota Press, 1990), p. 375。此后引述缩记为 SPWI。

[4] 参见 Benedict Anderson, *Imagined Communities: Reflections on the Origin and Spread of Nationalism* (revised edition), (London: Verso, 1991); Anthony D. Smith, *The Ethnic Origins of Nations* (Oxford: Oxford University Press, 1986); Charles Tilly, *Coercion, Capital and European State, AD* 990 – 1990 (Oxford: Basil Blackwell, 1990); and Eugen Weber, *Peasants into Frenchmen: the Modernization of Rural France*, 1870 – 1914 (Stanford: University of California Press, 1976)。最近的一个关于移民在形成国家认同中作用的有趣探讨见于：Donna Gabaccia, *Italy's Many Diasporas* (Seattle: University of Washington Press, 2000)。也可参见本书第五章。

[5] SPWII, p. 444.

[6] 自 20 世纪 80 年代以来，越来越多的意大利文献对南方问题的早期描述提出了批评。根据这些文献的说法，人们经常忽视了他们所说的"南方"的多样性，尤其是它的经济，以及意大利南部、西西里岛和撒丁岛的经济变动程度。第四章论述了葛兰西与这种文献之间的关系。英语版本的概览可参见 Robert Lumley and Jonathan Morris (eds), *The New History of the Italian South: The Mezzogiorno Revisited* (Exeter: University of Exeter Press, 1997)。也可参见 Jane Schneider (ed.), *Italy's "Southern Question": Orientalism in One Country* (Oxford: Berg, 1998)。在该书中，可着重阅

读 Nadia Urbinati, "The Souths of Antonio Gramsci and the Concept of Hegemony", pp. 135 - 156。

[7] 2.5%的估算来自 Tullio De Mauro, *Storia Linguistica Dell'Italia Unita* (Rome: Editori Laterza, 1986), p. 43；其他估测数据的简短讨论可参见 Howard Moss, "Language and Italian National Identity", in Bruce Haddock and Gino Bedani (eds), *Politics of Italian National Identity* (Cardiff: University of Wales Press, 2000), pp. 98 - 123, here p. 100。

[8] 意大利语言状况概览可参见 Lori Repetti's editor's introduction to *Phonological Theory and the Dialects of Italy* (Amsterdam/Philadelphia: John Benjamins, 2000), pp. 1 - 5。大多数知识分子把但丁之后的意大利文学语言当成标准意大利语。语言问题当然早于意大利的统一，但从历史上讲，它一直是一个学术性的讨论，而不是一个关于统一整个人口的政治问题。

[9] De Mauro, *Storia*, p. 95.

[10] Weber, *Peasants*, pp. 67 - 94.

[11] Giacomo Devoto, *The Languages of Italy*, translated by V. Louise Katainen (Chicago: University of Chicago Press, 1978).

[12] 布鲁斯·哈多克（Bruce Haddock）指出，在意大利，浪漫主义并不像在德国、法国和英国那样属于保守主义、反动的观点。相反，它经常受到前卫派的拥护，而前卫派对无法适应变化的时代和不同文化的古典主义持拒斥态度。参见 Bruce Haddock, "State, Nation and Risorgimento", in Haddock and Bedani (eds), *Politics*, pp. 11 - 49, here p. 23。

[13] 尽管雷诺兹指出，曼佐尼明确拒绝了但丁的立场，不过但丁本人在《俗语论》中最早提出了此种想法。参见 Barbara Reynolds, *The Linguistic Writings of Alessandro Manzoni* (Cambridge: W. Heffer & Sons, 1950), p. 127。

[14] 雷诺兹提供了一个详细的论点，认为曼佐尼的立场是：托斯卡纳语已经被历史和意大利人民选为国语，这就是它与文学语言相似的原因，也是其他方言中为什么有如此多的托斯卡纳语词的原因。他对其他托斯卡纳语拥护者，如尼科洛·托马塞奥（Niccolo Tommaseo, 1802 ~ 1874 年）表达了不满，因为他们主张使用托斯卡纳语是基于它的优雅和清晰，而这些并不是曼佐尼所看重的。

[15] Bruno Migliorini, *The Italian Language* (London: Faber and Faber, 1966), pp. 362 - 366.

[16] Reynolds, *Manzoni* and Moss, "Language and Identity", pp. 98 - 123.

[17] Migliorini, *Italian Language*, pp. 403 - 494; Devoto, *Languages of Italy*, pp. 282 - 324.

[18] Antonio Gramsci, *Quaderni del carcere* (4 vols), edited by Valentino Gerratana (Turin: Einaudi, 1975); pp. 5, 82, 351, 2237. Also in Antonio Gramsci, *Prison Notebooks* (vol. 1), edited by Joseph A. Buttigieg, translated by Joseph A. Buttigieg and Antonio Callari (New York: Columbia University Press, 1992), pp. 99 and 179; Antonio Gramsci, *Prison Notebooks* (vol. 2), edited and translated by Joseph A. Buttigieg (New York: Columbia University Press, 1996), p. 70; and Antonio Gramsci, *Selections from Cultural Writings*, edited by David Forgacs and Geoffrey Nowell Smith, translated by William Boelhower (Cambridge, Mass.: Harvard University Press, 1985), p. 173。最后一本此后缩记为 SCW。

[19] 虽然皮埃蒙特及其首都都灵作为统一的政治中心和经济中心发挥了更重要的作用，但它的语言却没有托斯卡纳语历史上的文学威望。正如第二章所述，霸权中的一个主题就是如何通过激化北方特定社会集团，使南北轴线成为意大利的根本分歧线。

[20] De Mauro, *Storia*, p. 95.

[21] 参见 Alastair Davidson, *Antonio Gramsci: Towards an Intellectual Biography* (London: Merlin Press, 1977), pp. 22 - 23; Guiseppe Fiori, *Antonio Gramsci: Life of a Revolutionary*, translated by Tom Nairn (London: Verso, 1980), p. 17。

[22] Fiori, *Antonio Gramsci*, p. 55.

[23] SPWI, p. 84.

[24] Fiori, *Antonio Gramsci*, p. 67. 正如戴维森所指出的那样，葛兰西对自己没有从事过的职业矿工的关注，虽让人奇怪但也许是可以理解的，这是因为他极力拒绝成为农民——他家乡的农民不仅把他当成一个驼背人来对待，并且把他看成一个名誉扫地的政府管理者的儿子。

[25] Fiori, *Antonio Gramsci*, p. 71.

[26] Fiori, *Antonio Gramsci*, pp. 73 - 74, 80 - 81.

[27] Fiori, *Antonio Gramsci*, p. 88.

[28] 这一点为理查德·贝拉米（Richard Bellamy）与达罗·谢克特（Darrow Schecter）的下述著作所强调：*Gramsci and the Italian State* (Manchester: Manchester University

Press, 1993)。

[29] Lo Piparo, *Lingua*; and "Studio", pp. 167 – 175.

[30] 曼佐尼并没有在这种强加的意义上来定义他的"解决方案"。他坚持认为，佛罗伦萨语已经享有的声望表明它已被选为自然的共同语言。他也不是一个"语言纯正癖者"，相反认为缺乏佛罗伦萨语的地方应该用更一般的托斯卡纳方言和其他意大利方言进行补充。但是，他似乎改变了他早年所具有的以下立场，即应该用众多意大利方言甚至法语的词语和短语来创造一个共同的意大利语（我们将会看到，这一点与葛兰西立场相似），他后来抛弃了此立场，转而赞成将佛罗伦萨语提升为"标准"的意大利语。参见 Reynolds, *Manzoni*。

[31] SCW, 178.

[32] 这种方法与索绪尔借用的"地理多样性可以转化为时间的多样性"的观念有相似之处，参见 *Course in General Linguistics*, translated by Roy Harris (Lasalle, Illinois: Open Court, 1983), p. 197 (271)。

[33] 在巴托利早年他的确使用过"最高精神"等更多受克罗齐影响的语言，但到了1925 年之后，他就再也没有用过这些术语。

[34] 卡西尔认为，结构主义诞生于 19 世纪的语言学，并采用了居维叶的古生物学方法和比较解剖学。有趣的是，葛兰西对居维叶的批评与他对一般实证主义和特别是新语法学派语言学家的批评是并行不悖的。

[35] As quoted by R. H. Robins, *A Short History of Linguistics* (third edition) (London: Longman, 1990), p. 205.

[36] Hermann Osthoff and Karl Brugmann, "Preface to *Morphologische Untersuchungen auf dem Gebiete der indogermanischen Sprachen*," in *A Reader in Nineteenth-Century Historical Indo-European Linguistics*, edited and translated by Winfred P. Lehmann (Bloomington: Indiana University Press, 1967), pp. 197 – 209. 也可参见 Morpurgo Davies, "Karl Brugmann," p. 154; and Robins, *Short History*, pp. 201 – 203, 他在这些地方强调了新语法学派学家在多大程度上是以自然科学，特别是以地质学为典范的。

[37] Antonio Gramsci, *Letters from Prison*, edited and translated by Lynne Lawner (London: Harper & Row, 1973), pp. 79 – 80。有一个事实印证了葛兰西所说的话：巴托利在1934 年就放弃了"新语言学"这个术语，转而支持区域语言学或空间语言学。因为在巴托利看来，"除了其他原因之外，这些老学派里受人尊重的同事们让人感到恼火"。

[38] Angelo d'Orsi, "Lo Studente che non divenne 'Dottore' Gramsci all'Università di Torino", *Studi Storici* 40 (1) (January-March 1999), p. 67.

[39] 葛兰西实际上写的是:"应该有人写一写语言学家别尔多尼的某种根本失败。" SCW, p. 173。

[40] SCW, pp. 173 – 176, 185.

[41] Antonio Gramsci, *Further Selections from the Prison Notebooks*, edited and translated by Derek Boothman (Minneapolis: University of Minnesota Press, 1995), p. 355. 此后记作 FSPN。正如葛兰西所指出的那样,当我们由黑格尔对法国大革命的评价——改变世界的这场革命是用头来走路,即世界是被理性所引导的——而想起马克思时,将是对马克思著名形象的一种更好的理解。FSPN, p. 318; 也可参见 Boothman's endnote 56, FSPN, p. 563。

[42] Benedetto Croce, The Aesthetic as the Science of Expression and of the Linguistic in General, translated by Colin Lyas (Cambridge: Cambridge University Press, 1992), p. 156.

[43] Karl Vossler, *The Spirit of Language in Civilization*, translated by Oscar Oeser (London: Kegan Paul, Tench Trubner, 1932), p. 15.

[44] Croce, *The Aesthetic*, p. 160.

[45] SCW, p. 26, n. 4.

[46] Antonio Gramsci, *La Città Futura, 1917 – 1918*, edited by Sergio Caprioglio (Turin: Einaudi, 1982), pp. 592 – 595.

[47] Sergio Caprioglio, in Gramsci, *La Città Futura*, pp. 673 – 674, n. 6.

[48] SCW, p. 26, n. 4; and Gramsci, *La Città Futura*, pp. 612 – 613.

[49] 引自 SCW, p. 26, n. 4; and Gramsci, *La Città Futura*, p. 612。

[50] SCW, p. 27. 柴门霍夫最初是为纾解俄罗斯与华沙之间的民族冲突而受启发发明了世界语。这里的批评没有注意到这一背景。目前关于当代全球语言问题的讨论,可参见 David Crystal, *English as a Global Language* (Cambridge: Cambridge University Press, 1997)。

[51] SCW, p. 26.

[52] 参见 G. I. Ascoli, "Italy-Part III, Languages", *Encyclopedia Britanica* (vol. 13), (ninth edition) (New York: Henry G. Allen, 1898) pp. 497 – 498。世界语的拥护者们则认为它就像所谓的"自然"语言一样,是一种"活"的语言。

[53] SCW，p. 28.

[54] 例如，可参见 Perry Anderson，“The Antinomies of Antonio Gramsci”，*New Left Review* 100（November 1976-January 1977），pp. 5 – 79，here pp. 20 – 25。

[55] Lo Piparo，*Lingua*，p. 135.

[56] SCW，pp. 268 – 269.

[57] FSPN，p. 304.

[58] FSPN，p. 282.

[59] FSPN，p. 304.

[60] SCW，p. 41.

[61] SCW，p. 43.

[62] SPN，p. 263.

第三章　《狱中札记》中的语言和霸权

[1] 有关葛兰西霸权历史先例的更详细的概述，参见 Jeremy Lester，*Dialogue of Negation：Debates on Hegemony in Russia and the West*（London：Pluto Press，2000），pp. 1 – 51。

[2] 参见 Perry Anderson，“The Antinomies of Antonio Gramsci”，*New Left Review* 100（November 1976-January 1977），pp. 5 – 78，especially pp. 15 – 16；and Lester，*Dialogue*，pp. 33 – 40。

[3] 尽管我对约翰·霍夫曼（John Hoffman）的许多结论有不同看法，但他基于葛兰西提出的强制和认同存在怎样关联的问题，而对葛兰西之于马克思主义的重要性给出了详尽的阐释。*The Gramscian Challenge：Coercion and Consent in Marxist Political Theory*（Oxford：Basil Blackwell，1984）。

[4] Ludwig Wittgenstein，*Philosophical Investigations*，second edition，translated by G. E. M. Anscombe（Oxford：Basil Blackwell，1958），p. 20. 维特根斯坦在下述早期著作中对我这里所指的演说（telling）和显示（showing）做出了区分：*Tractatus Logico-Philosophicus*，translated by D. F. Pears and B. F. McGuinness（London：Routledge，1974），pp. 18 – 26。

[5] Anne Showstack Sassoon，“Gramsci's Subversion of the Language of Politics”，*Rethinking Marxism* 3（1）（Spring 1990），pp. 14 – 25，here p. 16.

[6] Kate Crehan，*Gramsci*，*Culture and Anthropology*（London：Pluto Press，2002），p. 20.

[7] 持这种看法的一个最为知名，也最难以理解的版本无疑是安德森的《安东尼奥·葛兰西的二律背反》（“The Antinomies of Antonio Gramsci”）一文。

[8] Joseph Buttigieg，“Introduction”，in Antonio Gramsci，*Prison Notebooks*（vol. 1），edited by Joseph Buttigieg（New York：Columbia University Press，1992），p. 31.

[9] Anne Showstack Sassoon，“Subversion”，p. 15.

[10] Joseph V. Femia，*Gramsci's Political Thought：Hegemony，Consciousness，and the Revolutionary Process*（Oxford：Clarendon Press，1987），p. 46.

[11] “有机的”概念，因其与“有机知识分子”密切相关，在葛兰西思想中显得尤为重要，后文将对其做出探讨。

[12] 尽管可能存在误导性，但正如下文所述，葛兰西关于语言的著述是他仔细思考强制和认同不应被定义为相反的概念的极好来源。

[13] Thomas Hobbes，*Leviathan*，revised edition，edited by Richard Tuck（Cambridge：Cambridge University Press，1996），p. 120.

[14] 对霍布斯而言，认同并不意味排除了强制。他认为，正是由于君主具有权力并可以使用武力和暴力，才合理地解释了为何个人给予君主以认同。Hobbes，*Leviathan*，pp. 97；117 – 124。

[15] Max Weber，“Politics as a Vocation”，in *From Max Weber*，edited and translated by H. H. Gerth and C. Wright Mills，（New York：Oxford University Press，1946），p. 78.

[16] Antonio Gramsci，*Selections from the Prison Notebooks*，edited and translated by Quintin Hoare and Geoffrey Nowell Smith（New York：International Publishers，1971），p. 323，以下引注为 SPN。

[17] SPN，p. 9. *Homo faber* 是作为制造者的人，而 fabricator and *homo sapien* 则指作为思想者的人。我们不应将此理解为对马克思下述观点的否定，即资本主义通过将工人的体力劳动与智力活动相分离而使工人异化。

[18] SPN，p. 8.

[19] 参见 SPN，p. 323，n. 1。

[20] 葛兰西应用了他的标准方法，即从别人的概念或短语入手，然后对其重新进行定义。葛兰西将“人人都是哲学家”的观点归之于克罗齐，后者认为“常识者”的“常识”是其之前的哲学留下的遗产，而此沿承物还在通过它吸收新思想的成果能力而不断在增长。Benedetto Croce，*The Conduct of Life*，translated by Arthur Livingston（New York：1924）。葛兰西给予了此短语一个几乎相反的意义，即“哲学家的哲

学”仅仅是把特定的世界观挑出来并赋予其了声望而已。SPN，p. 422，see also pp. 9，323 – 343。

[21] SPN，p. 422。See also pp. 324 – 325。在这些地方，葛兰西将“常识”视为一个集合名词，并且是历史和历史进程的产物。他还认为，哲学与“健全的识见”是一致的，它们都通过批判而取代了宗教和“常识”。

[22] SPN，p. 8.

[23] SPN，p. 37.

[24] SPN，p. 326.

[25] SPN，p. 7.

[26] SPN，pp. 177 – 178，and n. 79.

[27] SPN，p. 7.

[28] SPN，p. 8.

[29] SPN，p. 12.

[30] SPN，p. 327.

[31] Antonio Gramsci，*Prison Notebooks*（vol. 2），edited and translated by Joseph A. Buttigieg（New York：Columbia University Press，1996），p. 139.

[32] Marcus Green，“Gramsci Cannot Speak：Presentation and Interpretation of Gramsci's Concept of the Subaltern”，*Rethinking Marxism* 14（3）（Spring 2002），pp. 1 – 24.

[33] SPN，p. 324，最后一句在该处翻译中省略。参见 Antonio Gramsci，*Quaderni del carcere*（4 vols），edited by Valentino Gerratana（Turin：Einaudi，1975），p. 1376，由我本人翻译。下文引作 QC。

[34] SPN，pp. 327 – 328.

[35] SPN，p. 327.

[36] This “passivity” is central to Gramsci's “passive revolution”，see Chapter 4，pp. 102 – 112.

[37] Eduard Bernstein，*Evolutionary Socialism*，edited by Edith C. Harvey（New York：Schocken，1961）.

[38] Antonio Gramsci，*Selections from Cultural Writings*，edited by David Forgacs and Geoffrey Nowell Smith，translated by William Boelhower（Cambridge，Mass.：Harvard University Press，1985），pp. 167 – 173。此后引注为 SCW，对葛兰西“民族—大众”概念的探讨，可参见 David Forgacs，“National-Popular：Genealogy of a Concept”，in *Formations*

of Nation and People (London: Routledge & Kegan Paul, 1984), pp. 83 - 98 and Geoffrey Nowell Smith, "Gramsci and the National-Popular", *Screen Education* 22 (1977), pp. 12 - 15.

[39] SCW, p. 168.

[40] SCW, p. 170.

[41] SCW, pp. 183 - 184.

[42] SPN, p. 325. 我们将在下文对葛兰西关于方言的评价做出更详尽的探讨，以揭示他并不是简单地批判它们的缺陷。

[43] SPN, p. 349.

[44] SPN, p. 349. 加注括号中的限制内容可能是为了防止想要将文化、哲学与语言分隔开的意图。

[45] SPN, p. 450.

[46] 葛兰西可能熟悉这部著作的法文译本，SPN, p. 378。英文译本（以第三版为准）是 *Historical Materialism: A System of Sociology*, 1926。

[47] Nikolai Bukharin, *Historical Materialism: A System of Sociology* (Ann Arbor: University of Michigan Press, 1969), p. 26. 鉴于葛兰西同意布哈林反对"目的论"的基本论点，他似乎不相称地在吹嘘布哈林近乎偶然的观点。然而，对葛兰西来说，这种还原论和肤浅性不过是后者关于社会科学中的规律和客观可预见性更普遍论点的表现罢了。

[48] SPN, p. 400；也可参见 Antonio Gramsci, *Further Selections from the Prison Notebooks*, edited and translated by Derek Boothman (Minneapolis: University of Minnesota Press, 1995), pp. 307 - 318。

[49] SPN, p. 450.

[50] SPN, p. 450.

[51] 葛兰西解释说，这就是我们不能把翻译看作在语言中找对等物的原因。参见 SCW, pp. 384 - 385.

[52] SCW, p. 180. 葛兰西保留了词语在语言中创造意义的方式与符号学家所研究的其他意义系统，如汽笛或图片之间的区别。

[53] SPN, p. 452.

[54] SPN, p. 452.

[55] SCW, p. 180.

[56] SCW, p. 187 and p. 180.

[57] SCW, p. 181. 如下文所述，这种理论表述过于极端，维特根斯坦的“私人语言”的观点已对此做过分析。Wittgenstein, *Philosophical Investigations*, pp. 91 – 96。

[58] SCW, p. 124.

[59] Isaiah Berlin, “Two Concepts of Liberty”, in *The Proper Study of Mankind* (London: Pimlico, 1997), pp. 191 – 242.

[60] Benedetto Croce, *The Aesthetic as the science of Expression and of the Linguistic in General*, translated by Colin Lyas (Cambridge: Cambridge University Press, 1992), pp. 158 – 161.

[61] Ferdinand de Saussure, *Course in General Linguistics*, translated by Roy Harris (La Salle, Illinois: Open Court, 1983), p. 82 (118). 乔姆斯基也曾声称波尔·罗亚尔语法是其语言学方法的先驱。

[62] SCW, p. 180.

[63] SCW, p. 180.

[64] SCW, pp. 180 – 181.

[65] SCW, pp. 179 – 180.

[66] 有关索绪尔对语言系统不可能与其历史相分离的更细致的讨论，参见 Saussure, *Course*, p. 9 (24)；但他最后还是给予了语言结构以优先地位，并把它与真实言语区分开来了，pp. 9 – 15 (23 – 32)。

[67] SCW, p. 181.

[68] SCW, p. 185.

[69] SPN, pp. 196, 198 – 200，在这些地方他区分出了臣属阶级自发性退化和进步的实例。

[70] SPN, p. 324，在翻译中最后一句被省略掉了。QC, p. 1376。

[71] SCW, p. 182.

[72] SCW, p. 182. 他指出，扫除文盲是创造出一种民族共同语言的重要组成部分。

[73] 参见 Antonio Gramsci, *Selections from Political Writings (1921 – 1926)*, edited and translated by Quintin Hoare (Minneapolis: University of Minnesota Press, 1990), pp. 446 – 456。

[74] SCW, p. 183. 这里所说的“传统”，显然是指语言使用者自己的各种传统，而不是传统知识分子的精英传统。

[75] SCW, p. 183.

[76] SCW, pp. 26 - 28.

第四章　语言学视角下对葛兰西核心概念的扩展解读

[1] Antonio Gramsci, *Selections from the Prison Notebooks*, edited and translated by Quintin Hoare and Geoffrey Nowell Smith (New York: International Publishers, 1971), p. 59。下文中引注为SPN。葛兰西在其他地方指出，他对库柯的“被动革命”概念做了“彻底的修改和扩展”。SPN, p. 108。

[2] SPN, pp. 58, 97 - 98.

[3] 有关简明概述，请参见下述著作的“前言”和“结语”：Dagmar Engels and Shula Marks (eds), *Contesting Colonial Hegemony: State and Society in Africa and India* (London: British Academic Press, 1994); and Stuart Hall, “Gramsci's Relevance for the Study of Race and Ethnicity”, in *Stuart Hall: Critical Dialogues in Cultural Studies*, edited by David Morley and Kuan-Hsing Chen (London: Routledge, 1996), pp. 411 - 440.

[4] SPN, p. 105.

[5] SPN, p. 59. See John Davis (ed.), *Gramsci and Italy's Passive Revolution* (New York: Barnes & Noble, 1979).

[6] 一种非历史的或经济主义的方法可能会选择将都灵方言作为国语，但至少从但丁所生活的14世纪以来，托斯卡纳语因其和知识分子的文学意大利语之间的亲密关系，而使它成为首选语言。参见第三章。

[7] 将封建经济关系与农民方言相提并论似乎不甚妥当。葛兰西希望根除封建主义，但至少要吸收方言的某些方面内容。其关键点在于，在经济和文化领域的日常实践与世界观需要被关注和被转变。

[8] 当葛兰西写到在一场消极革命中，“而国家……‘领导’了本应以‘领导的’身份出现的集团，并且在能把军队和政治—外交力量交给后者支配”(SPN, p. 105)时，语言上的共鸣就会清晰地显现出来。也就是说，是利用政府机构支持，如资助书籍出版和培训学校教师而将佛罗伦萨语强行推广到意大利，而不是靠语言与言说者自身的声望和吸引力而被推广。葛兰西对阿斯科利“语言底层理论”的兴趣反映了他在意大利“消极革命”问题上的观点。参见第三章。

[9] SPN, pp. 102 – 104.

[10] 参见 "Introduction: Antonio Gramsci and Italy's Passive Revolution", in Davis, *Gramsci*, pp. 11 – 30。

[11] SPN, pp. 125 – 133. 尤其是在当前围绕民族主义和民族国家的未来所展开的争论背景下，葛兰西把民族作为（预设的）政治共同体单位来看待，这是很重要的。但丁·杰米诺（Dante Germino）的传记强调了葛兰西会在多大程度上认同自己是一名撒丁人而非意大利人，以及他对意大利的关注并没有让他放弃世界主义。参见 Dante Germino, *Antonio Gramsci: Architect of a New Politics* (Baton Rouge: Louisiana State University Press, 1990), especially pp. 5 – 24, 43 – 51。

[12] SPN, pp. 77 – 79.

[13] SPN, pp. 103 – 104.

[14] SPN, pp. 103 – 104.

[15] 不管这样的比喻有多有用，葛兰西警示说："政治斗争比军事战争要复杂得多。必须用'清醒的头脑'来看待这些军事隐喻。" SPN, pp. 229, 231. 还值得注意的是，在界定这些术语的一个重要章节中，对印度独立斗争的讨论将阵地战、运动战和地下斗争比附到了甘地活动的不同阶段。此外，他还以巴尔干半岛、爱尔兰与英国的斗争来界说这些术语。SPN, pp. 229 – 231.

[16] 葛兰西把罢工，即拒绝提供自己的劳动力视为一种运动战的形式，而抵制则是阵地战的一部分。SPN, p. 229。

[17] SPN, p. 234.

[18] 关于这种变化的简明概述，参见 Eric Hobsbawm, *Age of Extremes: The Short Twentieth Century, 1914 – 1991* (London: Abacus, 1995), pp. 21 – 54。

[19] 正如安妮·萨瑟森（Anne Showstack Sassoon）所解释的那样，他利用这个概念来对抗经济主义的错误。参见 her *Gramsci's Politics* (second edition) (London: Hutchinson, 1987), pp. 193 – 204。

[20] Antonio Gramsci, *Quaderni del carcere* (4 vols), edited by Valentino Gerratana (Turin: Einaudi, 1975), p. 973, 下文中引注为 QC; 还可参见 Sassoon, pp. 199 – 200。

[21] SPN, p. 236.

[22] Antonio Gramsci, *Selections from Cultural Writings*, edited by David Forgacs and Geoffrey Nowell Smith, thanslated by William Boelhower (Cambridge. Mass.: Harvard University Press, 1985), p. 182.

[23] SPN, p. 108.

[24] SPN, p. 108.

[25] 例如，霍尔（Quintin Hoare）和史密斯（Geoffrey Nowell Smith）通过假设葛兰西的“阵地战”存在两种相互冲突的使用方式而对其做出了解释，即在稳定的均势时期能防止运动战的斗争，以及在有强大市民社会的西方可能存在的战争类型。SPN, pp. 206 - 207.

[26] SPN, p. 421.

[27] SPN, p. 204.

[28] SPN, pp. 125 - 136.

[29] 参见 Antonio Gramsci, *Letters from Prison*, edited and translated by Lynne Lawner (London: Harper & Row, 1973), p. 80. 在这里，我采用了林恩·劳纳（Lynne Lawner）的译本，因为该译本使用了“大众创造精神”，而没有采用罗森塔尔在《狱中书简》（2 卷本）中使用的“人民的创造精神”。后者参见 *Letters from Prison* (2 vols), edited by Frank Rosengarten, translated by Raymond Rosenthal (New York: Columbia University Press, 1994), p. 84。

[30] Renate Holub, *Antonio Gramsci: Beyond Marxism and Postmodernism* (London: Routledge, 1992), pp. 54 - 55.

[31] SPN, pp. 365 - 366, pp. 377, 418, 137, p. 421, n. 65。关于“历史集团”概念的介绍，参见 Sassoon, *Gramsci's Politics*, pp. 119 - 125 and Walter Adamson, *Hegemony and Revolution: A Study of Antonio Gramsci's Political and Cultural Theory* (Berkeley: University of California Press, 1980), pp. 170 - 179。

[32] Roger Simon, *Gramsci's Political Thought: An Introduction* (London: Lawrence & Wishart, 1991), p. 25.

[33] 玛丽·奥布莱恩（Mary O'Brien）从社会主义女权主义立场批判了葛兰西，参见 *Reproducing the World: Essays in Feminist Theory* (Boulder: Westview Press, 1989), pp. 223 - 244。正如我们将在第五章所见，拉克劳和墨菲对葛兰西的批判虽然是从一个非常迥异的视角展开的，但同样认为他过多地强调了工人阶级。

[34] 哈特（Michael Hardt）和奈格里（Antonio Negri）提出了革命如何通过建立联盟来形成的理论，创立这个联盟时不能不加区分地将民族和人民混同在一起，而要通过创建“新城市”来实现。*Empire* (Cambridge, Mass.: Harvard University Press, 2000), p. 395。

[35] 戈贝蒂（Gobetti），自由主义者，葛兰西的好友，曾创办《自由革命》杂志，1926年遭法西斯刺杀。葛兰西在《关于南方问题的几个方面》中谈到以戈贝蒂为代表的自由共产主义的重要性。"Some Aspects of the Southern Question"，Antonio Gramsci，*Selections from the Political Writings*（1921－1926），edited and translated by Quintin Hoare（Minneapolis：University of Minnesota Press，1990），pp. 441－462。也可参见 Piero Gobetti，*On Liberal Revolution*，edited by Nadia Urbinati，translated by William McCuaig（New Haven：Yale University Press，2000）。

[36] 详细讨论，可参见 Joseph Buttigieg，"Gramsci on Civil Society"，*Boundary* 2 22（3）（Fall 1995）pp. 1－32；Jan Rehmann，"'Abolition' of Civil Society?" *Socialism and Democracy* 13（2）（Fall/Winter 1999），pp. 1－18；and Ellen Meiksins Wood，"The Uses and Abuses of 'Civil Society'"，in Ralph Miliband，Leo Panitch and John Saville（eds），*Socialist Register* 1990（London：Merlin Press，1990），pp. 60－84。

[37] SPN，p. 235.

[38] 事实上，葛兰西对温和派政党行动的赞许之处在于，他们在市民社会中巩固了权力。参见 Buttigieg，"Gramsci on Civil Society"，p. 21。

[39] G. W. F. Hegel，*The Philosophy of Right*，translated by T. M. Knox（London：Oxford University Press，1973），p. 110.

[40] 博比奥（Norberto Bobbio）和雅克·泰克西埃（Jacques Texier）在1969年就这个问题进行过一次经典的交锋，这两篇文章都被译录入 Chantal Mouffe（ed.），*Gramsci and Marxist Theory*（London：Routledge Kegan Paul，1979），pp. 21－47 and pp. 48－79。这场争论与对克罗齐（黑格尔的追随者）影响的各种解读交织在一起，而非围绕马克思对葛兰西的影响。参见 Walter Adamson，*Hegemony and Revolution*，pp. 215－222。

[41] QC，p. 704；as cited in SPN，p. 208.

[42] 葛兰西一度将"市民社会"定义为"通常被称为'私人'的有机体的集合……" SPN，p. 12。

[43] Joseph V. Femia，*Gramsci's Political Thought：Hegemony，Consciousness，and the Revolutionary Process*（Oxford：Clarendon Press，1987），p. 24.

[44] Adamson，*Hegemony and Revolution*，p. 218.

[45] 值得注意的是，在诸如《路易·波拿巴的雾月十八日》《法兰西内战》这样的著作中，即在马克思更具较多政治性而较少经济性的作品中，他与葛兰西有着更为

相近的关切点。

[46] Antonio Gramsci, *Further Selections from the Prison Notebooks*, edited and translated by Derek Boothman (Minneapolis: University of Minnesota Press, 1995), pp. 315 - 318. 葛兰西没有注意到这种态度的性别歧视，但是对于今天的读者来说，他的批评的力量依赖于此种观念，这让人对他的比较是否恰当产生了质疑。

[47] Perry Anderson, "The Antinomies of Antonio Gramsci", *New Left Review* 100 (November 1976-January 1977), pp. 5 - 79; Robert Bocock, *Hegemony* (Chichester: Ellis Horwood, 1986); and Hoare and Nowell Smith, in SPN, p. 207.

[48] SPN, p. 238.

[49] V. I. Lenin, *State and Revolution*, translated by Robert Service (London: Penguin, 1992), pp. 7 - 15.

[50] SPN, p. 182. 葛兰西第一次提到这一点是在 1931 年 9 月 7 日的一封信中，Antonio Gramsci, Letters from Prison (vol. 2), edited by Frank Rosengarten, translated by Raymond Rosenthal (New York: Columbia University Press, 1994), p. 67。关于葛兰西在狱前对自由主义国家的批判，参见 Germino, pp. 82 - 85。

[51] 这一点将葛兰西与阿尔都塞、阿多诺等许多其他马克思主义者区分开来了。后者似乎认为现代资本主义社会是"完全管制性"的，因此臣属集团已被成功地排除在对社会发展的影响之外。哈特和奈格里在此则采纳了葛兰西的观点，强调了臣属集团（或他们所说的"大众"）在何种程度上在塑造国家形式方面不断发挥作用。参见 *Empire*, pp. 93 - 113。也可参见 Gramsci's discussion of "separation of powers", SPN, p. 245, n. 46。

[52] SPN, p. 244. 葛兰西在这里提出了社会学的问题，因为他正予以批判的布哈林的著作，其副标题是"马克思社会学通俗手册"。他认为，19 世纪政治学研究的衰落源于它仅狭隘地关注纯议会活动和政治家们。他对社会学的批判之处在于，在它的名目下自然科学的实证主义方法正被布哈林等人用来研究政治问题。

[53] SPN, p. 239.

[54] SPN, p. 263.

[55] Anderson, "Antinomies", pp. 12 - 14, 33 - 39. 在那时他认为，这种融合充斥的是阿尔都塞的观点，即资产阶级社会中的国家囊括了一切。而葛兰西对"意识形态国家机器"和"镇压性国家机器"是做了明确区分的。

[56] Sassoon, *Gramsci's Politics*, pp. 112 - 113. 关于葛兰西对国家的狭义定义的讨论，参

见 SPN, p. 12。他的更为广义的概念参见 pp. 262 - 263 for his more expanded notion。

[57] Simon, *Gramsci's Political Thought*, p. 72。他还认为，对葛兰西来说，资本主义社会是由三种社会关系组成的：生产关系、国家关系和市民社会关系。西蒙将生产关系与市民社会区分开后，认为相比于马克思所看重的市民社会中经济的地位，葛兰西对此有很大的背离，p. 70。

[58] Buttigieg, "Gramsci on Civil Society", p. 26, p. 19.

[59] 这种明确胁迫的缩影是加拿大和美国土著居民寄宿学校的历史，其中一些学校使用体罚方式明确禁止使用土著语言。参见 Ruth Spack, *America's Second Tongue: American Indian Education and the Ownership of English, 1860 - 1900* (Lincoln: University of Nebraska Press, 2002); J. R. Miller, *Shingwauk's Vision: A History of Native Residential Schools* (Toronto: University of Toronto Press, 1996), pp. 199 - 216; and John Milloy, *A National Crime: The Canadian Government and the Residential School System, 1879 - 1986* (Winnipeg: University of Manitoba Press, 1999), especially pp. 38 - 39。

第五章 后现代主义、新社会运动与全球化：对社会与政治理论的启示

[1] 例如，可参见，Stuart Hall, "The Problem of Ideology: Marxism Without Guarantees", and "Gramsci's Relevance for the Study of Race and Ethnicity", both in *Stuart Hall: Critical Dialogues in Cultural Studies*, edited by David Morley and Kuan-Hsing Chen (London: Routledge, 1996), pp. 25 - 46, 411 - 440。

[2] 下文将详细讨论与拉克劳和墨菲截然不同的一种路径，参见 T. J. Jackson Lears, "The Concept of Cultural Hegemony: Problems and Possibilities", *American Historical Review* 90 (3) (June 1985), pp. 567 - 593。

[3] Antonio Gramsci, *Selections from the Prison Notebooks*, edited and translated by Quintin Hoare and Geoffrey Nowell Smith (New York: International Publishers, 1971), p. 465.

[4] Jean-François Lyotard, *The Postmodern Condition: A Report on Knowledge*, translated by Geoff Bennington (Minneapolis: University of Minnesota Press, 1984).

[5] 从鲍德里亚在 20 世纪 70 年代初离开马克思主义到他煽动性观点——1991 年没有发生伊拉克战争以及 2001 年"9 · 11"的袭击比"真实的"更糟糕——的出炉，语言是真正能把他的多样著作联系起来的为数不多的因素之一，并且它是符号性的。

参见 *Jean Baudrillard: Selected Writings*, (second edition), edited by Mark Poster (Stanford: Stanford University Press, 2001); Jean Baudrillard, *The Gulf War Did Not Take Place*, translated by Paul Patton, (Bloomington: Indiana University Press, 1995); and Jean Baudrillard, *The Spirit of Terrorism: And Requiem for the Twin Towers* (London: Verso, 2002)。

[6] David Harvey, *The Condition of Postmodernity* (Oxford: Basil Blackwell, 1989); and Fredric Jameson, *Postmodernism, or, the Logic of Late Capitalism* (Durham: Duke University Press, 1991).

[7] 参见 Richard Rorty, *Philosophy and the Mirror of Nature* (Princeton: Princeton University Press, 1979); and *Contingency, Irony, and Solidarity* (Cambridge: Cambridge University Press, 1989)。

[8] 关于这两种"现代"概念存在怎样的关联,最好阐释中有一个是 Marshall Berman, *All That is Solid Melts into Air: The Experience of Modernity* (New York: Penguin, 1988)。

[9] Steven Best and Douglas Kellner, *The Postmodern Turn* (New York: Guilford, 1997), especially pp. 24 – 25, and Steven Best and Douglas Kellner, *Postmodern Theory: Critical Interrogations* (New York: Guilford, 1991), pp. 29 – 32.

[10] Friedrich Nietzsche, "On Truth and Lie in an Extra-Moral Sense", in *The Portable Nietzsche*, translated by Walter Kaufmann (New York: Viking, 1954), pp. 46 – 47.

[11] 德里达从根本上重新定义了"写作",使其比"语音写作"更为宽泛,并包含任何形式的符码或铭文。Jacques Derrida, *Of Grammatology*, translated by Gayatri Chakrovorty Spivak (Baltimore: Johns Hopkins University Press, 1974), pp. 101 – 140。

[12] Derrida, *Of Grammatology*, especially pp. 1 – 94.

[13] 参见 Victor B. Shklovsky, *Theory of Prose*, translated by Benjamin Sher (Elmwood Park: Dalkey Archive Press, 1991)。

[14] Esteve Morera, *Gramsci's Historicism: A Realist Interpretation* (London: Routledge, 1990) and Jonathan Joseph, *Hegemony: A Realist Analysis* (London: Routledge, 2002).

[15] Karl Marx, *Capital: A Critique of Political Economy*, translated by Samuel Moore and Edward Aveling (New York: New Modern Library, 1906), p. 198.

[16] SPN, p. 448.

[17] 这个论点与普通语言哲学产生了共鸣。普通语言哲学源于维特根斯坦的观点。维

特根斯坦坚持认为，大多数哲学问题的出现只是因为哲学家错误地使用了语言而导致的，如果我们分析普通人如何理解所涉及的术语，哲学问题就不会再是问题。但是，在这种情况下，这些哲学或神学的立场已经渗透进了常识。

[18] SPN, pp. 440 – 441.

[19] 例如，可参阅他关于“美国主义”是否应该被理解为一个新时代的讨论。SPN, pp. 279 – 318.

[20] 例如，可参见 Michel Foucault, *The Order of Things: An Archaeology of the Human Sciences* (New York: Vintage, 1973), especially pp. 34 – 45, 78 – 124, 280 – 306; and “What is an Author?”, in *Language, Counter-Memory, Practice*, translated by Donald Bouchard and Sherry Simon (Ithaca: Cornell University Press, 1977), pp. 113 – 138。

[21] Foucault, *Order of Things*, p. xv.

[22] 例如，可参见 Renate Holub, *Antonio Gramsci: Beyond Marxism and Postmodernism* (London: Routledge, 1992) pp. 13, 29 – 30, 191 – 203; Joan Cocks, *The Oppositional Imagination: Feminism, Critique and Political Theory* (London: Routledge, 1989)。有关对葛兰西的批判性解读，参见 Barry Smart, “The Politics of Truth and the Problems of Hegemony”, in David Conzens Hoy (ed.) *Foucault: A Critical Reader* (Oxford: Basil Blackwell, 1986), pp. 157 – 173; and Michèle Barrett, *The Politics of Truth: From Marx to Foucault* (Stanford: Stanford University Press, 1991), especially pp. 49 – 80 and 121 – 168。有关对斯玛特（Smart）的回应，参见 R. Radhakrishnan, “Toward an Effective Intellectual: Foucault or Gramsci?” in Bruce Robbins (ed.) *Intellectuals: Aesthetics, Politics, Academics* (Minneapolis: University of Minnesota Press, 1990), pp. 57 – 100。

[23] 福柯明确指出，他使用“话语形态”概念是为了避免“已经含义过载”的诸如意识形态、理论、客观性领域等名称。*Archaeology of Knowledge*, translated by A. M. Sheridan Smith (London: Routledge, 1989), p. 38。

[24] Manfred Frank, “On Foucault's Concept of Discourse”, in *Michel Foucault Philosopher*, translated by Timothy Armstrong (New York: Routledge, 1992), pp. 99 – 116.

[25] 参见 n. 22。

[26] Nancy Hartsock, “Foucault on Power: A Theory for Women?” in Linda Nicholson (ed.), *Feminism/Postmodernism* (New York: Routledge, 1990), pp. 157 – 176, here p. 165.

[27] 除了哈索克的《福柯论权力》，参见 Cocks, *The Oppositional Imagination*, pp. 45 –

62。

[28] Alan Keenan, *Democracy in Question* (Stanford: Stanford University Press, 2003), p. 108.

[29] 例如，可参见 Ellen Meiksins Wood, *Retreat from Class: A New "True" Socialism* (London: Verso, 1986)，尤其是 pp. 47 – 89; and Norman Geras, "Post-Marxism?" *New Left Review* 163 (May/June 1987), pp. 40 – 82, reprinted in his *Discourses of Extremity: Radical Ethics and Post-Marxist Extravagances* (London: Verso, 1990)。有关从另一视角对拉克劳和墨菲进行的更有利的批判，参见 Keenan, Democracy in Question, pp. 102 – 143。

[30] 参见 Ernesto Laclau, *New Reflections on the Revolution of Our Time*, pp. 198 – 201。有关概述参见 Jacob Torfing, *New Theories of Discourse: Laclau, Mouffe, and Žižek* (Oxford: Blackwell Publishers, 1999), pp. 15 – 35; and Anna Marie Smith, *Laclau and Mouffe: The Radical Democratic Imaginary* (London: Routledge, 1998)。

[31] 尤其参见 Ernesto Laclau, *Politics and Ideology in Marxist Theory* (London: Verso, 1977)，其中包括对阿根廷，对尼科斯·波兰察斯（Nicos Poulantzas）和拉尔·米利班德（Ralph Miliband）之间的争论及关于法西斯主义做出分析的论文。

[32] 尤其参见由墨菲编辑的论文集 *Gramsci and Marxist Theory* (London: Routledge, Kegan Paul, 1979) 其中包含了她的一篇论文 "Hegemony and Ideology in Gramsci", pp. 168 – 205。

[33] Ernesto Laclau and Chantal Mouffe, *Hegemony and Socialist Strategy: Towards a Radical Democratic Politics* (London: Verso, 1985), p. 3. 此后引注为 HSS。

[34] 在 1988 年的一次访谈中，拉克劳对《领导权与社会主义的策略》的前两章做了说明。他指出，阶级斗争是马克思主义对作为一种经济体系的资本主义进行批判的"补充"——在上述德里达的意义上。参见 Laclau, *New Reflections*, pp. 180 – 181。

[35] HSS, p. 12.

[36] 拉克劳和墨菲对"多元决定"的最全面讨论见于第 97 ~ 105 页。他们强调，正如阿尔都塞所指出的那样，多元决定在"符号领域"之外没有任何意义。换句话说，它不仅仅指多重因果关系或者确定事物的多元结构。相反，它还解构了"本质"和"表象"之间的差别——表象是由本质甚至是多种本质决定的。拉克劳和墨菲赞赏阿尔都塞在《保卫马克思》(translated by Ben Brewster, New York: Vintage, 1970) 中提出的这一概念，而视阿尔都塞在他与巴利巴尔（Etienne Balibar）合著

的《读〈资本论〉》中重新陷入了经济主义。

[37] Louis Althusser, "Contradiction and Overdetermination", in *For Marx*, pp. 97 - 106.

[38] HSS, p. 30.

[39] HSS, p. 59.

[40] HSS, p. 67.

[41] HSS, p. 65. 在这部著作之后，他们将"接合"定义为"建立要素之间联系的实践，由此这些要素的身份作为接合实践的结果而被改变"（第105页）。

[42] HSS, p. 85.

[43] HSS, p. 69.

[44] 温迪·布朗（Wendy Brown）批评了拉克劳和墨菲对经济分析的不足。安娜·史密斯（Anna Marie Smith）则通过一种对拉克劳和墨菲成果实际政治应用的取巧式（如果不是完全令人信服）的论述，试图纠正这一已被确认的缺陷。Wendy Brown, *States of Injury: Power and Freedom in Late Modernity* (Princeton: Princeton University Press, 1995); and Smith, *Laclau and Mouffe*, p. 19. 这个问题在运用了拉克劳和墨菲理论的各种实证研究中也被提出，参见 David Howarth, Aletta Norval and Yannis Stavrakakis (eds), *Discourse Theory and Political Analysis: Identities, Hegemonies and Social Change* (Manchester: Manchester University Press, 2000)。

[45] 拉克劳和墨菲不赞成福柯关于话语和非话语实践的区分，认为他并不是前后一致的，当对象存在于话语和思想的"外部"时，它们的意义或它们的任何象征性的意识，从定义上来说，都是话语性的。HSS, p. 108; and Ernesto Laclau and Chantal Mouffe, "*Post-Marxism Without Apologies*", in Ernesto Laclau, *New Reflections on the Revolution of Our Time* (London: Verso, 1990), pp. 100 - 103。[originally published in *New Left Review* 166 (November-December 1987)]。

[46] Chantal Mouffe, *The Democratic Paradox* (London: Verso, 2000), p. 21.

[47] HSS, p. 105.

[48] HSS, p. 105. 他们解释说，"话语"包括语言和非语言的要素。他们在很大程度上借用了福柯的话语概念，但发现福柯在区分话语和非话语实践方面存在矛盾。HSS, p. 107。

[49] HSS, p. 113.

[50] HSS, p. 134.

[51] HSS, p. 108.

[52] 例如，参见 Geras，“Post-Marxism?”，pp. 66 – 67。

[53] 拉克劳后期的著作日益倚重拉康的心理分析学说。参见 Ernesto Laclau，*Emancipation (s)* (London：Verso，1996)。史密斯对这一动向颇为批评，认为它必须被辅之以更多的葛兰西式的历史性方法。她还表示，葛兰西和拉克劳之间的差异并不像他们所显现的那样不可调和。*Laclau and Mouffe*，p. 82，p. 165。

[54] 参见 Elizabeth Grosz，*Jacques Lacan：A Feminist Introduction* (London：Routledge，1990)，especially pp. 31 – 49。

[55] 1983 年，拉克劳在他的下面这篇短文中首次提出了这个观点：“The Impossibility of Society”，included in *New Reflections*，pp. 89 – 92。

[56] HSS，p. 111.

[57] HSS，p. 88，n. 1.

[58] HSS，p. 125.

[59] HSS，p. 125.

[60] HSS，p. 125.

[61] 正如本章最后一节将要讨论到的那样，拉克劳和墨菲并没有提出这样一个问题，即葛兰西是否预设了国家应该在创造进步的语言或形成霸权中扮演某种重要的角色。葛兰西在讨论翻译、文化和世界观的“可译性”时，对此问题做了某种程度的探讨。

[62] 有关简要概述参见 Andreas Bieler and Adam David Morton，“Theoretical and Methodological Challenges of Neo-Gramscian Perspectives in International Political Economy”，available at < www. italnet. nd. edu/gramsci/resources/online_ articles/index. html >。也可参见 Stephen Gill，*Power*，*Resistance and the New World Order* (New York：Palgrave，2003)；Stephen Gill (ed.)，*Gramsci*，*Historical Materialism and International Relations* (Cambridge：Cambridge University Press，1994)；and Robert Cox，*Production*，*Power and World Order*：*Social Forces in the Making of History* (New York：Columbia University Press，1987)。

[63] SPN，pp. 277 – 318.

[64] 虽有争议，但他们的经典文章是 Max Horkheimer and Theodor Adorno，“The Culture Industry：Enlightenment as Mass Deception”，in *The Dialectic of Enlightenment*，translated by John Cumming (New York：Continuum，1969)，pp. 120 – 167。

[65] Robert Dombroski，*Antonio Gramsci* (Boston，Twayne，1989)，p. 132.

[66] 我在我的另一著作《葛兰西的语言政治学》第四章中探讨了葛兰西的语言观与霍克海默、阿多诺的不同之处。

[67] 多姆布罗斯基（Dombroski）在谈到葛兰西的文学方法时对此缺陷做了讨论。

[68] SPN，p. 416. 这个段落包含一个批判性注释，但葛兰西并非将其看作“西方文化对整个世界的霸权”。

[69] 目前这方面经典作品当属 Benedict Anderson，*Imagined Communities*（second edition）（London：Verso，1991）。与安德森所说的“民族主义”在很大程度上是“旧”世界欧洲列强与“新”世界殖民地相互作用的产物类似，杜纳·加巴西亚（Donna Gabaccia）也认为，19 世纪意大利民族认同的创建需要考虑移民所扮演的角色。*Italy's Many Diasporas*（Seattle：University of Washington Press，2000）。

[70] 我在《葛兰西的语言政治学》第三章中详细讨论了这一点并与本雅明做了比较。

[71] Joseph Buttigieg，“Gramsci on Civil Society”，*Boundary* 2 22（3）（1995），pp. 1 – 32；Jan Rehmann，“‘Abolition’ of Civil Society? Remarks on a Widespread Misunderstanding in the Interpretation of ‘Civil Society’”，*Socialism and Democracy* 13（2）（Fall/Winter 1999），pp. 1 – 17.

[72] 例如，参见 David Held，*Democracy and the Global Order*：*From the Modern State to Cosmopolitan Governance*（Stanford：Stanford University Press，1995）；and Jürgen Habermas，“Crossing Globalization's Valley of Tears”，*New Perspective Quarterly* 17（4）（Fall 2000），pp. 51 – 57。要想了解对文化和全球化的一种截然不同的分析，同时这种分析也认同民族国家的消亡，并希望这能带来更加进步的后民族政治的离散公共领域。参见 Arjun Appadurai，*Modernity at Large*：*Cultural Dimensions of Globalization*（Minneapolis：University of Minnesota Press，1996）。

[73] 例如，Timothy Brennan，“Cosmopolitanism and Internationalism”，*New Left Review* 7（January-February 2001），pp. 75 – 84。

[74] David Crystal，*English as a Global Language*（Cambridge：Cambridge University Press，1997）.

[75] 参见我的文章“Language，Representation and Supra-State Democracy：Questions Facing the European Union”，in David Laycock（ed.）*Representation and Democratic Theory*（Vancouver：UBC Press，2004），pp. 56 – 91。

参考文献

Adamson, Walter L. *Hegemony and Revolution: A Study of Antonio Gramsci's Political and Cultural Theory*, Berkeley: University of California Press, 1980

Althusser, Louis 'Ideological State Apparatuses', in Slavoj Žižek (ed.) *Mapping Ideology*, London: Verso, 1994: 100–140

—— *For Marx*, translated by Ben Brewster, New York: Vintage, 1970

Ambrosoli, Luigi 'Nuovi contributi agli "Scritti giovanile" di Gramsci', *Rivista Storica del Socialismo* 3 (1960): 545–50

Anderson, Benedict *Imagined Communities* (revised edition), London: Verso, 1991

Anderson, Perry *In the Tracks of Historical Materialism*, London: Verso, 1983

—— 'The Antinomies of Antonio Gramsci', *New Left Review* 100 (November 1976–January 1977): 5–79

Ascoli, Graziadio Isaia 'Italy – Part III, Languages', *Encyclopedia Britanica,* (vol. 13) (ninth edition), New York: Henry G. Allen, 1898, 497–8

Balakrishnan, Gopal (ed.) *Mapping the Nation*, London: Verso, 1996

Barrett, Michèle *The Politics of Truth: From Marx to Foucault*, Stanford: Stanford University Press, 1991

Baudrillard, Jean *The Spirit of Terrorism: And Requiem for the Twin Towers*, translated by Chris Turner, London: Verso, 2002

—— *Selected Writings* (second edition), edited by Mark Poster, Stanford: Stanford University Press, 2001

—— *The Gulf War Did Not Take Place*, translated by Paul Patton, Bloomington: Indiana University Press, 1995

Bellamy, Richard and Darrow Schecter *Gramsci and the Italian State*, Manchester: Manchester University Press, 1993

Berlin, Isaiah 'Two Concepts of Liberty', in *The Proper Study of Mankind*, London: Pimlico, 1997, 191–242

Berman, Marshall *All That is Solid Melts into Air: The Experience of Modernity*, New York: Penguin, 1988

Bernstein, Eduard *Evolutionary Socialism*, edited by Edith C. Harvey, New York: Schocken, 1961

Best, Steven and Douglas Kellner *The Postmodern Turn*, New York: Guilford, 1997

—— *Postmodern Theory: Critical Interrogations*, New York: Guilford, 1991

Bieler, Andreas and Adam David Morton 'Theoretical and Methodological Challenges of Neo-Gramscian Perspectives in International Political Economy' <www.italnet.nd.edu/gramsci/resources/online_articles/index.html>

Bocock, Robert *Hegemony*, Chichester: Ellis Horwood, 1986

Brandist, Craig 'Gramsci, Bakhtin and the Semiotics of Hegemony', *New Left Review* 216 (March/April, 1996): 94–109

—— 'The Official and the Popular in Gramsci and Bakhtin', *Theory, Culture and Society* 13(2) (1996): 59–74

Braverman, Harry *Labor and Monopoly Capital: The Degradation of Work in the Twentieth Century*, New York: Monthly Review Press, 1975

Brown, Wendy *States of Injury: Power and Freedom in Late Modernity*, Princeton: Princeton University Press, 1995

Bukharin, Nikolai *Historical Materialism: A System of Sociology*, Ann Arbor: University of Michigan Press, 1969

Burawoy, Michael *The Politics of Production: Factory Regimes under Capitalism and Socialism*, London: Verso, 1985

Buttigieg, Joseph 'Introduction', in Antonio Gramsci, *Prison Notebooks* (vol. 1), edited by Joseph Buttigieg, New York: Columbia University Press, 1992

—— 'Gramsci on Civil Society', *Boundary 2* 22(3) (Fall 1995): 1–32

Cameron, Deborah (ed.) *The Feminist Critique of Language: A Reader* (second edition), London: Routledge, 1998

Carrannante, Antonio 'Antonio Gramsci e i problemi della lingua italiana', *Belfagor* 28 (1973): 544–56

Cassirer, Ernst 'Structuralism in Modern Linguistics', *Word* 1 (1945): 99–120

Centre for Contemporary Cultural Studies *On Ideology*, London: Hutchinson, 1978

Cocks, Joan *The Oppositional Imagination: Feminism, Critique and Political Theory*, London: Routledge, 1989

Cox, Robert *Production, Power and World Order: Social Forces in the Making of History*, New York: Columbia University Press, 1987

Crehan, Kate *Gramsci, Culture and Anthropology*, London: Pluto Press, 2002

Croce, Benedetto *The Aesthetic as the Science of Expression and of the Linguistic in General* translated by Colin Lyas, Cambridge: Cambridge University Press, 1992

—— *The Conduct of Life*, translated by Arthur Livingston, New York: 1924

Crystal, David *English as a Global Language*, Cambridge: Cambridge University Press, 1997

Culler, Jonathon *Saussure* (sixth edition), London: Fontana Press, 1988

Davidson, Alastair *Antonio Gramsci: Towards an Intellectual Biography*, London: Merlin Press, 1977

Davis, John (ed.) *Gramsci and Italy's Passive Revolution*, New York: Barnes & Noble, 1979

Davis, John B 'Gramsci, Sraffa, Wittgenstein: Philosophical Linkages', *European Journal of the History of Economic Thought* 9(3) (Autumn 2002): 384–401

De Felice, Renzo 'Un corso di glottologia di Matteo Bartoli negli appunti di Antonio Gramsci', *Rivista Storica del Socialismo* 7 (1964): 219–21

De Mauro, Tullio *Storia Linguistica Dell'Italia Unita*, Rome: Editori Laterza, 1986

Derrida, Jacques *of Grammatology*, translated by Gayatri Chakrovorty Spivak, Baltimore: Johns Hopkins University Press, 1974

Devoto, Giacomo *The Languages of Italy*, translated by V. Louise Katainen, Chicago: University of Chicago Press, 1978

Dombroski, Robert *Antonio Gramsci*, Boston: Twayne, 1989

d'Orsi, Angelo 'Lo Studente che non divenne "Dottore" Gramsci all'Università di Torino', *Studi Storici* 40(1) (January–March, 1999): 39–75

Engels, Dagmar and Shula Marks (eds) *Contesting Colonial Hegemony: State and Society in Africa and India*, London: British Academic Press, 1994

Femia, Joseph V. *Gramsci's Political Thought: Hegemony, Consciousness and the Revolutionary Process*, Oxford: Clarendon Press, 1987

Fiori, Guiseppe *Antonio Gramsci: Life of a Revolutionary*, translated by Tom Nairn, London: Verso, 1980

Fontana, Benedetto 'Politics, Philosophy and Modernity in Gramsci', *Philosophical Forum* 29(3–4) (Spring–Summer 1998): 104–18

Forgacs, David 'National–Popular: Genealogy of a Concept', in *Formations of Nation and People*, London: Routledge & Kegan Paul, 1984, 83–98

Foucault, Michel 'What is an Author?' in *Language, Counter-Memory, Practice*, translated by Donald Bouchard and Sherry Simon, Ithaca: Cornell University Press, 1977, 113–38

—— *The Order of Things: An Archaeology of the Human Sciences*, New York: Vintage, 1973

—— *Archaeology of Knowledge*, translated by A.M. Sheridan Smith, London: Routledge, 1989

Frank, Manfred 'On Foucault's Concept of Discourse', in *Michel Foucault Philosopher*, translated by Timothy Armstrong, New York: Routledge, 1992, 99–116

Gabaccia, Donna *Italy's Many Diasporas*, Seattle: University of Washington Press, 2000

Gensini, Stefano 'Linguistica e questione politica della lingua', *Critica Marxista* 1 (1980): 151–65

Germino, Dante *Antonio Gramsci: Architect of a New Politics*, Baton Rouge: Louisiana State University Press, 1990

Gill, Stephen *Power, Resistence and the New World Order*, New York: Palgrave, 2003

—— (ed.) *Gramsci, Historical Materialism and International Relations*, Cambridge: Cambridge University Press, 1994

Gobetti, Piero *On Liberal Revolution*, edited by Nadia Urbinati, translated by William McCuaig, New Haven: Yale University Press, 2000

Gramsci, Antonio *Prison Notebooks* (vol. 2), edited and translated by Joseph A. Buttigieg, New York: Columbia University Press, 1996

—— *Further Selections from the Prison Notebooks*, edited and translated by Derek Boothman, Minneapolis: University of Minnesota Press, 1995

—— *Letters from Prison* (2 vols), edited by Frank Rosengarten, translated by Raymond Rosenthal, New York: Columbia University Press, 1994

—— *Prison Notebooks* (vol. 1), edited by Joseph A. Buttigieg, translated by Joseph A. Buttigieg and Antonio Callari, New York: Columbia University Press, 1992

—— *Selections from Political Writings (1921–1926)*, edited and translated by Quintin Hoare, Minneapolis: University of Minnesota Press, 1990

—— *Selections from Political Writings (1910–1920)*, edited by Quintin Hoare, translated by John Matthews, Minneapolis: University of Minnesota Press, 1990

—— *Selections from Cultural Writings*, edited by David Forgacs and Geoffrey Nowell Smith, translated by William Boelhower, Cambridge, Mass.: Harvard University Press, 1985

Gramsci, Antonio *Quaderni del carcere* (4 vols), edited by Valentino Gerratana, Turin: Einaudi, 1975

—— *Letters from Prison*, edited and translated by Lynne Lawner, New York: Harper & Row, 1973

—— *Selections from the Prison Notebooks*, edited and translated by Quintin Hoare and Geoffrey Nowell Smith, New York: International Publishers, 1971

—— *La Città Futura, 1917–1918*, edited by Sergio Caprioglio, Turin: Einaudi, 1982

Green, Marcus 'Gramsci Cannot Speak: Presentation and Interpretation of Gramsci's Concept of the Subaltern', *Rethinking Marxism* 14(3) (Spring 2002): 1–24

Grosz, Elizabeth *Jacques Lacan: A Feminist Introduction*, London: Routledge, 1990

Haddock, Bruce 'State, Nation and Risorgimento', in Haddock and Bedani (eds) *Politics of Italian National Identity*, Cardiff: University of Wales Press, 2000, 11–49

Haddock, Bruce and Gino Bedani (eds) *Politics of Italian National Identity*, Cardiff: University of Wales Press, 2000

Hall, Stuart 'The Problem of Ideology: Marxism Without Guarantees', in David Morley and Kuan-Hsing Chen (eds) *Stuart Hall: Critical Dialogues in Cultural Studies*, London: Routledge, 1996, 25–46

—— 'On Postmodernism and Articulation', in David Morley and Kuan-Hsing Chen (eds) *Stuart Hall: Critical Dialogues in Cultural Studies*, London: Routledge, 1996, 131–50

—— 'Gramsci's Relevance for the Study of Race and Ethnicity', in David Morley and Kuan-Hsing Chen (eds) *Stuart Hall: Critical Dialogues in Cultural Studies*, London: Routledge, 1996, 411–40

Hall, Stuart et al. *Culture, Media and Language*, London: Hutchinson, 1980

Hardt, Michael and Antonio Negri *Empire*, Cambridge, Mass.: Harvard University Press, 2000

Harris, David *From Class Struggle to the Politics of Pleasure*, London: Routledge, 1992

Hartsock, Nancy 'Foucault on Power: A Theory for Women?' in Linda Nicholson (ed.) *Feminism/Postmodernism*, New York: Routledge, 1990, 157–76

Harvey, David *The Condition of Postmodernity*, Oxford: Basil Blackwell, 1989

Hegel, G.W.F. *The Philosophy of Right*, translated by T.M.Knox, London: Oxford University Press, 1973

Helsloot, Niels 'Linguists Of All Countries ... ! On Gramsci's Premise of Coherence', *Journal of Pragmatics* 13 (1989): 547–66

Hobbes, Thomas *Leviathan* (revised edition), edited by Richard Tuck, Cambridge: Cambridge University Press, 1996

Hobsbawm, Eric *Age of Extremes: The Short Twentieth Century, 1914–1991*, London: Abacus, 1995

Hoffman, John *The Gramscian Challenge: Coercion and Consent in Marxist Political Theory*, Oxford: Basil Blackwell, 1984

Holub, Renate *Antonio Gramsci: Beyond Marxism and Postmodernism*, London: Routledge, 1992

Horkheimer, Max and Theodor Adorno 'The Culture Industry: Enlightenment as Mass Deception', in *The Dialectic of Enlightenment*, translated by John Cumming, New York: Continuum, 1969, 120–67

Howarth, David, Aletta Norval and Yannis Stavrakakis (eds) *Discourse Theory and Political Analysis: Identities, Hegemonies and Social Change*, Manchester: Manchester University Press, 2000

Irigaray, Luce *Speculum of the Other Woman*, translated by Gillian G. Gill, Ithaca: Cornell University Press, 1985

Ives, Peter *Gramsci's Politics of Langauge: Engaging the Bakhtin Circle and the Frankfurt School*, Toronto: University of Toronto Press, 2004

—— 'The Grammar of Hegemony', *Left History* 5(1) (Spring 1997): 85–104 (reprinted in James Martin (ed.) *Antonio Gramsci: Critical Assessments* (vol. 2), London: Routledge, 2001, 319–36)

Jackson Lears, T.J. 'The Concept of Cultural Hegemony: Problems and Possibilities', *American Historical Review* 90(3) (June 1985): 567–93

Jameson, Fredric *Postmodernism, or the Logic of Late Capitalism*, Durham: Duke University Press, 1991

Joseph, Jonathan *Hegemony: A Realist Analysis*, London: Routledge, 2002

Keenan, Alan *Democracy in Question*, Stanford: Stanford University Press, 2003

Kristeva, Julia *The Kristeva Reader*, edited by Toril Moi, New York: Columbia University Press, 1986

Laclau, Ernesto *Emancipation(s)*, London: Verso, 1996

—— *New Reflections on the Revolution of Our Time*, London: Verso, 1990

—— *Politics and Ideology in Marxist Theory*, London: Verso, 1977

Laclau, Ernesto and Chantal Mouffe 'Post-Marxism Without Apologies', *New Left Review* 166 (November–December 1987) (reprinted in Ernesto Laclau, *New Reflections on the Revolution of Our Time*, London: Verso, 1990, 97–134)

—— *Hegemony and Socialist Strategy: Towards a Radical Democratic Politics*, London: Verso, 1985

Lacan, Jacques *Écrits: A Selection*, translated by Alan Sheridan, New York: W.W. Norton, 1977

Lenin, V.I. *State and Revolution*, translated by Robert Service, London: Penguin, 1992

Lester, Jeremy *Dialogue of Negation: Debates on Hegemony in Russia and the West*, London: Pluto Press, 2000

Lichtner, Maurizio 'Traduzione e Metafore in Gramsci', *Critica Marxista* 39(1) (January/February, 1991): 107–31

Limbaugh, Rush *See, I Told You So*, New York: Pocket Star Books, 1993

Lo Piparo, Franco *Lingua intellettuali egemonia in Gramsci*, Bari: Laterza, 1979

—— 'Studio del linguaggio e teoria gramsciana', *Critica Marxista* 2(3) (1987): 167–75

Lumley, Robert and Jonathan Morris (eds) *The New History of the Italian South: The Mezzogiorno Revisited*, Exeter: University of Exeter Press, 1997

Lyotard, Jean-François *The Postmodern Condition: A Report on Knowledge*, translated by Geoff Bennington, Minneapolis: University of Minnesota Press, 1984

Marx, Karl *The Eighteenth Brumaire of Louis Bonaparte*, Moscow: Progress, 1934

—— *Capital: A Critique of Political Economy*, translated by Samuel Moore and Edward Aveling, New York: New Modern Library, 1906

Migliorini, Bruno *The Italian Language*, London: Faber and Faber, 1966

Miller, J.R. *Shingwauk's Vision: A History of Native Residential Schools*, Toronto: University of Toronto Press, 1996

Milloy, John *A National Crime: The Canadian Government and the Residential School System, 1879–1986*, Winnipeg: University of Manitoba Press, 1999

Morera, Esteve *Gramsci's Historicism: A Realist Interpretation*, London: Routledge, 1990

Morley, David and Kuan-Hsing Chen (eds) *Stuart Hall: Critical Dialogues in Cultural Studies*, London: Routledge, 1996

Morpurgo Davies, Anna 'Karl Brugmann and Late Nineteenth-Century Linguistics', in Theodora Bynon and F.R. Palmer (eds) *Studies in the History of Western Linguistics*, Cambridge: Cambridge University Press, 1986

Moss, Howard 'Language and Italian National Identity', in Bruce Haddock and Gino Bedani (eds) *Politics of Italian National Identity*, Cardiff: University of Wales Press, 2000, 98–123

Mouffe, Chantal *The Democratic Paradox*, London: Verso, 2000

—— (ed.) *Gramsci and Marxist Theory*, London: Routledge & Kegan Paul, 1979

Naldi, Nerio 'The Friendship Between Piero Sraffa and Antonio Gramsci in the Years 1919–1927', *European Journal of the History of Economic Thought* 7(1) (March 2000): 79–114

Nietzsche, Friedrich *The Portable Nietzsche*, translated by Walter Kaufmann, New York: Viking, 1954

Nowell Smith, Geoffrey 'Gramsci and the National–Popular', *Screen Education* 22 (1977): 12–15

O'Brien, Mary *Reproducing the World: Essays in Feminist Theory*, Boulder: Westview Press, 1989

Osthoff, Hermann and Karl Brugmann 'Preface to *Morphologische Untersuchungen auf dem Gebiete der indogermanischen Sprachen*', in *A Reader in Nineteenth-Century Historical Indo-European Linguistics*, edited and translated by Winfred P. Lehmann, Bloomington: Indiana University Press, 1967, 197–209

Passaponti, M. Emilia 'Gramsci e le questioni linguistiche', in Stefano Gensini and Massimo Vedovelli (eds) *Lingua, Linguaggi e Società: Proposta per un aggiornamento* (second edition), Florence: Tipolitografia F.lli Linari, 1981, 119–28

Radhakrishnan, R. 'Toward an Effective Intellectual: Foucault or Gramsci?', in Bruce Robbins (ed) *Intellectuals: Aesthetics, Politics, Academics*, Minneapolis: University of Minnesota Press, 1990, 57–100

Rehmann, Jan ' "Abolition" of Civil Society?' *Socialism and Democracy* 13(2) (Fall/Winter 1999): 1–18

Reiter, Ester *Making Fast Food: From the Frying Pan into the Fryer*, Montreal: McGill–Queen's University Press, 1991

Reynolds, Barbara *The Linguistic Writings of Alessandro Manzoni*, Cambridge: W. Heffer & Sons, 1950

Rifkin, Jeremy *The Age of Access: The New Culture of Hypercapitalism, Where All Life is a Paid Experience*, New York: Putnam, 2000

Robins, R.H. *A Short History of Linguistics* (third edition), London: Longman, 1990

Rorty, Richard *Contingency, Irony and Solidarity*, Cambridge: Cambridge University Press, 1989

—— *Philosophy and the Mirror of Nature*, Princeton: Princeton University Press, 1979

—— *The Linguistic Turn: Recent Essays in Philosophical Method*, Chicago: University of Chicago Press, 1967

Rosiello, Luigi 'Linguistica e marxismo nel pensiero di Antonio Gramsci', In Paolo Ramat, Hans-J. Niederehe and Konrad Koerner (eds) *The History of Linguistics in Italy*, Amsterdam: John Benjamins, 1986, 237–58

—— 'Problemi linguistici negli scritti di Gramsci', in Pietro Rossi (ed.) *Gramsci e la cultura contemporanea* (vol. 2), Rome: Editori Riuniti, 1970, 347–67

Salamini, Leonardo *The Sociology of Political Praxis: An Introduction to Gramsci's Theory*, London: Routledge, 1981

Sassoon, Anne Showstack 'Gramsci's Subversion of the Language of Politics', *Rethinking Marxism* 3(1) (Spring 1990): 14–25

—— *Gramsci's Politics* (second edition), London: Hutchinson, 1987

Saussure, Ferdinand de *Course in General Linguistics*, translated by Roy Harris, La Salle, Illinois: Open Court, 1983

Schneider, Jane (ed.) *Italy's 'Southern Question': Orientalism in One Country*, Oxford: Berg, 1998

Shklovsky, Victor B. *Theory of Prose*, translated by Benjamin Sher, Elmwood Park: Dalkey Archive Press, 1991

Simon, Roger *Gramsci's Political Thought: An Introduction*, London: Lawrence & Wishart, 1991

Smart, Barry 'The Politics of Truth and the Problems of Hegemony', in David Couzens Hoy (ed.) *Foucault: A Critical Reader*, Oxford: Basil Blackwell, 1986, 157–73

Smith, Anna Marie *Laclau and Mouffe: The Radical Democratic Imaginary*, London: Routledge, 1998

Smith, Anthony D. *The Ethnic Origins of Nations*, Oxford: Oxford University Press, 1986

Spack, Ruth *America's Second Tongue: American Indian Education and the Ownership of English, 1860–1900*, Lincoln: University of Nebraska Press, 2002

Spender, Dale *Man Made Language*, London: Routledge & Kegan Paul, 1980

Tilly, Charles *Coercion, Capital and European State, AD 990–1990*, Oxford: Basil Blackwell, 1990

Torfing, Jacob *New Theories of Discourse: Laclau, Mouffe and Žižek*. Oxford: Blackwell Publishers, 1999

Urbinati, Nadia 'The Souths of Antonio Gramsci and the Concept of Hegemony', in Jane Schneider (ed.) *Italy's 'Southern Question': Orientalism in One Country*, Oxford: Berg, 1998, 135–56

Vossler, Karl *The Spirit of Language in Civilization*, translated by Oscar Oeser, London: Kegan Paul, Tench Trubner, 1932

Weber, Eugen *Peasants into Frenchmen: the Modernization of Rural France, 1870–1914*, Stanford: University of California Press, 1976

Weber, Max 'Politics as a Vocation', in *From MaxWeber*, edited and translated by H.H. Gerth and C. Wright Mills, New York: Oxford University Press, 1946, 77–128

Williams, Raymond *Marxism and Literature*, Oxford: Oxford University Press, 1977

Wittgenstein, Ludwig *Tractatus Logico-Philosophicus*, translated by D.F. Pears and B.F. McGuinness, London: Routledge, 1974

—— *Philosophical Investigations* (second edition), translated by G.E.M. Anscombe, Oxford: Basil Blackwell, 1958

Wood, Ellen Meiksins 'Modernity, Postmodernity or Capitalism', *Monthly Review* (July–August 1996): 21–39

—— 'The Uses and Abuses of "Civil Society" ', in Ralph Miliband, Leo Panitch and John Saville (eds) *Socialist Register 1990*, London: Merlin Press, 1990, 60–84

—— *Retreat from Class: A New 'True' Socialism*, London: Verso, 1986

常用译校参考文献

[1] 埃里克·霍布斯鲍姆：《如何改变世界》，吕增奎译，中央编译出版社，2014。

[2] 雷蒙德·威廉斯：《马克思主义与文学》，王尔勃、周莉译，河南大学出版社，2008。

[3] 卢卡奇：《历史与阶级意识》，杜章智译，商务印书馆，1992。

[4] 葛兰西：《狱中书简》，田国良译，求实出版社，1990。

[5] 索绪尔：《普通语言学教程》，高名凯译，商务印书馆，1980。

[6] 克罗齐：《美学原理》，朱光潜译，上海人民出版社，2007。

[7]《马克思恩格斯选集》第1卷，人民出版社，1995。

[8] 张一兵、胡大平：《西方马克思主义哲学的历史逻辑》，南京大学出版社，2003。

[9] 佩里·安德森：《西方马克思主义探讨》，高铦、文贯中、魏章玲译，人民出版社，1981。

[10]《列宁选集》第3卷，人民出版社，1995。

[11] 葛兰西：《狱中札记》，葆煦译，人民出版社，1983。

[12] 安东尼奥·葛兰西：《狱中札记》，曹雷雨、姜丽、张跣译，中国社会科学出版社，2000。

[13]《葛兰西文选》，人民出版社，1992。

[14] 米歇尔·福柯：《规训与惩罚》，刘北成、杨远婴译，三联书店，1999。

[15] 拉克劳·墨菲：《领导权与社会主义的策略》，尹树广、鉴传今译，黑龙江人民出版社，2003。

索 引

注：页码为原书页码。

Action Party, the, 103, 105, 106, 110
Adorno, Theodor, 161, 180n.51, 185n.64, 186n.66
African-American civil rights, 144
agency, 45, 51, 70, 101, 130, 141, 142, 144, 159, *see also* human agency and structure
alienation/ed, 13, 79, 99, 106, 135, 175n.17
Althusser, Lois, 23–4, 29, 30, 147, 149, 168n.16, 180n.51, 181n.55, 184n.36–7
American dream, the, 80
Americanism, 161–2, 167n.2, 183n.19
Amin, Idi, 80
Amnesty International, 164
Anderson, Perry, 31, 121–2, 123, 124, 169n.26, 173n.54, 174n.2, 180n.47, 181n.55
Anglo-American analytic/linguistic philosophy, 16, 25–9
animal rights, 138
anti-Fascist liberals, 115
anti-foundationalist, 130, 135
anti-globalization, 163–4, *see also* globalization
anti-nuclear movement, 144
anti-poverty struggles, 68
anti-racism/ist, 2, 68, 113
anti-socialist, 42
anti-war movements, 144
Aragonese, 34
Argentina, 147, 184n.31
Aristotle, 77, 117
Ascoli, Graziadio Isaia, 9, 38, 45–6, 49, 54, 57, 61, 62, 100, 173n.52, 178n.8
  Esperanto, arguments extended to, 57
  and linguisitic substratum, 45–6
  Manzoni, critical of, 46
Athens, 63
Austin, John Langshaw, 25
Austria, 26, 34, 35
Avanti!, 39, 56, 60
Ayer, Alfred Jules, 25

balance of power, the, 121
Barthes, Roland, 23, 44
Bartoli, Matteo, 9, 42, 45, 46–7, 54, 61, 62, 87, 94
  approach to language summarised, 55
  and linguistic forms, 46–7
  and irradiation, 47
  and Neogrammarians, 47–53
  and neolinguistics, 52–3, 172n.37
Basques, 15
Baudrillard, Jean, 129, 138, 161, 182n.5
Beauvoir, Simone de, 23
behaviourism, 22–3
Benjamin, Walter, 163, 186n.70
Bentham, Jeremy, 141
Benveniste, Emile, 23
Bergmann, Gustav, 25
Berlin, Isaiah, 91, 176n.59
Bernstein, Eduard, 81, 149–50, 175n.37
Bertoni, Guilio, 52, 53, 173n.39
Best, Steve, 130, 182n.9
Biennio Roso, 115
Birmingham Centre for Contemporary Cultural Studies, the, 30
Boccaccio, 37
Bordiga, Amadeo, 98, 115
Borges, Louis, 139
bourgeois,
  cosmopolitanism, 60, 163
  hegemony, 68, 105, 119, 153
  philosophy, 86
  revolution, 151
  rule, 98–9, 105, 120
  state, 124–5, 181n.55

bourgeoisie/capitalist class, 6, 25, 35, 56, 58, 63, 64, 69, 70, 90, 98, 99, 103, 104, 105, 106, 120, 149, 150
Britain, 15, 25
Brugman, Karl, 47, 49, 172n.36
  Morphologische Untersuchungen, 49–50
Bukharin, Nicolai, 60, 86–7, 176n.47, 181n.52
  The Theory of Historical Materialism: A Manual of Popular Sociology, 86
Butler, Judith, 44
Buttigieg, Joseph, viii–x, 66–7, 122–3, 174n.8, 179n.36, 186n.71
Byzantines, 34

Calabrese language, 109, 110
capitalism/ist, 2, 3, 13, 23–4, 40, 59, 64, 76, 81, 104, 107, 111, 114, 115, 119, 126, 129, 135, 145, 146, 147, 148–9, 150, 151, 153, 159, 160–4, 180n.51
capitalist class, the, *see* bourgeoisie
Carlo Albeto College, 41
Carnap, Rudolf, 25
Carthaginians, 34
Catalan language, 34
Catholics, 115
Cavour, Camillo Benso, Count of, 110
Chomsky, Noam, 1, 28, 62, 91, 176n.61
Christ, Jesus, 77
Church, the, 37, 118
civil society, 9, 61, 65, 67, 71, 72, 83, 89, 102, 114, 116–25, 160, 179n.25, 180n.42, 181n.57
  and capitalist governments, 117
  and globalization, 163–4
  Hegel on, 117–18
  and hegemony, 116–17
  and language, 123–5
  Marx on, 117–19
  liberal understanding of, 116
class, 9, 10, 40, 41, 57, 75, 76, 77, 80, 104, 113, 118, 121–3, 144–7, 150, 151, 160, *see also* bourgeoisie, peasantry, proletariat
class consciousness, 112, 147, 148–9
  and hegemony, 63, 69, 70, 78, 151, 152–3
  Marxist conceptions of, 6, 30, 40, 81, 120, 147, 152
  pre-constituted, 111, 115, 149
coercion and consent, 3, 6, 7, 10, 47, 61, 62, 63, 64, 70, 71–2, 99, 102, 119–25, 141, 143, 174n.3, 174n.12, 174n.14, 181n.59
  and normative grammars, 124–5
cold war, the, 160
collective will, 111, 112–13, 151, 154, *see also* national-popular collective will
colonialism, 1, 43, 103
Colombia, 147
Comintern (Communist International), 115
common sense, 7, 9, 49, 73, 75, 77, 81, 83, 100, 101, 110, 125, 134, 175n.20–1, 182n.17
  fragmented, 77–81, 137–8
  Italian notion of, 74
communism/ist, 42–3, 68, 81, 107, 108, 112, 117, 124, 147, 179n.35
  and normative grammar, 98
  parties, 3, 115, 162
computerization, 3, 13
Continental philosophy, 25
Cosmo, Umberto, 42
counter-hegemonic, 5–6, 68, 90, 114, 115, 142
class alliance, 151
Cree, 15
Crehan, Kate, 65–6
critical theory, 1
Croce, Benedetto, 39, 45, 52–4, 61, 65, 73, 74, 91–2, 96, 140–1, 173n.42, 173n.44, 175n.20, 176n.60, 180n.40
  approach to language summarised, 54
  positivism, critical of, 54
  and language and aesthetics, 53–4

Crystal, David, 164, 173n.50, 186n.74
cultural studies, 1, 2, 5, 30, 125
culture wars, 4
Cuoco, Vincenzo, 65, 102–3
Cuvier, Georges, 140, 172n.34
Czarist state/regime, the, 64, 121, 149

d'Azeglio, Massimo, 35
dadaism/ist, 2, 15–16
Dante Alighieri, 37, 109, 170n.8, 171n.13, 177n.6
Darwin, Charles, 140
deconstructionism, 11, 29, 132–4, 142, 152, 154
Delbrück, Berthold, 47
democracy/democratic societies, 14–15, 64, 104, 107, 108, 110, 116, 118, 150–1, 164
  deliberative, 1, 2
  mass, 14
  plural, 146
  radical, 10, 146, 159
Derrida, Jacques, 1, 10, 29, 44, 129, 131–5, 138, 146, 147, 154, 156, 182n.11–12, 184n.34
  Of Grammatology, 132
  politics criticised, 134
Descartes, René, 139
discourse/s, 1, 6, 11, 23–5, 29, 30, 115, 127, 129, 138–41, 143–4, 154–6, 157
  Foucault's use of, 139, 153, 185n.48
Dombroski, Robert, 162
Durkheim, Emile, 22

Eagleton, Terry, 31
ecological movements, 144
economism, 11, 60, 63, 114, 150, 178n.19
egemonia, 7, *see also* hegemony
Engels, Friedrich, 63, 86–7, 120
  Peasant War In Germany, The, 63
  as subaltern to Marx, 78
England, 18, 117, 118
English
  as global language, 56, 164
  language, 15, 17, 20, 48, 50, 74, 140
English only movement, 15
Enlightenment, the, 56, 71, 103, 130–1, 141
environmentalism/ist, 6, 49, 68, 113, 138, 144
Esperanto, 55–60, 62, 72, 89–90, 100, 109, 124, 163, 173n.50, 173n.52
  Gramsci's position on, 56
  as metaphor for scientific positivism, 59–60
  and philosophical Esperantism, 60
  and socialism, 56
Etruscan language, 36
Europe/an, 44, 83, 107–8, 117, 121, 162
  languages, 48
European Union, the, 164
exploitation, 13–14, 30, 34, 81, 119, 129, 134, 144, 145, 146

false consciousness, 78, 81, 151
Fascism/ist, 5, 9, 33, 42, 66, 68, 69, 80, 81, 105, 107, 114–16, 125
Fascist prison, 1, 33, 66
Femia, Joseph, 68, 69–70, 82, 90, 120, 174n.10, 180n.43
  and typology of hegemony, 68–70
feminism/ist, 2, 6, 16, 71, 112, 113, 142, 159, 179n.33
  Second Wave, 144
  and translation theory, 163
Ferdinand IV, 102
Ferran II of Aragon, 34
feudalism, 68, 70, 104–5, 149, 178n.7
FIAT automobile factory, 38, 42, 43, 111
film, 2, 4, 64
Fiori, Giuseppe, 42, 171n.22, 171n.24–172n.27
First Germanic Sound Shift, the, 48
First World War, the, 26, 105, 107
Florence, 37, 38, 57, 84, 109
Florentine language, 37–8, 57, 89, 99, 100, 108–10, 172n.30, 178n.8

Ford, Henry, 161
Fordism, 161–2, 167n.2
Forgacs, David, 55, 175n.38
Foucault, Michel, 1, 10, 24–5, 44, 124, 128–9, 130, 138–44, 146, 147, 153, 155, 183n.21, 183n.23
  Birth of the Clinic, The, 138
  Discipline and Punish, 138
  and discourse, 24, 138–41, 152–3
  History of Sexuality, The, 138
  Madness and Civilisation, 138, 139
  Order of Things, The, 138, 139
  and power, 141–4
France, 8, 15, 35, 37, 117, 118
  and national language, 36–7
  post-revolutionary, 69
Frank, Manfred, 140
Freemasons, the, 118
Frege, Gottlob, 26
French language, 8, 18, 19, 36–7, 50, 172n.30
French Revolution, the, 103, 104, 105, 173n.41
Freud, Sigmund, 149
Friulian language, 110

Gaeta, 39
Garibaldi, Giuseppe, 105
gay movements, 68, 144
gender, 113, 144, 145
Geras, Norman, 156, 183n.29, 185n.52
German language, 17, 18, 25, 36, 37, 48, 51
German Social Democrats, the, *see* Social Democratic Party
Germanic languages, 48
Germany, 14, 37, 45, 47, 80, 117, 118, 148
  unification of, 14, 37
Ghandi, Mahatma, 178n.15
Ghilarza, 38
Gilliéron, Jules, 46
global village, 164
globalization, 1, 3, 10, 13, 15, 160–5, 126, 128, 129, 130, 186n.72
  and nation-state, 162–4
  neo-Gramscian approach to, 160
  and the non-linguistic and material, 161
Gobetti, Piero, 116, 179n.35
God, 86, 135, 137, 156
Goethe, Johann Wolfgang von, 51
Gorz, André, 145
Graeco-Christian philosophy, 136
Graeco-Italic languages, 45
grammar,
  and democratic normative language, 100
  descriptive, 91
  normative, 91, 92–100, 104, 106, 109, 123–5, 133–5, 140–1, 159
  normative *and* spontaneous, 7, 51, 116, 90–100, 124, 142–4, 163, 164
  Port Royal, 92–3, 176n.61
  prescriptive, 92
  progressive communist normative grammar, 98
  regressive normative, 98
  spontaneous, 90–2, 93, 96–100, 123–5, 134, 143–2
Gramsci, Antonio,
  family background and youth, 33, 38–43
  language and politics related, 1, 5–8, 33, 55, 56, 57, 60, 61, 73, 84, 85, 90, 95, 108, 114, 117–18, 126, 161
  and language/linguistics, 8, 10, 41–7, 49, 51–61, 85, 89–95, 100, 127–8, 163
  and politics, 2–4, 9, 33, 35–6, 39–43, 52–3, 57–8, 61, 66, 69, 71–7, 86–7, 106, 115–17, 119–25, 128, 135–8, 141–4, 159, 161–3
  Prison Notebooks, the, 38, 40, 46, 51, 57–8, 60, 63–101, 102, 111, 121, 85, 96, 109
Gramsci, Giuseppina Marcias, 39
Gramsci, Franceso, 38–9
Gramsci, Gennaro, 39
Greece, 37, 63
Greek language, 37, 48, 91, 132
Green, Marcus, 78
Greenpeace, 164

Grimm, Jacob, 48
Grosz, Elizabeth, 23

Habermas, Jürgen, 1, 44, 62, 186n.72
Hall, Stuart, 30, 169n.27–8, 181n.1
Hapsburg dynasty, 102
Hartsock, Nancy, 142, 183n.26–7
Harvey, David, 129, 130
Heidegger, Martin, 1, 29, 131
Hegel, Georg Wilhelm Friedrich, 53, 86, 149, 173n.41, 180n.39–40
  on civil society and state, 117–18
hegemony,
  consent, as the organisation of, 64
  decadent, 68, 70, 82, 90, 120
  and Femia's topology, 70
  Gramsci's redefinition, 2–3, 64–5
  history of before Gramsci, 63–4
  integral (ideal type), 68–9, 82, 90, 104–5, 120
  Laclau and Mouffe, 153–60, 147
  language as metaphor for, 69, 99–100
  language central to, 72–3, 82–4
  linguists' use of, 7–9, 43–4, 61
  minimal, 68, 70, 82, 90, 104, 106, 120
  non-linguistic understandings of, 67–70
historical bloc, 9, 65, 89, 112, 142, 151, 160
historical materialism/ist, 9, 56, 128, 135
Hitler, Adolf, 14, 80
Hjelmslev, Louis, 23
Hobbes, Thomas, 61, 71, 90, 174n.13–14
Holub, Renate, 111
Horkheimer, Max, 161, 185n.64
House of Savoy, 34
human agency and structure, 9, 10, 24, 45, 51
Humanism, 24, 168n.17
Hussein, Saddam, 80

Idealism/ist, 11, 20–1, 30, 45, 52–3, 54, 61, 73, 86, 128, 136, 156
  approach to language summarised, 54
  linguistics, 53–5, 61
identity politics, 2, 112
ideological state apparatus, 24, 181n.55
ideology, 14, 24, 57, 64, 72, 77, 81, 95, 113, 119, 125, 140, 147, 159, 161, 183n.23
  and false-consciousness, 78–9, 149, 151
  and language, 14
illiteracy, 36, 38, 177n. 72
immanence, 86–90
Indo-European language, 48–9
Indo-Iranian language, 45
information age, 11, 130
intellectuals, 4, 23, 24, 29, 53, 65, 67, 72–7, 79, 81, 82, 94, 101, 102, 105, 106, 111, 125
  all men as, 74–5, 175n.20
  and Church, 76
  Marxist, 81
  organic, 7, 9, 61, 73, 75–6, 77, 82, 100, 104, 167n.1, 174n.11
  and the people nation, 82
  traditional, 73–4, 75–6, 77–8, 82, 95, 101, 104, 177n.74
Inuit, 15
Irigaray, Luce, 23
irradiation, 47
Isabel of Castile, 34
Italian language, 8, 33, 57, 82, 110, 177n.6
  Sardinia, becomes language of, 34
  'literary', 109
  standardisation (unification) of, 33, 36–8, 61, 84, 96, 99
  as symbol of an unified Italy, 84
Italian Communist Party, the, 3, 33, 41, 43, 90, 98, 115, 152
Italy, 6, 8, 14, 15, 33–8, 40, 41, 45, 57, 58, 69, 83, 103, 104, 107–8, 118, 144, 153
  unity, 59
  and education, role of, 41
  unification of, 14, 33, 34, 36, 37, 41, 43, 44, 61

Jacobin, 105
Jameson, Fredric, 31, 129
  Prison House of Language, The, 31
Joyce, Patrick, 29
Junggrammatiker, 47, *see also* Neogrammarians

Kant, Immanuel, 86
Kautsky, Karl, 147, 150
Keenan, Alan, 146
Kellner, Douglas, 130, 182n.9
Keynes, John Maynard, 28
Kingdom of Sardinia and Corsica, 34
knowledge, 9, 16, 60, 72, 129, 137, 138, 140, 143, 154
Kristeva, Julia, 23, 29, 44

L'Unione Sarda, 40
Lacan, Jacques, 23, 29, 147, 156–7, 168n.14, 185n.53
Laclau, Ernesto and Mouffe, Chantal, 6–7, 10–11, 23, 25, 27, 29, 30, 31, 40–1, 69, 146, 147, 149–50, 151, 152, 153–61, 179n.33, 181n.2, 183n.29–184n.31, 184n.33–4, 184n.36, 184n.44–185n.46, 185n.53, 185n.55, 185n.61
  and Althusser, 149
  and articulation, 151–6
  and discourse, 144–53, 154–6
  and globalization, 160–1
  and Gramsci as an 'essentialist', 113–14
  Hegemony and Socialist Strategy, 30, 146–7
  and hegemony, 30, 153–60
  and hegemony summarised, 154
  and new social movements, 144–53
  and social antagonism, 154, 157–8
langue and parole, 17, 27
language, *see also* grammar, hegemony, metaphor
  commodified, 11
  as culture and philosophy, 83
  free choice over, 7
  legitimates knowledge, 129
  masculine structures of, 16
  and matter, 11
  and Marxism, 29–31
  as metaphor, 72, 77, 84–9
  and philosophy, 73
  and power, 138–41
  and religion, 135–6
Language Question/Problem (*la questione della lingua*), 8, 9, 36–8, 44, 56, 90, 100, 109, 164, 170n.8
  and Southern Italy, Sicily and Sardinia, 38
Latin America, 147
Latin language, 17, 36, 37, 42, 48, 82, 90, 139
Left, the, 4, 68, 144, 145
Leipzig, University of, 47
Lenin, Vladimir Ilyich, 43, 63–4, 67, 68, 81, 107–8, 120–1, 147, 149, 150–1, 180n.49
Leninism/ist, 9, 120, 151
lesbian movements, 68, 144
Leskien, August, 47, 49–50
Lévi-Strauss, Claude, 22, 133
Limbaugh, Rush, 4, 166n.4
linguistic turn, the, 1, 5, 12, 15–17, 21, 24, 30–1, 44, 71, 86, 102, 167n.5
  paradigm, 16
  in philosophy, 12, 25–9
  and social sciences, 21–5
Linnaeus, Carolus, 140
Locke, John, 71, 117
Lombard language, 37
Lo Piparo, Franco, 7, 43, 58, 167n.8, 169n.1, 172n.29, 173n.37, 173n.55
Lukács, Georg, 136
Luxemburg, Rosa, 81, 147, 148–9, 150
Lyotard, Jean-François, 44, 129, 182n.4

Machiavelli, Niccoló, 61, 121
  Prince, The, 111, 113
Maori, 15
Manzoni, Alessandro, 37–8, 46, 57, 89–90, 96, 98, 99, 100, 104, 110, 171n.14, 172n.30

Manzoni, Alessandro – *continued*
and Florentine as national language, 38, 106, 108–9
I promessi sposi (*The Betrothed*), 96
and living languages, 37
Marx, Karl, 8, 10, 13–14, 20–1, 23–4, 40, 53, 59, 78, 79, 81, 86–7, 95, 105, 127, 135–6, 149, 151, 163, 167n.9, 173n.41, 175n.17, 180n.40, 180n.45, 182n.15
and anatomy metaphor, 119
Capital, 23, 136
on civil society and state, 117–19
on contradiction, 149
theory of value, 23–4
Marxism/ist, 1, 2, 3, 6, 8, 11, 12, 23–4, 44, 60, 61, 81, 86–7, 88–9, 98, 120, 126–8, 131, 134, 135, 144, 145–53, 162, 166n.6, 174n.3, 180n.51, 182n.5, 184n.34
and culture, 111–12
and language, 29–31
and postmodernism, 126–8
and structuralism, 20–1, 30
vulgar, 48, 53
Marxist-Leninism, 10
Mazzini, Giuseppe, 110
Médecins sans Frontiéres, 164
Merleau-Ponty, Maurice, 23, 29
metaphor
Esperanto as, 58–9
and historical processes, 95
language/linguitics as, 5, 8, 161, 27, 67, 69, 72, 77, 84–9, 99, 101, 102, 107, 110, 113, 115, 126, 129, 131, 134, 136, 153, 159, 161, 163, 178n.15
mobile army of, 131, 135
spontaneity as, 99
Moderate Party, the, 103, 105–6, 110, 180n.38
modernism, 129–30
Mohawk, 15
Montesquieu, Charles Louis de Secondat, 121
Moscow, 115
Mouffe, Chantal, *see* Laclau, Ernesto and Mouffe, Chantal
multiculturalism, 1, 2
Mussolini, Benito, 3, 14, 80, 112, 115

Naples, 39, 102, 111
Napoleonic wars, 34
nationalism, 1, 2, 163
national-popular collective will, 9, 58, 60, 68, 82–4, 102, 105, 106, 110–16, 125, 151, 154, 162
and language, 113–14
nation-state, 14–15, 35, 37, 162–3, 164, 178n.11, 186n.72
Nazis, 80
Neogrammarians, 9, 44–6, 47–53, 54, 55, 72, 95, 133, 172n.34, 172n.36
Bartoli's polemic against, 47–53
summarised, 54
neolalism, 58, 65
new social movements, 1, 7, 10, 27, 64, 112–13, 126, 127, 128, 129, 130, 144–53, 160
new world order, 164
NGO, (Non-Governmental Organisation), 164
Nietzsche, Friedrich, 130–5, 182n.10
Nike symbol, 13–14
North America, 44
Northern Ireland, 15
Nowell Smith, Geoffrey, 55, 175n.38, 179n.25

October Revolution, 108
Old Norse language, 48
ordinary language philosophy, 25
organic intellectuals, *see* intellectuals
Osthoff, Hermann, 47, 49–50, 172n.36
othering, 7
overdetermination, 30, 149, 184n.36
Oxfam, 164

panopticon, 141
Paris, 23, 37, 52, 92
Parsons, Talcott, 23

passive revolution, 9, 36, 58, 61, 65, 70, 72, 99, 102–6, 107, 109–10, 114, 116, 124, 142, 165, 175n.36, 178n.8
peace movements/activists, 68, 112
peasants/peasantry, 4, 6, 33, 40, 41, 42, 58, 64, 65, 67, 69, 76, 78, 99, 103, 104, 105, 111–12, 115, 120–1, 142, 151, 152, 153, 157–8
Petrarch, Francesco, 37
philology, 17, 42, 45, 48, 140, 168n.8
Piedmont, 38, 103, 171n.19
Piedmont, princes of, 34
Pirandello, Luigi, 58–9, 111
Plato, 77, 132
Plekhanov, Georgi, 43, 63–4, 67, 68, 147, 150
popular creative spirit, 111, 179n.29
Po Valley, 111
Port Royal des Champs, 92
postcolonialism, 1, 2, 11, 103, 159
post-Marxism/ist, 6, 10–11, 30–1, 40, 127, 128, 130, 146, 153–4, 146, 166n.6
postmodernism/ist, 1, 6, 10, 11, 27, 31, 86, 126–60, 145, 146, 160
  and language and discourse, centrality of, 129
  and modernism, 129
poststructuralism/ist, 1, 6, 10–11, 27, 29, 30, 31, 44, 51, 64, 67, 68, 86, 88, 89, 126–35, 137, 138, 144–6, 160–1
praxis, 88, 119
proletariat/working class, 6, 13–14, 40–1, 60, 63, 68, 78, 80, 99, 103, 104, 107, 111–12, 113, 115, 120–1, 125, 127, 142, 143, 144, 145, 147, 148, 150, 151, 152, 153
  and alliance with peasantry, 67–8
  and internationalism, 56, 60
  as potential leaders, 69
  and struggle, 13, 56, 60
property, 80–1, 118, 167n.2
psychoanalysis, 1, 23, 156–7, 185n.53

Quebec, 15

race, 145, *see also* anti-racism
Ramsey, Frank, 28
Rask, Rasmus, 48
Real, the (Lacanian), 156–7
relativism, 128–31, 135–8, 156
religion/ous, 4, 37, 73, 112, 136, 137, 138, 175n.21
  groups, 78, 116
  ideas/views, 81, 86, 137
  institutions, 24, 81, 83
revolution from above, 103
Right, the, 4, 115
Risorgimento, 35–6, 41, 105, 142
  as passive revolution, 58
Romance languages, 37, 45
Romans, 34, 36
Romanticism, 37, 58, 170n.12
Rome, 35, 37, 39
Rorty, Richard, 130, 168n.18, 182n.7
Rossi-Landi, Ferruccio, 30
Rotary Club, 116, 118
Rousseau, Jean-Jacques, 113, 117, 133
Russell, Bertrand, 26
Russia, 83, 107, 120, 121, 148, 149, 151
Russian Revolution, 148–9
Russian Social Democrats, 43, 63, 67
Ryle, Gilbert, 25

Salvemini, Gaetano, 39
Sanskrit, 48
Sardinia, 1, 33–6, 38, 39, 40, 41, 111
  exploited by foreign powers, 34–5
Sardinian language, 33, 34, 36, 42, 43, 109, 110
Sartre, Jean-Paul, 23
Saussure, Ferdinand de, 1, 6, 8, 9, 10, 11, 12, 16–25, 26, 29, 31–2, 44, 45, 48, 50–1, 85, 88–9, 92–6, 131–2, 133, 134, 154, 158, 167n.6, 167n.7, 168n.9, 168n.11, 168n.13, 172n.32, 176n.61, 177n.66
  and Althusser, 23–4, 29

Saussure, Ferdinand de – *continued*
  Course in General Linguistics, The, 16, 48, 133
  and Derrida, 132–5
  and language as nomenclature, rejection of, 18–19
  and Marxist critique, 20–1
  and Port Royal Grammar, 92
  and relativism, 20
  and 'signifier and signified', 18–19
  and Wittgenstein, 27, 28
Schaff, Adam, 30
Schleicher, August, 45, 48, 49
Schucht, Tatiana, 28
Scotland, 15
Seassaro, Cesare, 56
Second International, the, 61
semiotics, 11, 30, 89, 129, 176n.52
Showstack Sassoon, Anne, 65, 122, 174n.5, 174n.9, 178n.19
Sicily, 102
Simon, Roger, 112, 122
Social Democratic Party, the, 148, 149–50
socialism/ist, 39, 42, 55, 56, 114, 115, 148, 150
Socialist Party, the, 39, 41, 55–6, 115
Southern Question, the, (*la questione meridionale*), 35–6, 40, 58, 61, 99, 170n.6
  conservatives' view of, 35–6
Soviet Union, the, 3, 116, 164
Spain, 34
spontaneity, 62, 77, 90, 96–7, 99, 177n.69
  limits of, 91
spontaneous philosophy, 73, 79, 82–3, 85, 89, 90
Sraffa, Piero, 28–9
Stalin, Joseph, 80
Stalinism, 3
state, the, 3, 6, 9, 14, 15, 57, 71, 89, 102, 114, 116–25, 144, 150, 180n.51, 181n.57
  bourgeois, *see* bourgeois
  ethical, 119
  Gramsci on, 61, 83, 119–25,
  integral, 119, 121
  Leninist view of, 107–8, 120–1
  power, 14, 71, 107
Stedman Jones, Gareth, 29
structural-functionalism, 22–3
structuralism/ist, 8, 9, 17, 19, 20, 22, 23, 26, 30–1, 44–6, 48, 51, 88–9, 96, 132
  and relativism, 20
  and structuralist turn, 12, 21–5
student movements/groups, 112, 144
subaltern/subalternity, 7, 9, 40, 58–9, 60, 61, 65, 77–81, 94, 95, 97, 98, 99, 101, 102, 104, 106, 107, 109, 122, 125, 143, 153, 159, 165, 177n.69, 180n.51
  and Gramsci's development of, 78ff
Sulcis-Iglesiente, 34
symbolic logic, 26

Tasca, Angelo, 42
Taylor, Charles, 121
Taylor, Frederich, 161
theatre, 4, 58, 111
Togliatti, Palmiro, 41
trade unions, 116, 118, 148, 150
traditional intellectuals, *see* intellectuals
trasformismo, 70, 103
translation, 86–7, 163, 176n.51, 185n.61
Trotsky, Leon, 150–1
Turin, 4, 34, 38, 40, 41, 42, 111, 171n.19
  University of, 9, 41, 43, 51, 52
Turin Council Movement, 43
Tuscan language, 37, 38, 110, 171n.14
Tuscany, 38, 99, 109

United States of America, the, 4, 15, 22, 25, 160

Vatican, the, 103, 106
Venetia, 35
Vienna, 52
Vološinov, Valentin, 30
Vossler, Karl, 53–4, 73, 173n.43

war of manoeuvre/position, 9, 65, 72, 102, 107–9, 112–13, 116, 117, 178n.15–16, 178n.25
  war of manoeuvre defined, 107
  war of position defined, 107
Weber, Max, 71, 170n.10, 174n.15
West, the, 3, 5, 116, 118, 120, 121, 124, 179n.25, 186n.68
Williams, Raymond, 30, 169n.25
Wittgenstein, Ludwig, 1, 6, 8, 11, 12, 25, 26–9, 31–2, 65, 66, 85, 156, 168n.19–23, 174n.4, 176n.57, 182n.17
  and language games, 27–8, 129, 154
  and the 'linguistic turn', 25–9
  Philosophical Investigations, The, 26, 28
  Tractus Logico-Philosophicus, The, 26, 28
  and *Weltanschauungen* (world-view), 28
women's movements, 68, 71, 113
Wood, Ellen Meiksins, 31, 169n.26, 179n.36, 183n.29

Zamenhof, Ludwig Lazarus, 55, 173n.50

译后记

这本译著从开始计划翻译到现在译稿完成，前前后后也已有近两年时间。论及本书翻译缘由，可从这样两个方面来说：首先，葛兰西思想研究一直是笔者主要研究领域之一。作为一名学习语言学出身的革命家、思想家，语言、翻译问题始终是葛兰西著述的重要论题。葛兰西认为，“翻译及可译性”问题不能仅被看作翻译理论研究的一般问题，也不能仅被视为知识分子圈子的专有话题。相反，在他看来，翻译是关涉社会生产方式、人的思维方式转变的重要人类实践活动。正如以前的马克思主义者在将马克思主义的一般原理正确地“翻译”成符合俄国、中国实际历史情形的语言——列宁学说、毛泽东思想、中国特色社会主义理论后实现了人类历史的重大变革一样，“翻译”在葛兰西那里早已超出了“把一种语言信息转变成另一种语言信息的活动”这样一个狭隘的定义。由此，从葛兰西的立场出发，知识分子的学术翻译工作被赋予了新的原则高度与时代意义。其次，从学术价值角度来看，彼得·艾夫斯的《葛兰西：语言与霸权》一书自出版以来，一直在国外马克思主义研究、语言学等学科领域享有盛誉。其重要创新之处就在于该书从语言学角度重新阐释了葛兰西霸权思想的缘起与发展，引介本书有助于我们及时捕捉国外学界的新颖理论成果，从而将国内葛兰西思想研究及至马克思主义理论研究朝纵深方向不懈推进。

笔者在2016年完成文献查阅、撰写相关研究论文等前期准备工作后，在2017年初和搭档王宗军一起开始正式着手本书译校工作。而在此期间，我很荣幸地获得了国家留学基金委的支持，于2017年8月来到美国杜肯大学进行为期一年的访问学习。在较快地适应了新环境的生活、学习节奏后，我即重新投入本书的翻译工作之中。暑往寒来，经过紧张忙碌的工作，本书的译校终至尾声。

本译著的基本分工是：李永虎翻译原著的“前言”、第一、二、三、五章及执笔本译著的“译者序”与“后记”等内容，并牵头联系出版社确定出版事宜、申请学术著作出版基金支持。王宗军翻译原著的第四章。两人共同负责全部译稿的校对工作。受水平与时间所限，本书如存在缺点和错误之处，敬希广大读者不吝赐教。

本书在译校过程中，为弄懂原英文著作中一些较复杂语句的准确含义，译者尝试联系了原著作者艾夫斯教授。他对其著作继土耳其文之后能被译为中文感到喜悦。他说：“关于葛兰西的语言学思想，在中国有着特别重要的潜在读者。”他还表示，因其本人一直在做的就是葛兰西语言学思想研究，所以深刻理解做专著翻译工作的难度，他虽不懂汉语，但非常乐意以“help clarify meanings”的形式，帮助我们提高本书的翻译质量。故在本书翻译过程中，译者就各章所遇到的疑难语句与艾夫斯教授进行了频繁、充分的沟通与交流。通过这样的笔谈，笔者虽未曾与艾夫斯谋面，但他每每热情的回应、针对每一问题不厌其烦的细致阐释都让译者感受到他严谨治学的态度与乐于分享知识的慷慨气度。而这种享受式的学术互动也给我在译介本书过程中增添了不少乐趣。在本书即将付梓之际，译者在此对艾夫斯教授的鼎力之助表示感谢。

在此一并致谢的还有：

感谢西安外国语大学创造的良好学术创作氛围及为本书的出版提供的一系列便利支持条件。特别感谢科研处的杨晓钟老师、马克思主义学院的晁保通老师及其他领导、同事对本书的出版所给予的关爱和支持。

感谢社会科学文献出版社社会政法分社总编辑曹义恒对本书的厚爱与支持——从本书开始申报选题，到中后期的编辑、出版工作，他自始至终都给予了大力帮助。

感谢杜肯大学在我访学期间在课题研究、搜集查阅资料等方面给予的便利条件。特别感谢我的导师、杜肯大学哲学系主任罗纳德·波兰斯基（Ronald Polansky）教授给我提供的专业指导建议。

感谢卡内基·梅隆大学的访问学者刘宝权老师、匹兹堡大学的访问学者赵凤艳老师在本书翻译、资料打印方面提供的热忱帮助。

最后，感谢我的家人对我的工作一贯以来的支持和默默付出。

是为记！

李永虎

匹兹堡　黎巴嫩山

2018 年 4 月

图书在版编目(CIP)数据

葛兰西：语言与霸权 / （加）彼得·艾夫斯（Peter Ives）著；李永虎，王宗军译. --北京：社会科学文献出版社，2018.6（2023.9 重印）

书名原文：Language and hegemony in Gramsci

ISBN 978-7-5201-2746-2

Ⅰ.①葛… Ⅱ.①彼… ②李… ③王… Ⅲ.①马克思主义哲学-语言哲学-研究 Ⅳ.①H0

中国版本图书馆 CIP 数据核字（2018）第 098438 号

葛兰西：语言与霸权

著　　者 / [加]彼得·艾夫斯（Peter Ives）
译　　者 / 李永虎　王宗军

出 版 人 / 冀祥德
项目统筹 / 曹义恒
责任编辑 / 曹义恒　孙军红
责任印制 / 王京美

出　　版 / 社会科学文献出版社·政法传媒分社（010）59367126
地址：北京市北三环中路甲 29 号院华龙大厦　邮编：100029
网址：www.ssap.com.cn
发　　行 / 社会科学文献出版社（010）59367028
印　　装 / 唐山玺诚印务有限公司

规　　格 / 开　本：787mm × 1092mm　1/16
印　张：15.25　字　数：238 千字
版　　次 / 2018 年 6 月第 1 版　2023 年 9 月第 2 次印刷
书　　号 / ISBN 978-7-5201-2746-2
著作权合同登记号 / 图字 01-2017-4968 号
定　　价 / 79.00 元

读者服务电话：4008918866